JN290809

オリエンテーリング
地図を片手に大地を駆ける

(社)日本オリエンテーリング協会…編

◆ アドベンチャーレース

●アドベンチャーレースは男女混合のチームで大自然に挑戦する冒険レースだ。様々な移動用具を駆使して大自然を走破する。ナヴィゲーション能力や体力はもちろん、マウンテンバイク、カヌーなどの移動用具を使いこなす能力、装備を必要最低限準備する計画力など、多様な能力が要求される。写真は2005年のサザン・トラバース(ニュージーランド)でトレッキングセクションを走破中のイースト・ウィンド(日本)。

大修館書店

(2004年 アジアシティー選手権)

オリエンテーリング大会

●日本以外のアジア諸国でもオリエンテーリングは普及しつつある。特に香港は日本と同時期に普及が始まり、現在でもアジアではもっともオリエンテーリングが盛んな国の1つである。高層ビルやショッピングのイメージが強い香港だが、郊外にはこのような草原が広がり、ジュニアを中心にオリエンテーリングが普及している。

オリエンテーリング大会

●ヨーロッパでは、一般の愛好者が参加できる大会が夏の間数多く開かれる。夏のバカンスを兼ねて家族連れで参加する愛好者も多く、日本からも毎年数多くの愛好者が参加している。

(2002年 スイスのダボス周辺でのローカル大会)

オリエンテーリング大会

●オリエンテーリング発祥地のスウェーデンの森でトレーニング中の日本チーム。氷河によって作られた微地形と、その間に広がる走りやすい大地は、オリエンテーリングにとって格好の舞台だ。どこまでも広がる森は、冒険心をかき立ててくれる。

(2005年 サザン・トラバース)

アドベンチャーレース

●アドベンチャーレースでは、マウンテンバイクを使ったセクションは、長く厳しいものとなるのが常である。時にはマウンテンバイクを担ぎなら移動しなければならない悪路もある。

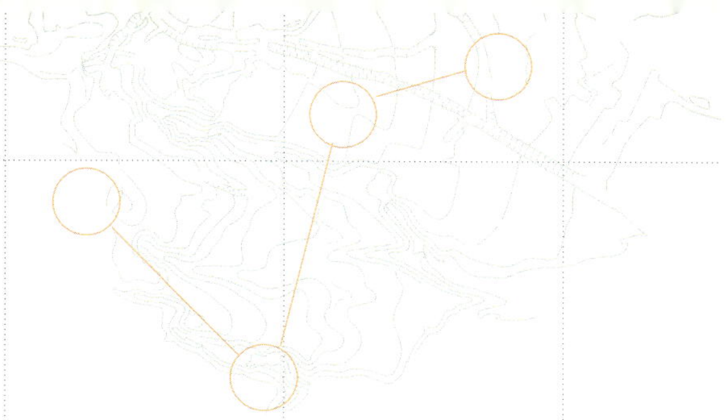

●2005年世界選手権（日本）のミドル種目女子表彰式の模様。北欧発祥のオリエンテーリングでは現在でも北欧選手の台頭が続いているが、スイスやイギリス選手等の活躍も目立つ。中央は優勝のシモーネ・ニグリ選手（スイス）、左は2位のイェニー・ヨハンセン選手（スウェーデン）、右は3位のミンナ・カウピ選手（フィンランド）。

エリートオリエンティア

キッズ オリエンテーリング

●地図を使ってコントロールポイントまでのルートを自分で決めなければならないオリエンテーリングは、子どもたちの自然体験にも適している。特に校庭や学校周囲でも実施できるスクールOは、地図学習の導入や特別活動としても優れたプログラムである。

エリート オリエンティア

●オリエンテーリングのトップ競技者は、未知の大地をフルマラソン並のスピードで走りながら、GPSをしのぐ精度で目的地にナヴィゲーションする。進路は自分で判断しなければならない。時には他の選手と併走することもあるが、常に地図読みは欠かせない。

ORIENTEERING

ORIENTEERING

マウンテンバイクオリエンテーリング

●マウンテンバイクオリエンテーリングは、自転車の盛んなフランスやフィンランドで盛んである。コースは簡単だが、スピードの出る自転車で行なうため、素早い地図読み、瞬時の判断が要求される。

トレイルオリエンテーリング

●地図に示された位置に正しく置いてあるフラッグを当てるトレイルオリエンテーリングは、当初障害者向けのオリエンテーリングとして開発されたが、現在ではゲーム感覚で地図読みのトレーニングができるオリエンテーリングとして、健常者の間にもファンが多い。

オリエンテーリング（スプリント）

●優勝設定時間が15分の短距離オリエンテーリング、それがスプリント種目だ。自然公園や都市内の公園で行なわれることも多く、気軽に参加でき、トップ選手から一般愛好者までが同一の場とコースで楽しめる種目として、最近人気を増しつつある。写真は2005年に日本で行なわれた世界選手権スプリント種目の決勝。

（愛知県昭和の森）

はじめに

　地図を駆使して、未知の山野を駆け、目的地を目指す。それがオリエンテーリングだ。数多いスポーツの中で、地図を使うという点もユニークなら、進路があらかじめ与えられているわけではなく、自分自身で選択し、またたどらなければならないという点も、オリエンテーリングのユニークな点である。

　1960年代に、自然に親しみながら気軽に健康・体力づくりができる野外活動として日本に導入されたオリエンテーリングは、その後40年間に様々な方向に発展した。学校や野外活動施設の定番的な活動として普及した一方で、トップ選手は世界の舞台で活躍するアスリートとしての技量を高めている。世界のトップ選手はフルマラソンを2時間20分ほどで走る。

　種目の幅も広がった。北欧では古くからクロスカントリースキーを使うスキーオリエンテーリングが盛んであったが、近年はマウンテンバイクを使うMTBオリエンテーリングや、移動に障害を持つ身体障害者でもできるトレイルオリエンテーリングという種目も開発された。さらに、様々な移動用具を使いこなし、数日間、100kmを越えるコースを走破するアドベンチャーレースも、オリエンテーリングの発展形である。また、通常のオリエンテーリングにも、公園や市街地をトップスピードで走るスプリントという種目なども加わっている。

　多様化しても、オリエンテーリングの本質にあるのがナヴィゲーションである点は変わらない。人類は古来、獲物を求め、あるいは居住地を求め、未知の大自然の中を移動してきた。目的地、あるいは居住地を見つけられなければ、生命にも関わる。ナヴィゲーションスキルは、生きるためになくてはならないスキルであった。このスキルをゲーム化したスポーツ、それがオリエンテーリングやアドベンチャーレースである。

　オリエンテーリングのスタート地点に立つ時、トップ競技者でさえ一抹の不安に襲われる。果たして自分は間違いなくコントロールポイントを発見し、ゴールできるのだろうか。初心者であれば、道に迷う不安はさらに大きいだろう。地図を読み、自分自身の判断でルートを決定し、その不安を乗り越えなければならない。その先には、ゴールと、そして達成感が待っている。オリエンテーリングやアドベンチャーレースは、現代の生活で失われた冒険を提供し、そんな充実感を与えてくれるアウトドアスポーツである。

　本書は、多様なオリエンテーリングとアドベンチャーレースのナヴィゲーションについて取り上げ、基礎から中級まで解説した日本で初めての本である。執筆者はいずれも、各領域の代表的な競技者・指導者である。本書を通して、ナヴィゲーションスポーツの面白さと奥深さを知り、スキルアップの手がかりとしていただければ幸いである。

　なお、本書に採用した写真は、著者独自に撮影したものとともに、2005年に開催されたオリエンテーリング世界選手権の記録チーム（上林弘敏氏他）とイーストウインドプロダクションから提供していただいたことを、謝して記します。

2006年3月
日本オリエンテーリング協会専務理事
村越　真

も　く　じ

口絵　様々なオリエンテーリング　村越真・・・・・・・・・・・・・・・・・・・ii
はじめに　村越真・・・・・・・・・・・・・・・・・v

第1章　オリエンテーリングへの誘い　村越真・・・・・・・・・・・・・・・・・・・・・・・・・・・・1
1. 自然を舞台にしたスポーツ・・・・・・・・・・・・・・・・・・・2
2. ナヴィゲーションスポーツ・・・・・・・・・・・・・・・・・・・4
3. ユニバーサルスポーツ・・・・・・・・・・・・・・・・・・・8
4. 多様な魅力を持つスポーツ・・・・・・・・・・・・・・・・・・・10
5. オリエンテーリングの用具・・・・・・・・・・・・・・・・・・・12

第2章　ナヴィゲーションの基礎技術　―自分の力で進路を決める―
村越真・・・・・・15
1. 3つの要素からなるナヴィゲーション技術・・・・・・・・・・・・・・・・・・・16
2. ナヴィゲーションの道具とその基本・・・・・・・・・・・・・・・・・・・18
3. 等高線を読んで地形を把握する・・・・・・・・・・・・・・・・・・・23
4. 現在地を把握する・・・・・・・・・・・・・・・・・・・26
5. ルート維持・・・・・・・・・・・・・・・・・・・29
6. プランニング・・・・・・・・・・・・・・・・・・・31
7. ナヴィゲーションの実例・・・・・・・・・・・・・・・・・・・35

第3章　トレイルからトレイルオフへ　松澤俊行・・・・・・・・・・・・・・・・・・・・・・・・39
1. コンパスを使いこなす・・・・・・・・・・・・・・・・・・・40
2. 地図の扱い・・・・・・・・・・・・・・・・・・・47
3. ルートを決め、たどる・・・・・・・・・・・・・・・・・・・56

第4章　オリエンテーリングのトレーニング　松澤俊行・・・・・・・・・・・・・・・・・・67
1. 体力トレーニング・・・・・・・・・・・・・・・・・・・68
2. メンタルトレーニング・・・・・・・・・・・・・・・・・・・72
3. 技術トレーニング・・・・・・・・・・・・・・・・・・・73

第5章　アドベンチャーレース　─大自然に挑む─　田中正人・村越真……… 91
1. アドベンチャーレースとは………………92
2. レース前の準備………………94
3. レースに臨む………………101
4. 特殊なナヴィゲーション………………107
5. レース実例………………109

第6章　オリエンテーリングのバリエーション　村越真……………………111
1. スキーオリエンテーリング　高島和宏………………112
2. トレイルオリエンテーリング　小山太朗………………118
3. マウンテンバイクオリエンテーリング　落合公也………………125
4. ロゲイン　高島和宏………………131

第7章　初心者のためのオリエンテーリング　村越真………………133
1. オリエンテーリングの魅力と効用………………134
2. 初心者指導の留意点………………136
3. 初心者のための実践例………………139

第8章　オリエンテーリングの情報　山本英勝……………………147
1. 世界のオリエンテーリング事情………………148
2. ウェブサイト案内………………153
3. 参考書………………155
4. ショップ情報………………156
5. 用語解説………………158
6. レース情報………………162

■ 写真提供

上田泰正…4-21
小林岳人…6-7
新帯亮…7-9
宮城島俊太…3-21b, 3-25, 口絵
堀江守弘…6-1, 6-4
O-sport…6-19

上林弘敏…1-4, 1-6a, d, 2-7, 3-6a, b, 3-7, 3-21a, 3-24, p157, 口絵
小山太朗…1-7c, 6-9, 6-10, 6-12, 6-13, 6-17, p111, p124, 口絵
高島和宏…6-23a, b, c
田口稔…5-1d, e, f, p91, p100
木村佳司…1-9b, 4-26, 8-6b
イーストウィンドプロダクション…1-2a, 5-11, 口絵

■ 地図

「秋吉台」山口県オリエンテーリング協会（縄田功・吉村充功他作成）…4-25
「岩倉学園」静岡県オリエンテーリング協会（Rob Plowright 作成）…3-41b
「亀山城と武家屋敷跡」愛知県オリエンテーリング協会（小野盛光・羽柴公貴・村越真・山川克則作成）
　　　　　　　　　　　　　…2-13, 2-29, 2-31, 3-14, 3-39, 4-9b, 4-13, 4-15, 4-16
「黒坂切山」愛知県オリエンテーリング協会（中村弘太郎・羽鳥和重作成）
　　　　　　　　　…2-20, 2-28, 2-30, 2-32, 3-18, 3-19, 3-26, 3-27b, 4-11
「新原小学校」（村越久子他作成）…7-4c
「砂沢」静岡県オリエンテーリング協会（Rob Plowright 他作成）
　　　　　　　　　…3-41a, 4-8, 4-12a, b, 4-17a, b, 4-18, 4-23
「勢子辻」静岡県オリエンテーリング協会（羽鳥和重・中村弘太郎他作成）…1-3, 1-13b, 3-1, 3-40
「田代・田折」愛知県オリエンテーリング協会（玉木圭介・橋本裕志・中村弘太郎・Juha Nivukoski
　　　　　　Mike Morffew・Rob Plowright・Per Ola Olsson・山川克則作成）…4-9a, 4-12c, d, e, f
「作手高原」愛知県オリエンテーリング協会（中村弘太郎・Per Ola Olsson・羽鳥和重他作成）
　　　　　　　　　…4-5a, 4-6a, 4-14c, f, 4-22
「巴小学校」愛知県オリエンテーリング協会（落合公也作成）…7-6a
「巴山」愛知県オリエンテーリング協会（中村弘太郎・Per Ola Olsson・羽鳥和重他作成）…3-27a, 4-4a
「休暇村磐梯高原」日本スキーオリエンテーリング研究会
　　　　　（高島和宏・石川恵美子・武石雄市・佐藤時則・山田敦史・内山孝博・山本賀彦作成）…6-2, 6-6,
「日和田山2003年版」OLC みちの会（吉田勉作成）…7-4b
「富士見の森」東京オリエンテーリングクラブ作成…6-21a
「丸火自然公園」静岡県オリエンテーリング協会（Rob Plowright 他作成）
　　　　　　　　　…3-8, 3-16, 3-28, 3-29, 3-30, 3-31, 3-42, 4-14a, d, 4-19, 4-24
「村山口登山道」静岡県オリエンテーリング協会（鹿島田浩二・Rob Plowright 他作成）…3-17, 4-14b, e
「手賀の丘公園」（小林岳人作成）…7-4a
「菅平高原」チーム白樺（高島和宏他作成）…6-24

■ 国土地理院1:25,000地形図

「伊豆松崎」…5-16
「清水」…2-15c
「信濃小倉」…5-21
「静岡東部」…2-33
「印野」…1-13a
「京都東北部」…2-14, 2-17
「仁科」…2-18

第1章

CHAPTER 1

オリエンテーリングへの誘い

　地図を駆使してコントロールポイントを探すオリエンテーリングは、大自然の中を走り回るチャレンジングなアウトドアスポーツであると同時に、気軽に自然に親しむレクリエーションスポーツとして、子どもから高齢者まで楽しむことができる。健康・体力づくりに適していると同時に、アウトドア活動で不可欠な読図・ナヴィゲーションスキルを高める格好のスポーツでもある。本章では、オリエンテーリングの様々な特徴と魅力をビジュアルに紹介するとともに、初めてオリエンテーリングに取り組む人が必要な用具・服装についても解説する。

1 自然を舞台にしたスポーツ

　オリエンテーリングは、19世紀の終わり頃、森と荒野に覆われた北欧で生まれ、現在ではスウェーデンやノルウェーを代表するスポーツとなっている。日本には、1966年に体力づくりの一環として導入された。それ以来約40年、オリエンテーリングは自然に親しむ格好のアウトドアスポーツとして定着した。自然の中を自分のペースで走歩しながら心と身体をリフレッシュさせてくれるスポーツ、それがオリエンテーリングだ。

　時には道なき森の中を進むオリエンテーリングは、冒険心を満たしてくれるスポーツでもある。コース途中には、険しい斜面やヤブ、小川・湿地など、自然の障害が待ち受けている。時にはそれらを乗り越え、時には斜面を爽快に駆け抜け、ゴールを目指す。持久力はもちろん、悪路をものともせずに走る筋力、瞬発力などが要求される。自然の中でトータルな体力と知力を競うハードなスポーツ、オリエンテーリングにはそんな側面もある（図1-1）。

　オリエンテーリングの発展型の一つであるアドベンチャーレースでは、人跡未踏の自然が舞台になる。海外の大会では、ボルネオやチベットなどの秘境を舞台に、数百キロにわたるコースが設定される。選

▲図1-1　地図とコンパスだけで自然に挑戦するトップ競技者。写真のような荒野・深い森を、オリエンテーリング競技者は、マラソンなみのスピードで走り回る。90分のコースを走りきる持久力、登り下りをスムーズに走る筋力やバランス感覚、走りながら地図を読む身体の安定性、冷静な判断や決断力、あらゆる心身の能力が要求される。

手たちには、毎日2、3時間の睡眠で数日間にわたり移動する持久力に加え、様々なアクシデントを乗り越える精神的な強靱さや移動用具を使いこなし、トラブルに対処する柔軟性や臨機応変さも求められる（図1-2）。

国内でのレースのほとんどは、一日ないし二日間のレースだが、深い谷や滑り落ちそうなほどの急斜面にコースが設定されることも少なくない。チャレンジ精神とともに、危険を察知し、自分自身の身を守る慎重さも求められる。

▲**図1-2a** 大自然の中で行われるアドベンチャーレースでは、このような雄大な景観の中を様々な移動手段を用いて移動する。

オリエンテーリングの舞台は、厳しい大自然だけではない。全国各地にある常設コース（パーマネントコース）の多くは、景勝地や里山に設置されている。いつでも誰もが気軽に訪れ、安心してオリエンテーリングを楽しむことができる（コースの情報については、p.153参照）。また、一般向けの大会の多くも、大都市近郊の里山や自然公園を舞台にして行われている。気軽に自然に親しむことができることも、オリエンテーリングの大きな魅力である。

▲**図1-2b** パーマネントコースは、大都市近郊に常設されており、いつでも誰でも気軽に自然に親しみながら、オリエンテーリングを楽しむことができる。

2 ナヴィゲーションスポーツ

　自然を舞台に行われるスポーツは多様化しているが、オリエンテーリングのユニークな特徴がナヴィゲーションである。ナヴィゲーションは、元々目印のない海上で、船を目的地に正しく導く技術を指して使われていた言葉だが、アウトドア環境では、自分の居場所を確認し、目的地に正しく向かうために、ナヴィゲーション技術が必要となる。これを競うのがオリエンテーリングである。

　他のアウトドアスポーツでは、決められたルートをもっとも速く進むだけだが、オリエンテーリングでは自分でルートを決めたり、そのルートを間違いなくたどることが競技者自身に委ねられている。ナヴィゲーション能力が、競技の重要な部分を占めているのだ。

　本格的な競技ともなれば、1時間以上森の中を走って、勝負は十数秒で決まる。トップの競技者たちはマラソンなみのスピードで走りながら、数mの精度で森の中を進み続ける。そのためには地図を正確に読みこなす知性、地図や周囲の情報に対する瞬時の判断力、さらにはそれを実行する決断力が求められる。そこにオリエンテーリングの最大の特色がある（図1-3、4）。

　ナヴィゲーションには発見と迷いがつきものだ。未知の場所を地図とコンパスだけを頼りに移動する時、どんな優れた競技者でも失敗し、時には迷うことがある。道具と自らのナヴィゲーション技術を駆

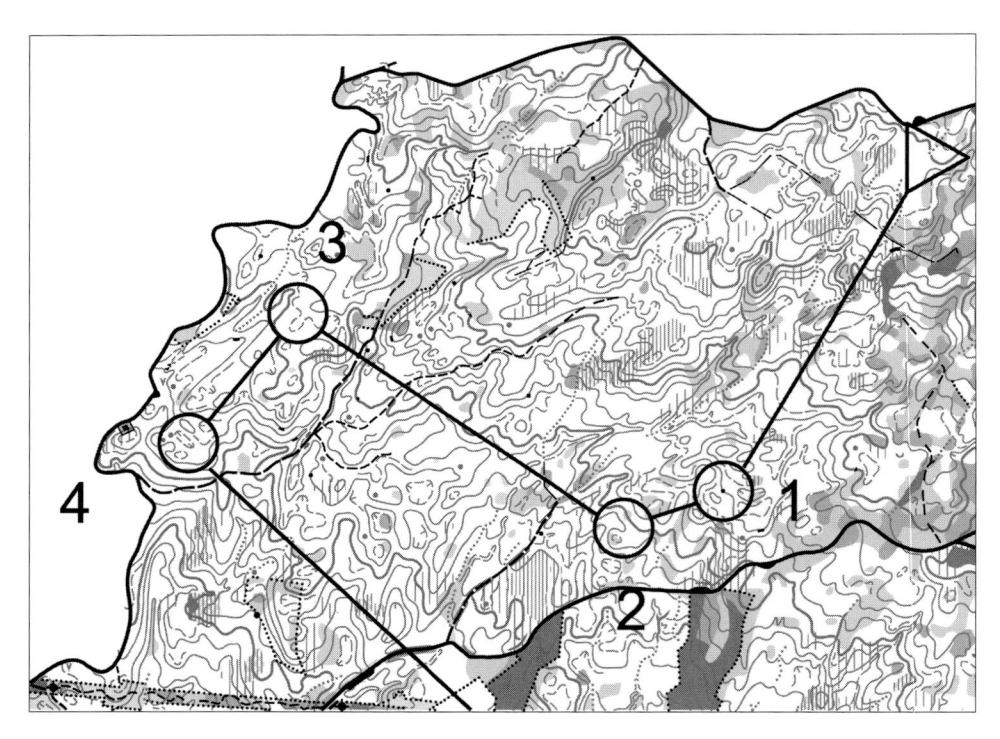

▲**図1-3**　日本で初めて行われたワールドカップに使われたオリエンテーリング用地図（O-MAP）。細かい地形や特徴物が記載されている他、林の中の通りやすさを表現する「通行可能度」（実際には、何段階かに分かれる緑の面記号）が見てとれる。

第1章 オリエンテーリングへの誘い　**5**

▶**図1-4**　オリエンテーリングでは、瞬時の地図読みによる判断が要求される。1つのコントロールポイントに到達した直後には、次のコントロールポイントに向かっての地図読みが始まる。

▲**図1-5**　コントロールポイントを見つけ、かけよる子ども。コントロールポイント発見の瞬間は、オリエンテーリング最大の喜びである。

使して、それを乗り越え、目指す目的地を発見する。予想した通りにコントロールポイントを発見した時の喜びは、人生で数々の困難や失敗を乗り越えて目標を達成したときの喜びにも等しい。オリエンテーリングは目標達成の楽しみを提供してくれるスポーツである（図1-5）。

　ナヴィゲーションをベースにした様々なアウトドアスポーツも広まっている。6章で紹介するスキーやマウンテンバイク（MTB）を使ったオリエンテーリングはヨーロッパでは広く行われているし、近

年では5章に紹介するように、アウトドアの移動用具を総合的に駆使するアドベンチャーレースも注目されている。いずれも、自然の中で地図を使ってナヴィゲーション技術と体力を競う点では、オリエンテーリングとの共通性を持っている（図1-6）。

図1-6　多様なナヴィゲーションスポーツ

◀a：フットオリエンテーリング
森を駆け抜ける通常のオリエンテーリング。単に「オリエンテーリング」といえば、このフットオリエンテーリングを指すことが多い。2005年には日本で世界選手権も開かれた。

◀b：スキーオリエンテーリング
雪上で、クロスカントリースキーを履いて行われるオリエンテーリング。北欧を中心に盛んに行われており、日本でも北海道、山形、福島他で行われている。2009年には日本で世界選手権が開催される。

◀c：マウンテンバイクオリエンテーリング
マウンテンバイクを使うオリエンテーリングで、自転車の盛んなフランスや国土の平坦なフィンランドで盛ん。フットの数倍のスピードでの地図読みは、この種目の難しさであると同時に魅力でもある。

第1章　オリエンテーリングへの誘い

▶d：パークオリエンテーリング
エリートから初心者まで楽しめる公園でのオリエンテーリング。公園の中なので、迷う心配はない。その分、文字通り1秒を争うスリリングでスピーディーな展開が、この種目の魅力である。身近な公園でも実施できることから、近年では日本でも盛んになりつつある。トップ選手を招いたワールド・ツアーも行われている。他の種目と異なり、このように、観客のいる中を走ることもある。

▶e：ロゲイン
最長制限時間が24時間の長距離オリエンテーリング。通常は制限時間内に多くのコントロールポイントを回るスコア形式（p140参照）で行われる。日本では、制限時間6時間や12時間の短縮形式で行われる。安全のため、ペア以上が基本である。ワイルドな自然も味わえ、他のアウトドアスポーツからの参加も多い。

▶f：アドベンチャーレース
カヌー、マウンテンバイクなど様々な移動手段を使ってゴールを目指す総合型ナヴィゲーションスポーツ。日本では年間20レースくらいが行われている。レース形式は様々で、クイズなどを取り入れたゲーム的色彩の強いレースから、ほとんどナヴィゲーションの要素のないレースもある。

3 ユニバーサルスポーツ

　オリエンテーリングは、未知の自然に挑むチャレンジングなアウトドアスポーツであると同時に、子どもから高齢者、様々な体力レベルを持つ人、さらには身体障害者もが楽しめるユニバーサルスポーツでもある。

　オリエンテーリングの競技会には、年齢や経験に応じた様々なクラスがある。20歳以上では2-4歳刻みで、21歳以上では5-10歳刻みでクラスが用意されている。子どもから高齢者までが、それぞれに適した体力と技術を要求するコースで、オリエンテーリングを楽しんでいる。オリエンテーリングでは、各年齢層が楽しめる大会が1960年代から世界各地で開催されてきた。現在では、世界マスターズ選手権も行われている。その最高齢は90歳代である。知力と体力をバランスよく要求するオリエンテーリングは中高年のための健康スポーツとしても最適である。70歳を越えても、海外の大会に参加し、外国の友人との交流を楽しむオリエンテーリング愛好者も少なくない。

　近年では、障害者でも楽しめる、トレイルオリエンテーリングという種目も開発された。この種目は森の中のトレイル（小道）をたどりながら、地図読みの精度を競う。移動はトレイルだけに限定され、時間を競わないので、障害者でも安心して参加でき

▲図1-7a　子どもも楽しめるキッズO（公園での簡単なオリエンテーリング）

る（6章参照）。身体的障害が全くハンディキャップにならないという点で、究極のユニバーサルスポーツといえるだろう。

また、地図を使うことが難しい知的障害者のために、写真を使ったオリエンテーリングも試みられている。

さらには、地図が読めない子どもたちにもアウトドアでの冒険気分を味わうことのできる、キッズオリエンテーリングと呼ばれる簡単なオリエンテーリングも行われるようになっている（図1-7a）。キッズOもパークオリエンテーリング同様、公園で行われる。しかし地図は子どもにも直感的に分かりやすい、より大縮尺（1：2,000など）のものが使われ、記号も工夫されている。公園の中では、子どもでも安心して走りまわることができる。

▶図1-7b　35歳以上、5歳刻みに設定されたクラスで世界一を競うマスターズ世界選手権。真剣に競い合いながらも、参加者はオリエンテーリングを通じてできた世界中の友人たちと会うことを楽しみにしている。

▲図1-7c　身体的なハンディーのある人もない人も同等の条件で競い合うことのできる究極のユニバーサルスポーツ、トレイルオリエンテーリング。2004年からは、世界選手権も始まった。

▲図1-7d　地図を読むことが困難な知的障害者を対象とした、写真を使ったオリエンテーリング。

4 多様な魅力を持つスポーツ

　地球上に未知の場所がほとんどなくなった現代生活でも、ナヴィゲーションは日常の重要なスキルだ。楽しみながらアウトドアや日常生活に必要な読図やナヴィゲーションのスキルを高められることは、オリエンテーリングの大きな魅力の一つだ。北欧諸国では、ライフスキルとして、水泳とならんで学校体育の必修科目になってさえいる。

　大会が全国各地で行われている点も、魅力の一つだろう。普通の旅行では訪れることのできない場所で大会が開催されることもある。大会参加を通じて様々な場所を旅できることも、オリエンテーリングの魅力の一つである。

　また北欧では、バカンスシーズンに数日間にわたる大会が開催される。オリエンテーリング発祥の地スウェーデンでは、毎年7月下旬にオーリンゲンと呼ばれる5日間にわたる大会が開催される。この大会の参加者は約2万人。スウェーデン国内はもちろん、世界中から愛好者が集まり、キャンピングカー

▲写真1-8　大会運営も楽しみの一つ。オリエンテーリングでは、地域クラブによる大会が頻繁に開かれている。

▲図1-9　(a)オリエンテーリングを通しての国際交流。誰でも参加できる大会が海外でも数多く開かれている。オリエンテーリングを楽しみながら、海外の愛好者と交流を深めることができる。
(b)努力の結果勝ち取った栄冠は、どんなスポーツにも共通する魅力の一つだ。ゴール後互いの成績を喜びあう、ブローニ・ケーニヒ・サルミ（左）とマルク・ローエンシュタイン（右）。いずれもスイス（2005年世界選手権ロング種目）にて。

や、キャンプ場、軍隊や学校の宿舎を借りて5日間のオリエンテーリングを楽しんでいる。キャンプ場には仮設のスーパーマーケットができ、さながら新しい町ができたかのような活気を呈し、夜はディスコなどが開かれたりもする。これらの大会には毎年多くの日本人も参加し、様々な国から来た参加者と交流の時を持つ。海外の愛好者と交流のチャンスが多いのも、オリエンテーリングの大きな魅力の一つだ。

歴史的に見ると、オリエンテーリングは他の日本のスポーツとは異なり地域クラブを主体に発展してきた。現在でも愛好者の多くは地域クラブに所属し、大会も地域クラブを主体に運営されている。そこでのイベント作りも、オリエンテーリングに関わる楽しみの一つといえる。地域クラブとそこでのオリエンテーリング活動を通して、様々な年齢層や職業の人々との交友も広げられる（図1-8、9）。

5 オリエンテーリングの用具

オリエンテーリングに必要な用具は、コンパスと地図、そして山を走ることができる服装と靴である。このうち地図は競技会の主催者から提供されるのが一般的なので、競技者がまず用意すべき用具はコンパス、ウェア、シューズである。ウェアとシューズはこれから述べるように専用のものがあるが、初心者のうちは、ジョギングシューズやトレーニングウェアでも十分だ。

1 コンパス（方位磁石）

アウトドアショップでは様々なコンパスが売られ、値段もピンからキリまで様々である。どんなコンパスでも必ず磁北を指し、安いからといって誤差が大きいわけではない。しかし、高いコンパスにはそれだけの機能が備わっており、時間と精度を競うオリエンテーリングでは、コンパスの性能も競技成績を大きく左右する（図1-10）。

コンパスを選ぶ際に重要な点は、安定性、見やすさ、壊れにくさ、方向決定の精度の4点である。

(a) **安定性**：シルバコンパスをはじめとするアウトドア用コンパスの多くには、磁針が入っているカプセルにオイルが封入されている。このため移動中でも磁針は安定して動き、必要に応じてすぐ止まる。オイルの入っていないコンパスと比較すると、その違いは一目瞭然である。これは、移動中に何度もコンパスを見なければならないオリエンテーリングやアドベンチャーレースでは、大きなタイム差をもたらす。

(b) **見やすさ**：コンパスリングと磁針の大きさは、読みやすさに直接影響する。小さな針のコンパスでは、針路を決めたり整置する精度が落ちやすい。キーホルダーに付いているコンパスは小さすぎて論外である。

(c) **壊れにくさ**：ラフな山野を走破するオリエンテーリングでは、レース中にコンパスを壊すアクシデントが少なくない。レース中のコンパスの崩壊は不可抗力のことも多いが、なかには明らかに耐久性の低いコンパスもある。

また、多くの日本製コンパスはオイルもれなどの故障を起こしやすい。オイルがなくなってしまうと、磁針の安定性が損なわれる。なお、シルバ社やスント社のコンパスでも、標高の高い場所で気圧が低くなった時などにカプセル内に気泡が発生する。気泡の大きさが変化しないようなら、そのまま使える。

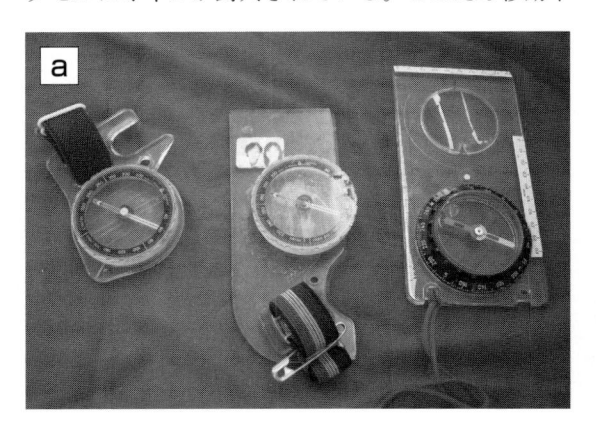

▲図1-10a 各種のコンパス。右は通常のコンパス。中央は使いやすいようプレートの形を工夫した自作コンパス。左は競技用のサムコンパス（親指につけるのでこの名称がある）。地図とコンパスを1つの手に持ちやすくなっている。

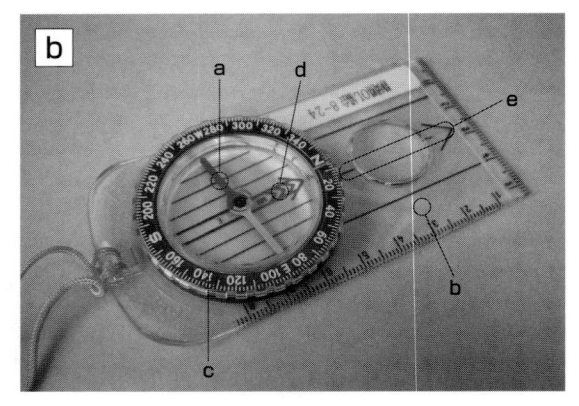

▲図1-10b コンパスの操作を習得するにあたっては、各部の名称を正確に覚えておこう。
 a：磁針　b：プレート　c：度数リング
 d：矢印　e：進行線

ただし、磁針の位置によっては、気泡がひっかかり針の動きが悪くなる。こうなると正しく北を指さないこともあるので、要注意である。

(d) 方向維持の精度：上級のコースになると道も特徴もない森の中を、決めた方向に真っ直ぐ進むことがある（これを直進という）。長方形のプレートのついたプレートコンパスは林の中での直進精度が高く、上級コースを走るのに適している。

　以上のような観点を総合すると、入門的な段階では、シルバ社のタイプ3かスント社のA-20が適している。また中級以上では、自分のオリエンテーリングスタイルに合わせて、シルバ社のプレートタイプの5ジェットや、ハンディータイプのスペクトラが良いだろう。方向維持の厳密さをそれほど要求されないアドベンチャーレースでは、後述するようにリストコンパスもいい選択だ。

❷ 靴

　オリエンテーリング競技が行われる山野は、滑りやすい場所もあれば、岩石地もある。また倒木や切り株が進路を遮る。天気がよくても、湿地や川を越える時には濡れてしまう。これらの悪条件に耐えうる丈夫さと同時に、水で濡れたり泥がついて重くな

らないデザインと素材が、オリエンテーリング用シューズには求められる。

　こうした要件を満たすのが、オリエンテーリング専用シューズだ。日本では市販されておらず、個人の代理店によって北欧から輸入されている。専用シューズは、大きめのスタッド（突起）や、堅めのソール、丈夫なアッパーなど、自然の中を走るのに必要な工夫が凝らされている（図1-11）。

　初級者から中級者では、他のスポーツシューズも使われている。最近スポーツショップでよく見かけるようになったトレイルランニング用シューズは、オリエンテーリング競技にも適しており、軽量のものは上級者にも利用されている。ジョギングシュー

▲図1-11　オリエンテーリング用シューズ（Oシューズ）。アッパーは岩や草木から足を守るため固めの素材が使われ、水の浸入もある程度防ぐ。ソールにはゴム製のスタッド（スパイク）がついている。写真の靴はさらに中央部に3mm程の金属製のピンがついており、岩場でも滑りにくい。

▲図1-12　右は旧来のオリエンテーリングウェア。ナイロン製で軽くて通気性もよい。森の中を走るので夏季でも脚や腕を覆う必要がある。長そで、長ズボンでも軽くなるように作られている（写真は半そでのもの）。左は最近の素材を使ったウェア。上半身は通気性のよい機能素材を使い、下半身はタイツを着用。すねのレガーズは従来から使われている。

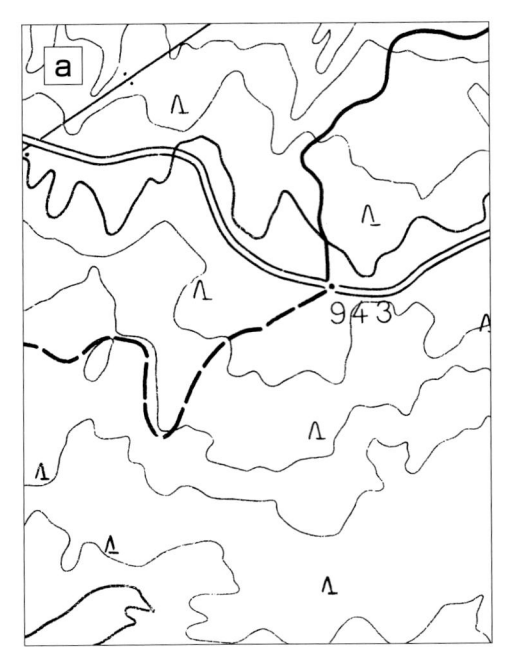

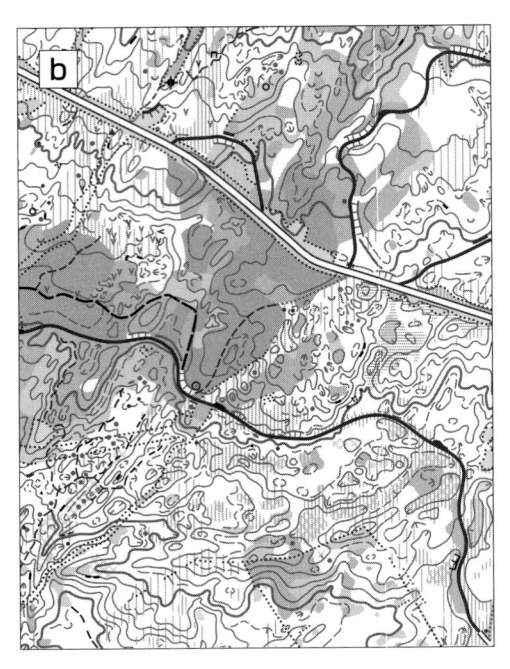

▲図1-13　同じ場所の1：25,000地図（a）とオリエンテーリング用地図（O-MAP：b）。O-MAPでは細かい地形が表現されているほか、アウトドアのナヴィゲーションのための様々な工夫が施されている。

ズも、ソールと土踏まずの部分に補強があれば十分利用できる。この部分が薄いと踏み抜きから足を守れない。また、大きめのスタッドのあるサッカーのトレーニングシューズを利用している選手もいる。

3 ウェア

　ヤブに覆われた森の中を走るオリエンテーリングでは、ランニングパンツとランニングシャツで走るという訳にはいかない。枝や葉から皮膚を守るために、脚は全体を覆い、上半身は最低でも上腕を覆う必要がある。

　初級者のうちは、いわゆるジャージにＴシャツ姿でも十分だ。綿のＴシャツよりも化学繊維のＴシャツの方が汗でべとついたり、冷えたりしないのでよい。冬なら、その上にトレーナーやウィンドブレーカー等の防寒具を身に付ける。中級・上級者になると、写真に示すようなオリエンテーリング専用のウェアが使われる（図1-12）。

4 地図

　競技に使われる地図はほとんどの場合レースの主催者から提供される。オリエンテーリングでは、Ｏ-MAP（オーマップ）と呼ばれる専用の地図が一般的に使われるが、ローカルな大会では1：25,000地形図が利用されることもある。アドベンチャーレースでは、参加者が地図を用意しなければならない場合もある。1：25,000の地形図は、昔は大都市の書店で買うことができたが、最近ではめっきり減ってしまった。その代わり、インターネットのオンラインショップで購入できる。以下のURLの日本地図センターでは、クレジット決済で全国の地形図を購入できる。

◇日本地図センター　http：//www.jmc.or.jp/

　利用される地図はナヴィゲーションにも大きな影響を与えるので、オリエンテーリング大会では要項で公表される。地図を読む上で最も基本となる、縮尺、等高線間隔、記号については2章で解説しよう（図1-13）。

（村越真）

第2章

CHAPTER 2

ナヴィゲーションの基礎技術
――自分の力で進路を決める――

　オリエンテーリングは「方向を定めて自然の中を走る」スポーツである。競技では、地図を使っていくつかのコントロールポイントを発見し、最短の時間でゴールに到達することが求められる。ゴール到達までには様々な障害がある。テレイン（競技の舞台となる山野）には山もあれば谷もある。ヤブのため通行が困難な場所もある。また、テレインには分かりやすい目標があるとは限らない。まして「目標はこっち」という道標があるわけではない。その中で地図という情報を手がかりに、正しい進路を判断するところに、スポーツとしての面白さがある。

- レース中見ることのない競争相手、ゴールまでわからない自分のタイムや順位への懸念。
- トップスピードで走りながら、地図を読み、進路を決定。
- 倒木やヤブなどの障害物をよけて走る筋力。
- ナヴィゲーション失敗への恐れ。
- 道路やトレイルにはない、細かなアップダウン、急坂、くだり。

様々な障害を乗り越える競技者：オリエンテーリングの競技者は様々な障害を乗り越えてゴールを目指さなければならない。

3つの要素からなるナヴィゲーション技術

　ナヴィゲーション技術は、3つの要素から成り立っている。それがプランニング、ルート維持、そして現在地の把握、である。簡単な目的地へのナヴィゲーションを例にとって、これを説明しよう。

　図2-1の△をスタートし、○を目的地として目指しているとしよう（スタートを△、チェックポイントを○で表すのはオリエンテーリングの慣例なので、本書でも以下はこの表示を多用する）。

● **常に要求される、ルート維持**

　あなたは、a→b→cと進みたいと思うだろう。ab間は太くてはっきりした道なので、問題は少なそうだ。だが、地図の細部には省略があるので、bは実際にはB図のようになっているかもしれない。間違えずにbcの小道を選ぶにはどうすればいいだろ

うか？

　cに向かう道に入った後も、注意が必要だ。アウトドアでは、不明瞭な道も少なくない。けもの道で、道が複数に分かれているかもしれない。どれが正しい道かは、地図で見るほどははっきりしないものだ。そこでどちらに進むべきだろうか？　この問いに適切な答えを与えることが、ルート維持である。

　ルート維持で間違った判断を下すと、いつのまにか思っているのとは違う場所にいたり、極端な場合には自分の居場所が分からなくなり、迷ってしまう。少ない目印、不明瞭な道、山野の中にはルート維持を難しくする要素が数多くある。そんな環境の中で、どうしたらルートを確実に維持できるか。そこにナヴィゲーション技術の一つの核心がある。その具体的な方法は、p.29から紹介してある。

● **ナヴィゲーションの基本、現在地の把握**

　ルートが維持できるだけでは、目的の場所に着けない。図2-1で道をbからcに進む場合を考えてみよう。方向も周囲の地形も地図どおりの正しい道を選んでいるつもりでも、実はdへの道に入っている可能性がある。bとb'を取り違えてしまったからだ。そして、山野ではこのような場所の取り違えが多発する。

　取り違えを防ぐためには、ルートの要所要所で、自分のいる位置を正確に把握する必要がある。これが現在地の把握である（詳細はp.26より）。そのために、地図と周囲の風景を十分に見比べる必要がある。

　ナヴィゲーションでは、常に意図通りに動けるとは限らない。ab分の距離を進んで来たと思っていたのに、実はまだb'だったということは多い。現在地把握の技術は、こういう事態を防ぐために使われる。

　ルート維持と現在地の把握は、お互いに補いあっている。ルートが維持できれば現在地の把握は容易

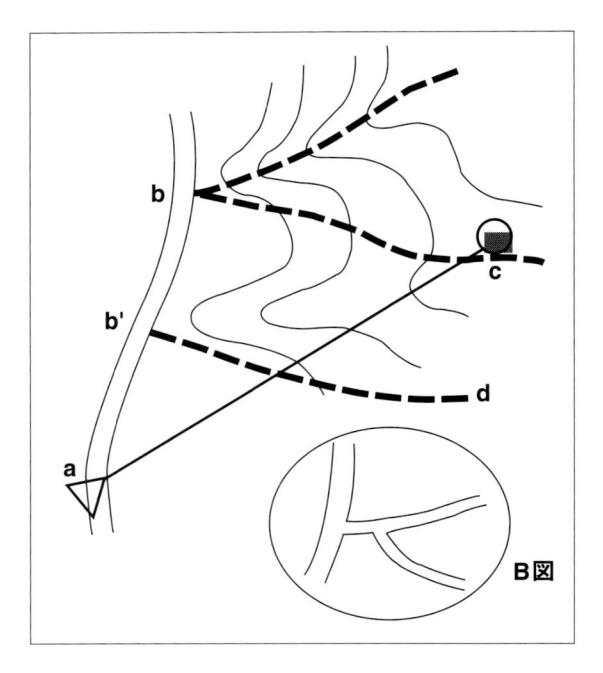

▲図2-1　地図読みに要求される、ルート維持と現在地把握の発想。「小道を右に曲がる」というだけでは、b'で誤って曲がってしまうかもしれない。またbで曲がった後も、cに向かう道に乗っているという確認が必要だ。

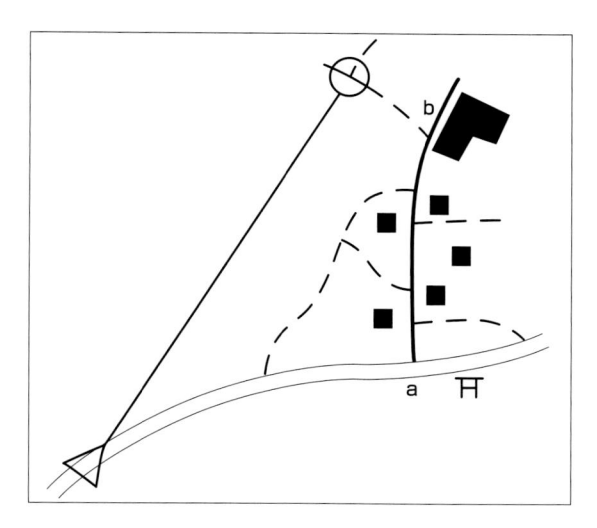

▲図2-2　プランニングでの地図読みのポイント。神社に注目することで、a点での道の分岐の見逃しを最小限のロスで抑えることができる。bでの特徴的な建物に注目することで、途中の分岐に時間をとられることなく、確実に正しい小道分岐を捉えることができる。

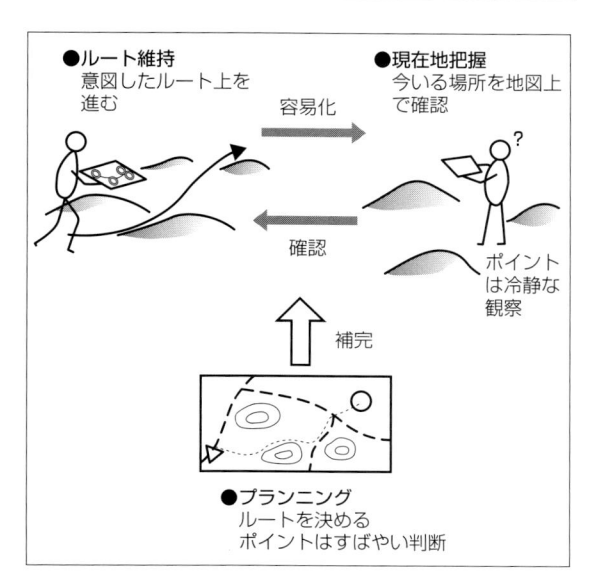

▲図2-3　ルート維持と現在地把握、プランニングの関係。プランニングはルート維持や現在地把握を補完している。

だし、現在地が把握できていれば、ルート維持はできる。現在地の把握とルート維持を確実に行うこと、それがナヴィゲーション技術の基本である。

●動き出すまえの準備、プランニング

高度化されたスポーツの試合が、相手に関する情報収集や作戦会議から始まるように、ナヴィゲーションも動く前に始まっている。相手の特徴を分析し、自分の得意な戦い方に持ち込むことで、強い相手にも勝てるかもしれない。ナヴィゲーションにもこの考え方は通じる。

オリエンテーリングやアドベンチャーレースの多くでは、指定されたコントロールポイント以外はどこを通ってもいい。最も速いルート、迷わず確実に次のコントロールポイントに着けるルートを選択することが競技者に求められる。これがナヴィゲーションの第三の要素、プランニングである。

何を確認すべきかを地図から読み取ることも、プランニングの重要な要素である。ルート上にはいくつもの建物があるが、コントロールポイントへの最後の曲がり角の建物は、他の建物より大きく目立つだろう。このことが地図から読み取れていれば、道の分岐を数える必要はなくなる。ルートをたどっていることを確認するための特徴物をチェックポイントというが、その読み取りもプランニングの重要な要素である。

プランニングには、危機管理の側面もある。たとえば、図2-2のスタートからコントロールポイントまでのルートはa点で曲るので神社の脇を通らない。これは、神社を見たらルートから外れていることを意味する。「もし間違えたらどうなるか」をあらかじめ読み取っておけば、いち早く間違いに気づく。これが危機管理だ。プランニングに危機管理を組み込むことができるようになれば、あなたのナヴィゲーション技術は格段に進化したことになる。

ナヴィゲーションの3つの要素の関係を、図2-3にまとめた。

2 ナヴィゲーションの道具とその基本

◆1 地図

本節では、ナヴィゲーションの基本である地図について、基礎的な事項について解説しよう。

●縮尺

縮尺とは、地図上での長さと実際の長さの比である。1：25,000なら、地図上の長さを25,000倍すると実際の長さになる。競技中にこれを一々計算することはできないので、縮尺に応じてあらかじめ実際の長さを示したスケールをコンパスの辺に着けたり、表2-1のように1mmないし1cmが実際にどのくらいの長さかを覚えておく。

▼表2-1 地図上の長さが実際にどれくらいの長さか

縮　尺	1mm	10mm	40mm
1:10,000	10m	100m	400m
1:25,000	25m	250m	1km

縮尺を覚える時、「4mmが100m」と覚えているだけでは、不十分だ。それ以上に重要なのは、100mがどのくらいの長さかという感覚を持つことだ。外を歩いている時、先の方にある電柱までの距離をいい当てることができるだろうか。縮尺や距離が分かるとは、これができることに他ならない。これは日ごろから磨いておきたい感覚である。

なお、「大きな縮尺」「小さな縮尺」という言葉が使われることがあるが、2万5千分の1よりも5万分の1の方が小さな縮尺である点に注意しよう。これは縮尺が比の値であることを考えれば納得できるだろう。

●等高線と等高線間隔

実際の地形は水平面の広がりに加えて高さという3次元の広がりを持っている。紙地図では直接表現できない高さについての情報を表現するため、広く採用されているのが等高線である。等高線を自由に読みこなせるには、かなりの経験が必要だが、その原理自体は難しくない。

等高線は、同じ標高の点を結んだ線である。その形によって地形を表している。また一定の標高差で引かれているので、地図上での間隔の広狭によって、傾斜の程度が表せる仕組みになっている（図2-4）。この原理によって、アウトドアナヴィゲーションに不可欠な地形の特徴を余すところなく表現できる。

隣り合う等高線間の標高差を、等高線間隔と呼ぶ。

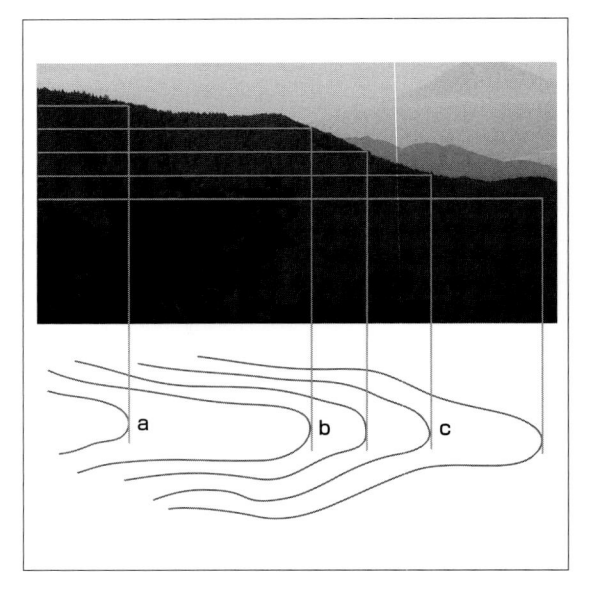

▲図2-4 等高線の原理。等高線は同じ高さを結んだ線である。その線を一定の標高差で引くことで、写真のような尾根の形を等高線で表現することができる。等高線の間隔によって傾斜の緩急が分かる。ab間は緩斜面。bc間は急斜面。

小さな縮尺の地図では大きな等高線間隔が使われるし、大きな縮尺の地図では小さな等高線間隔が使われる。2万5千分の1では10m、オリエンテーリングで使われる1万5千分の1や1万分の1では5mが一般的である。傾斜が急な場所では10m間隔の等高線が採用され、傾斜のなだらかな微地形で行われるオリエンテーリングでは、2.5mの場合もある。

地形把握だけでなく、ルートの傾斜やコース全体の登距離の把握にも、等高線は重要である。等高線を読み取ることは、アウトドアでのナヴィゲーションの基本でもあるので、p.23から詳述してある。

● 基本的な記号

1：25,000地形図は黒、茶、青の3色で作られている（1：50,000は緑を入れた4色）。O-MAP（オリエンテーリング専用の地図をこう称している）は、これに緑、黄色を加えた5色で作られている。個々の記号を覚えることも必要だが、それぞれの色に対応する記号のカテゴリーを把握しておこう。記号は覚えていなくても、色からそれが何を表しているかの大まかな推測ができる（図2-5、2-6）。O-MAPに使われる独自の記号については、3章で紹介する。

> 黒：人工物（建物、道路等）、植生界、（岩：O-MAP）
> 茶：地形（等高線、がけ）
> 青：水系（河川、湖）
> 緑（O-MAP）：通行可能度（林の中の通行の容易さ）
> 黄（O-MAP）：木の生えていない土地（耕作地、草地等）

▲図2-5　地図の色の区分と意味

a：索道（ロープウェイやリフトなど） 　b：送電線と鉄塔および電波塔（右後ろ） 　c：道路（幅員1.5m未満）

d：田（右）と幅員1.5mから3mの道路（左） 　e：せき 　f：針葉樹林 　g：建物

▲図2-6　山野でのナヴィゲーションで重要な1：25,000の主要な記号と実際の写真。

●記号の持つ3つの意味

　記号の意味といっても、ナヴィゲーションでは、「＊は…の記号」といえるだけでは不十分だ。「＊＊は…の記号」というのを辞書的な意味とするならば、記号にはこのほかにイメージ的意味や機能的意味もある。イメージ的意味とは、「それが実際にどのような外観を持っているか」であり、機能的意味とは、それが「ナヴィゲーションにどのように利用できるか」についての知識だ。これらを把握して初めて、地図を余すところなく、ナヴィゲーションに活用できる。

　機能的意味が分かっていれば、現在地把握やルート維持の難しさもあらかじめ判断できる。表2-2に、地図記号の機能的意味の例を示したが、機能的意味は最終的には経験を積んで覚えるしかない。特に地図の信頼性が低いアドベンチャーレースでは、体験的に把握した機能的意味は大きな役割を果たすはずだ。

▼表2-2　記号の持つ3つの意味

	辞書的意味	イメージ的意味	機能的意味
～	幅員1.5～3.0mの道路	簡易舗装(？)	確実にある
---	幅員1.5m未満の道路	土(未舗装)、踏み固められている(？)	目立たない、消えてないとも…

実線道路と破線道路それぞれの辞書的意味、イメージ的意味、機能的意味の違い。ナヴィゲーションでは辞書的意味以上にイメージ的意味や機能的意味が重要になる。

●磁北

　コンパスは北を指すといわれているが、正確にいえば、コンパスが指すのは北ではなく磁北である（詳細はp.98参照）。日本ではその方向は概ね西に向けて5～10度前後ずれており、これを偏角と呼ぶ。本州の中央部では約6度と考えて大きな問題はない。コンパスを使うには、あらかじめ地図上に磁北が示されている必要がある。

　O-MAPでは磁北は磁北線によってすでに示されているので、北と磁北の違いを意識することはない。しかし地形図を使う場合には、地図に磁北が示されていないので、磁北を記入する必要がある。地形図には10秒刻みで磁北の方向が示されている。磁北線の引き方については、第5章のアドベンチャーレースの項で紹介する。

②コンパスの基礎

●コンパスはなぜ必要か？

　地図と比較すると、コンパスは絶対不可欠な道具ではない。むしろ補助的な用具といってもよい。トップ競技者の中には、練習でコンパスを使わない選手も少なくない。これは読図技術や方向感覚を磨くためだ。地図読みに集中するために、コンパスなしでレースをする選手もいる。中には世界選手権に優勝してしまった選手もいる（図2-7）。地図が確実に読めれば、コンパスはなくても十分ナヴィゲーションできるのだ。では、なぜコンパスを使うのだろう。

　第一の理由は針路を確認する道具としての利用である。ハイテクナヴィゲーション用具が開発される以前、海上では羅針盤（コンパス）が唯一針路に関して頼れる情報であった。アウトドア用コンパスの定番シルバコンパスも、もともとは特徴の乏しい北欧の大地で、正しい方向に進むために開発されたものだ。コンパスがあることで確実に、しかも速く正しい方向を知ることができる。

　図2-8、あるいは9のようなケースが典型的なコンパスの出番だ。図2-8Cでは、地形は平坦で、特徴的なものが見られない。こんな場所では正しく目標地点に向けてルートを維持するためにはコンパスによる直進が欠かせない（p.40参照）。ただし、日本のように地形がはっきりしているが、下草が多く林の中を自由に通行できない場所では、直進を利用するケースは少ない。

　図2-9は、周囲の視界が開けていない尾根への降下のケースである。視界が開けていないので、降下したい尾根を目視できず、どちらの方向に進めば正

▲図2-7　世界選手権（2001年）をコンパスなしで優勝してしまったフィンランドのパシ・イコネン（日本の大会にて）。右手に持っているのは拡大鏡だが、コンパスはこの日も持っていない。

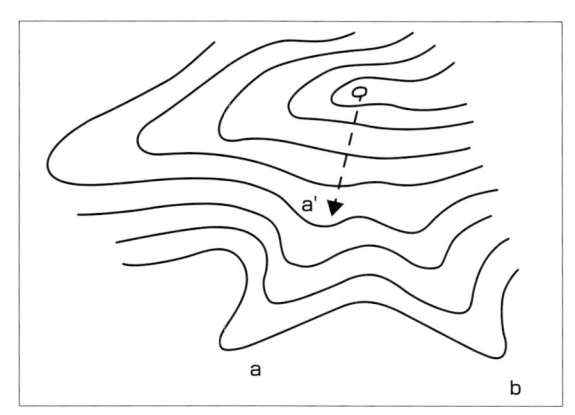

▲図2-9　コンパスでの方向維持が有効な不明瞭な尾根の始まり。間違ってbの尾根に乗らないためには、尾根から枝尾根がはっきりしはじめるa'まではコンパスによる方向維持が必要だ。

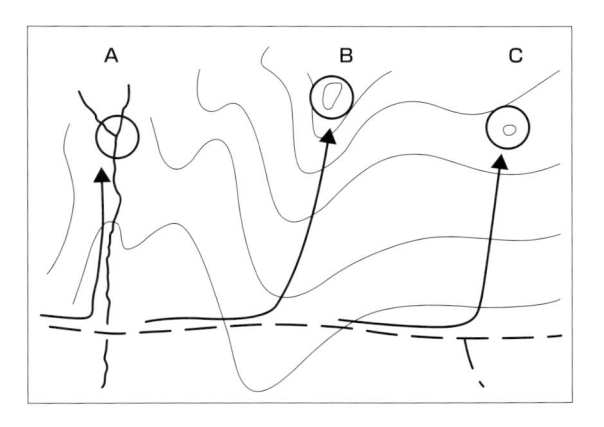

▲図2-8　コンパス直進の出番となる特徴のない場所での直進。Aでは小川に沿って、Bでは尾根線に沿って進めばよいが、CではABのような明確な地形上の特徴がないので、ルート維持のためにコンパスによる直進が必要となる。

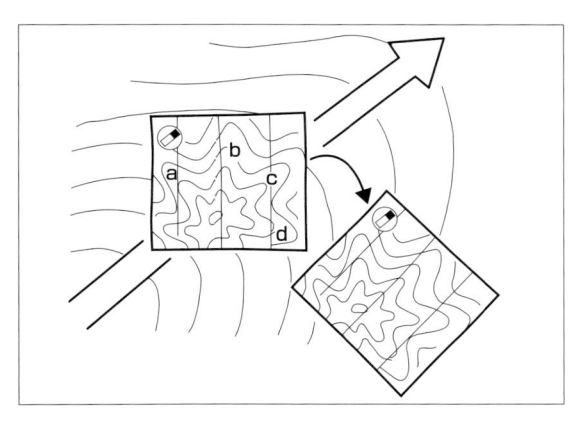

▲図2-10　コンパスで方向を確かめ現在地候補を絞る。形だけではabcdいずれの尾根にいるか区別できないが、整置をするとbにいると分かる。

しい枝尾根に乗れるかが主尾根からでは分からない。また、方向感覚に頼ると、思わぬミスを犯しやすい。こんな時、コンパスによる進路の確認が必要となる。

　コンパスを使う第二の理由は現在地の把握である。オリエンテーリングでは圧倒的に多くの場合、コンパスは現在地の把握の補助として使われる。まずはそのためのコンパスの使い方を身に付けたい。

　もし、あなたが図2-10のような場所にいるとしよう。中央のピークからたくさんの小さな尾根が広がっている。周囲の地形を見れば、自分が尾根にいることは容易に分かるが、abcdいずれの尾根にいるかを判断するのは難しい。現在地が不確かであれば、目的地に行くのにそのまま尾根を下るべきか、それとも一度ピークに登り返すべきか分からない。ところがもし自分がいる尾根の方向が分かったら、現在地はbに絞られる。コンパスを使って方向を確認することで、地図だけでは読みきれない現在地の把握が可能になるわけだ。

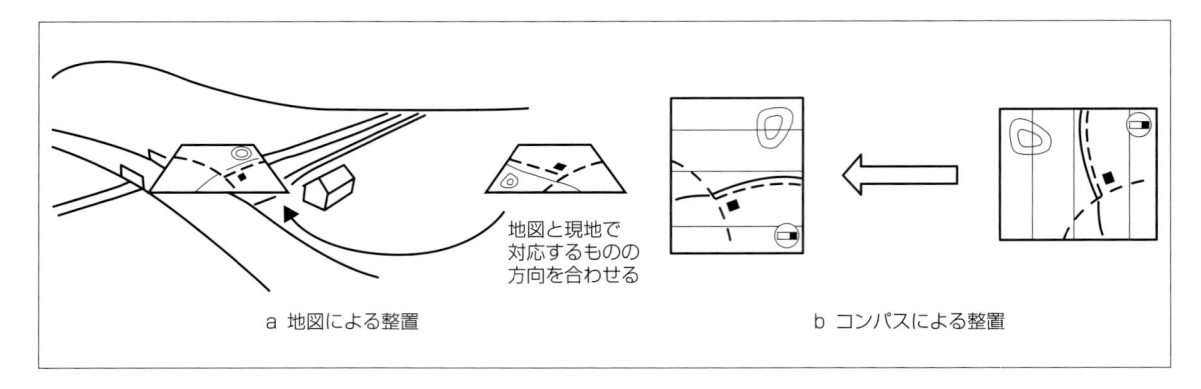

▲図2-11　地形による整置、コンパスによる整置。aは地形による整置。地図と対応できる特徴物の方向を一致させて整置ができる。bはコンパスによる整置。この場合、機械的に磁針と磁北線の方向を合わせればよい。

● 整置

　方向音痴の人は、「地図を回すから私は方向音痴」と信じている人が少なくない。しかし方向音痴であってもなくても、地図と実際の方向がずれている時、地図と周囲を対応させることは難しい。そのためナヴィゲーション中の地図読みでは、地図を実際と同じ方向に向けておく。これが整置である。整置をすると、地図と周囲の照合が容易になる。また、地図上で読み取った進行方向と実際の進行方向も一致する。

　よく目立つ特徴物がある時、それを使って地図を整置することができるが、そうでない時、コンパスは整置のための強力な武器となる。コンパスの出番のおそらく90%以上が、整置なのである（図2-11）。

　整置は簡単なテクニックのようだが、奥が深い。この点は3章で詳しく触れることにしよう。

【講習会でのエピソード：分かりにくい道を見抜く】

　私が、アドベンチャーレース向けの講習会をしていたときのエピソードである。机上のルート練習で、参加者に2つのコントロールポイント間のルートを考えるように指示した。ある参加者が、地形図上に道に沿ったルートを提案した。それは悪いルートではなかったが、最後に私は「その道は不明瞭になっていそうですから、たどる時、気をつけたほうがよいですね。」と指摘した。レースの準備のためその山域に詳しかった知人が、「そこは確かに道が消えかかっていました」と、付け加えてくれた。

　熟練したナヴィゲーターは、このように地図に描かれていないことさえ読み取ることができる。おそらくこういう地形のこういう場所では人の通行が少ないので、道が草等に埋もれていたり、踏み跡が分かりにくくなっていることを経験的に学び、それを利用して推論しているのだろう。

3 等高線を読んで地形を把握する

地形はアウトドアの中にはどこにでもあるし、他の特徴に比べると変化することが少ないので、アウトドアのナヴィゲーションでもっとも頼れる特徴である。反面、地形を利用するための等高線読みは読図の中でももっとも難しい。まずは、以下の3つの基本を確実に習得しよう。

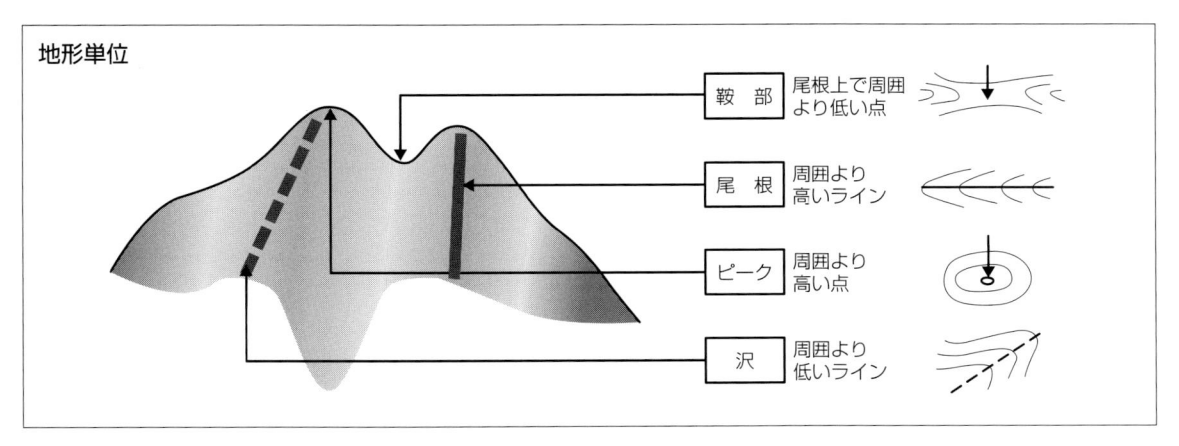

▲図2-12　地形単位とその等高線。地形の中には、分かりやすい場所がいくつかある。尾根、谷、尾根上でいちばん高い場所であるピーク、尾根上で周囲より低い場所である鞍部の4つがそれである。風景、地図いずれでも、この4つの要素がすぐに見分けられるようになりたい。

●地形単位を読み取る

地形の基本的な単位は、尾根、沢、ピーク、そして鞍部（あんぶ）である。地形単位を、地図と実際の山野の両方で見分けられるようになろう（図2-12）。地図に尾根と沢を線で引くトレーニングは、地形単位を把握するために有効だ（図2-13）。

風景の中でも、意識して尾根・沢のラインを目で追ってみよう（図2-14）。同じ場所の地図上で尾根・谷を線で引いてみると、両者の対応が良くわかる。

▲図2-13　【問題】地形図から地形単位を読み取る（解答はp.25）

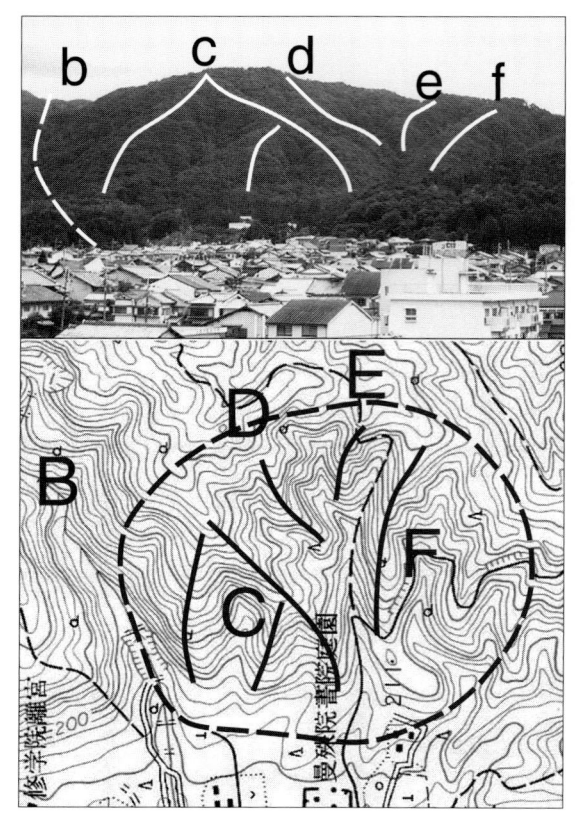

▲図2-14 風景から読み取った地形単位と対応する等高線。cdefの尾根がそれぞれCDEFに相当する。特にCは二度二股に分かれており、特徴的。

● 尾根・沢の配置を把握する

　尾根や沢は無数にある。よほど形に特徴がないと、一つ一つの尾根・沢に注目するだけでは現在地が分からない。そこで、複数の尾根・沢の配置に注目する。図2-15に示したように、まず風景の中で看取った尾根の配置を線図化してみよう。その配置に該当する地図の場所を探すのだ。

▶図2-15　地形単位を使うと場所が定まる（地図は整置されている）
a：実際の風景。
b：この風景から尾根を読み取ってみると、図のような尾根の配置が把握できる。
c：地図から尾根の配置を読み取り、bの配置と同じ配置の場所を探すと○で囲んだ場所であると分かる。

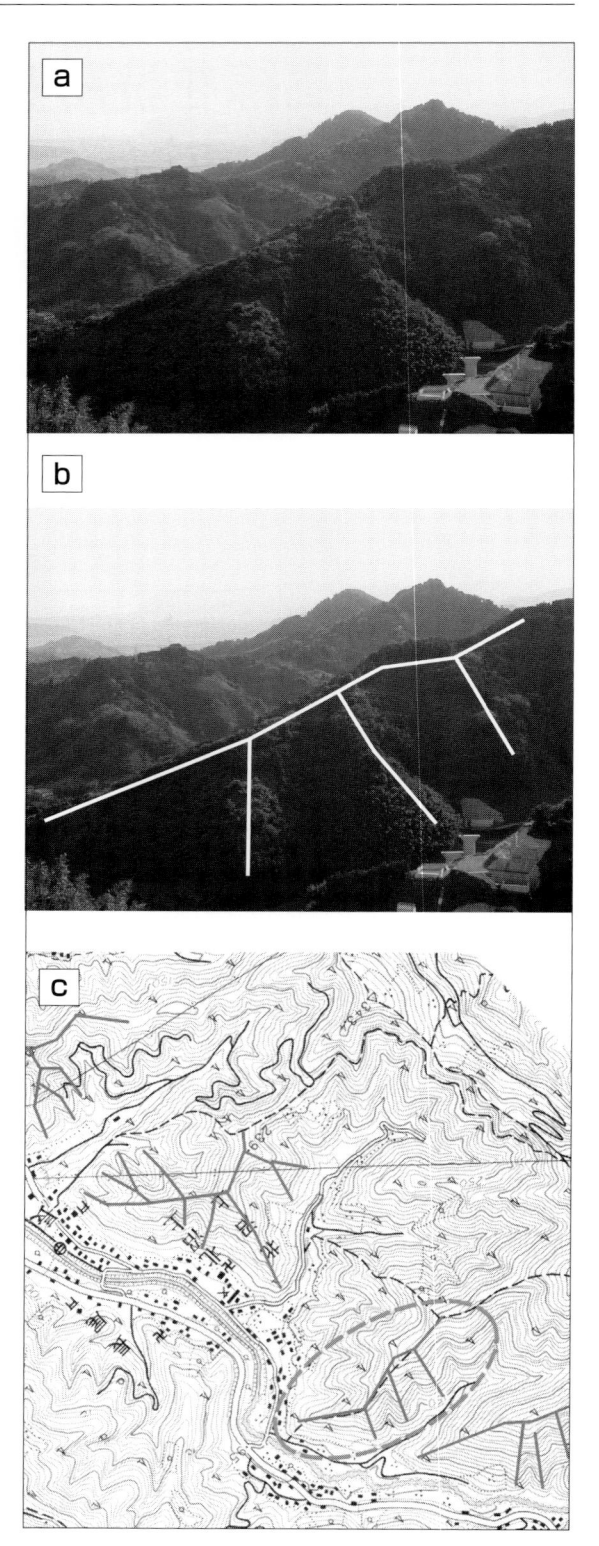

第2章　ナヴィゲーションの基礎技術　25

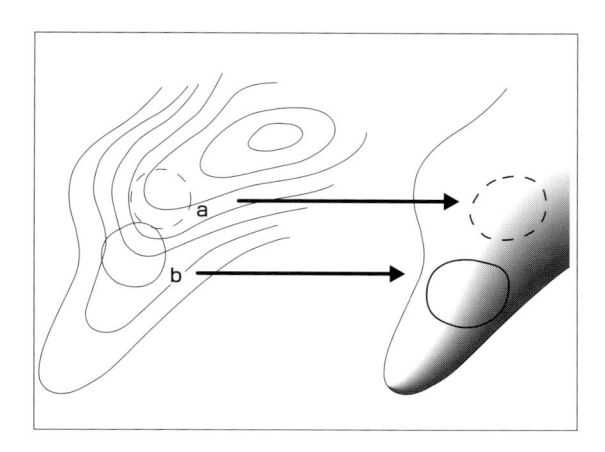

▲図2-16　等高線によって表現される傾斜の変換（左）と実際の地形のイメージ（右）。aの部分が凸型の傾斜変換でbの部分が凹型の傾斜変換。

●傾斜の変化を把握する

　地形単位や尾根・沢の配置なら等高線以外の地形表現でも読み取れる。しかし傾斜の正確な把握は、等高線の大きな利点である。特に傾斜の変化を把握することは、等高線によって初めて可能になる。こ

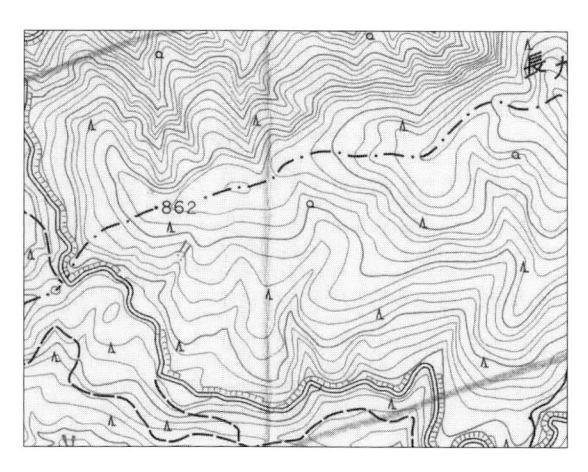

▲図2-17　【練習問題】等高線から傾斜変換点・線を読み取ってみよう。

れが、地形読み取りの第三のポイントとなる。
　等高線の間隔は傾斜の緩急を表しており、間隔が不連続に変わるところ（図2-16）では、肩や根元といった特徴的な地形が形成される。それを読み取ることで、尾根を区別したり、尾根の中のどこかを精密に把握することができる（図2-17, 17b）。

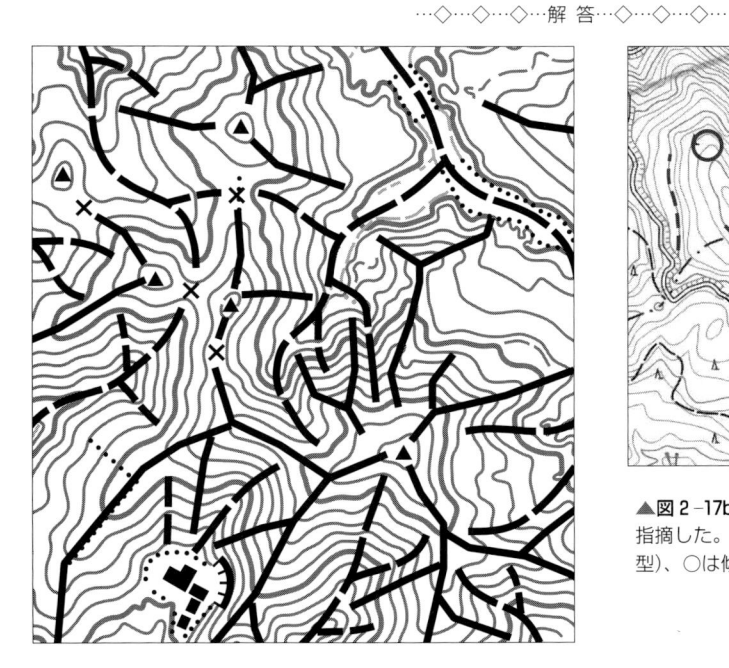

…◇…◇…◇…解　答…◇…◇…◇…

▲図2-13b　【図2-13の解答】地形図に地形単位を描き込むとこうなる。

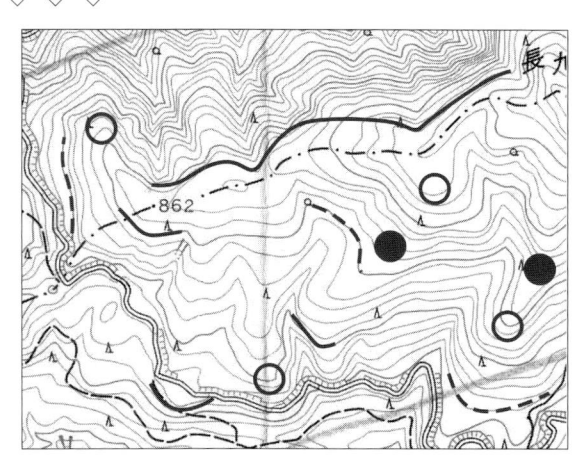

▲図2-17b　【図2-17の解答例】代表的な傾斜変換点・線を指摘した。実線は傾斜変換線（凸型）、破線は傾斜変換線（凹型）、○は傾斜変換点（凸型）、●は傾斜変換点（凹型）。

4 現在地を把握する

　現在地の正確な把握はナヴィゲーションの出発点であり、確実なルート維持の前提である。自分のいる場所は「ここ」だが、「ここ」が地図上のどこかが分かって初めて現在地が把握できたといえる。それによって目的地やチェックポイントとの位置関係が分かり、どうやって進めばいいかのプランも立てられる。逆に自分が思っている現在地が間違っていたら、どんなに詳細で精密なプランを立てても、目的地に到達することはできない。現在地を確実に把握するためのポイントは、以下の点にある。

1 風景を読みとる

　図2-18aの風景中の○印は地図のどこに相当するのだろう。この例題を解くとき、おそらくあなたは風景の写真からその場所が地図にどう表現されているかを思い描いただろう。このように、風景から特徴を読み取ることが現在地把握の第一歩だ。

　「地図をよく見よう」というと、地図ばかりを見てしまう人がいる。それでは現在地は分からない。風景から地図と対応できる特徴を読み取り、それを頭の中で地図化して、地図と対応させることで、初めて現在地が把握できる。現在地の把握のためには地図を読むことは必要だが、地図「だけ」を読んでいてはだめなのである。現在地の地図読みは、むしろ風景読みといっても過言ではない。

　地図と風景を対応させる上で欠かせないのが、地図の整置である。整置をすると、地図と実際の方向が一致する。地図と風景を対応させる時には、風景をイメージの中で地図化して、それに合致する場所

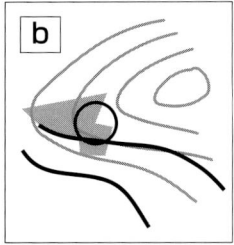

▲図2-18　風景を読み取り現在地を把握する。aを見ると畑と森の入り混じった地形のひだのない斜面が見え、その手前には林道がある。これを概念的に表すとbのようになる。斜面の中での位置も参考に地図の○付近だと推測できる（c）。

▲図2-19　整置をされていない地図は対応が難しい。整置によって実際の地形との対応が容易になる。下段の一番左が整置された地図。

を地図で探す。整置によって、この探索がスピードアップされ、また両者の情報を対応させやすくする（図2-19）。

2 よく分かる特徴物を利用する

現在地の把握に役立つ特徴は、場所によって違う。その場所に応じた分かりやすい特徴物を選ぶことが、確実に現在地を把握する上では重要だ。

ナヴィゲーションの場合の分かりやすさには2つの意味がある。第一に実際の山野で目立つことだ。第二にその特徴物があまり多すぎないことだ。山野の中では建物は目立つが、別荘地の周辺では建物は至るところにあるので、取り違えてしまうかもしれない。図2-20に、現在地把握に有効な特徴物とそうでない特徴物を例示した。

3 特徴が乏しい場所での現在地把握

山の中では町中のように地名標識はないし、はっきりした特徴物が少ない。少ない特徴でどうやって確実に現在地を把握するかに、熟練者のナヴィゲーション技術の特徴がある。仮想的な地図（図2-21）を見ながら、それを紹介しよう。

●過去の情報を論理的に使う

今いる場所と似た特徴を持つ場所が無数にあっても、過去に通過した場所の特徴も含めると、似た場所の数は限られる。たとえば図2-21の中央のピークから尾根を下ってきたとしよう。尾根をほぼ下りきったので、a〜oのいずれかの位置にいる可能性がある。しかし尾根の形に大きな違いがないので、それだけでは現在地を把握することはできない。

この時、もし小屋と電波塔を一度ずつ見てきたこ

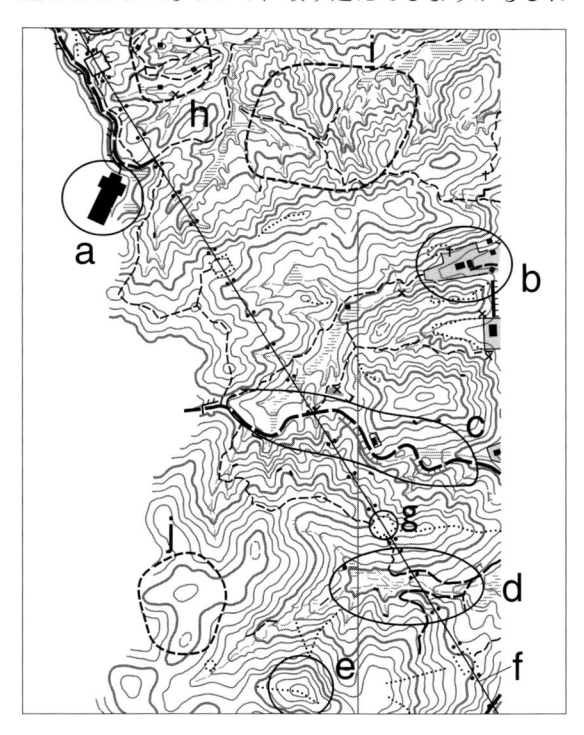

▲図2-20【現在地把握に有効な特徴物（実線）】
a：大きくて特徴的な建物は遠くからでも目立つ。b：集落は他にないので、確実にわかる。c：林道は2つしかないので、いずれかにいるかは方向からわかる。d：谷を送電線が横切っている場所。e：周囲より明確に高いピーク。f：送電線。特に尾根上には鉄塔があると予想される。
【現在地把握に有効ではないもの（破線）】
h：林の中に点在する小さな建物。相互に見間違う可能性がある。また地図にはない小さな小屋等と間違える可能性もある。i：小さな尾根・谷、j：なだらかではっきりしないピーク。

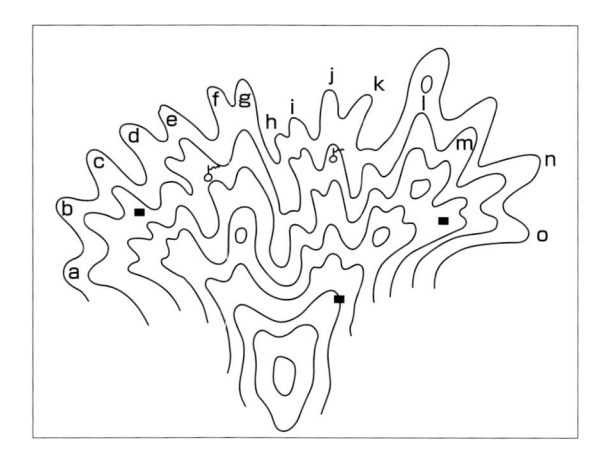

▲図2-21 現在地把握に使われるさまざまな発想。①建物を見た、あるいは電波塔を見たというだけなら無数の候補があるが、両方見たという組み合わせによって可能性はjかkに絞られる。②見落とす可能性がないものなら「見なかった」ことも手がかりになる。ピークを見たというだけでは可能性のある場所は多数あるが、建物も電波塔も見ていないという条件の下では、fかgに絞られる。③候補を絞り込んでおき、将来見るものを絞っておき、現在地を絞り込める。建物とピークを2つ見たという条件ではlかmの2つの可能性がある。そこで両者を区別するピーク情報に注目すると、どちらかに決まる。

とを思い出せば、jかkにいると結論づけることができる。

● 予測して確かめる

たとえばlかmのいずれにいることが分かっているとしよう。このまま下っていくとどんなことが起こるだろうか。もしlにいればピークが再び現れ、mにいればピークが現れることはない。結果はピークが現れるか現れないかのいずれかだから、lにいるかmにいるかが分かる。

● プラン時に避ける

分かりやすいルートをプランすることも、重要な現在地把握の技術の1つである。オリエンテーリングは現在地把握のゲームではない。結果として目的地に間違いなく速く到達できるルートを選べばよいのだ。たとえば、分岐が多く間違いの多い尾根を降りるのではなく、一度林道に乗って、はっきりした林道の分岐から目的地に到達する方法も考えられる。

● 2つのモード

現在地の把握には2つの異なるモードがある。地図先行モードと、風景先行モードである。移動するとき、競技者は地図から読み取ったその先のルートやチェックポイントのイメージを頭に思い描きながら走る。イメージに合う場所が出てきたら、それは正しいルート上やチェックポイントにいることを意味する。ナヴィゲーションがうまくいっている時は、読み取ってイメージ化された地図に風景を対応させる、地図先行モードの現在地把握が行われる。

ルート維持がうまくいかなくなると、「こんな場所にくるはずなのだが、周りの様子がおかしい」と感じるようになる。このとき、すでに現在地は分からなくなっているので、地図先行モードの現在地の把握はできない。風景先行モードへの切り替えが必要になる。

実は図2-18では、風景先行モードの現在地把握が要求されていたのだ。なぜなら、読者にとって、地図のどこにいるかの情報は全くない。自分の周りに何が見えるか、それが見えるはずなのは地図のどこか、という考え方で現在地把握をしていたはずだからだ。風景読みは、風景先行モードの現在地把握の時に、とりわけ重要になる（図2-22）。

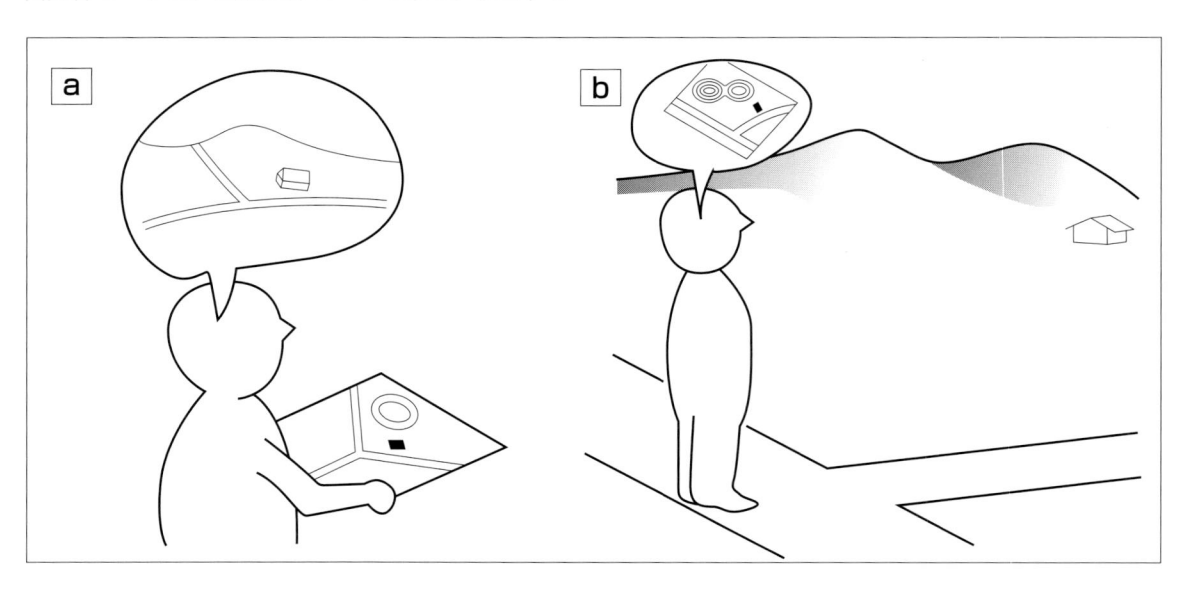

▲図2-22　現在地把握の2つのモード。aは地図から現地の様子をイメージし、実際の現地と対応させる。bは現地から地図をイメージし、実際の地図と対応させる。前者は通常のモードだが、現在地を見失うと、後者のモードが必要となる。

5 ルート維持

ルート維持に利用できる情報は、方位と特徴物に大別できる。はっきりした特徴物や特徴的なライン（道、尾根）があれば、容易にルート維持ができる。しかし明確な特徴物がない時には、方位の利用が必要となる。そのための道具がコンパスである。コンパスは方位という普遍的な情報を使うので、どんな環境でも安定したルート維持が可能である。だからこそ羅針盤は重要な航海用具として使われてきたのだ。

1 特徴物を使ったルート維持

●ハンドレールを使う

特徴物を使ったルート維持の基本は、ハンドレールの利用である。ハンドレールとは線状に連なった特徴物で、最も代表的なものが道である。地形が読めるようになれば、さらに尾根・沢がハンドレールとなる。また、傾斜の変化する線もハンドレールとして利用できる。図には代表的なハンドレールを挙げた（図2-23）。

道は初級者の時にはもっとも多用されるハンドレールだが、地図には描いてあっても現地で分かりにくかったり、逆に地図では1本道なのに、現地では2つに分かれていたりするなど、やっかいなことも多い。このような場合、地形との関係に注目することがミス防止につながる。

道は地形に対して恣意的についているわけではなく、たいていの場合、尾根・谷に沿っている、等高線に平行している（巻き道など）、尾根と谷を結ぶ、この4パタンしかない。そして同一の場所から同じパタンの道が複数出ていることは稀である。地形との関係を利用すれば、地図にない道があっても、その中からどの道が正しい道かを選ぶことができる（図2-24）。

●視線を上げて遠くを見る

近くに特徴的な目印がなくても、遠くにある目印を利用してルート維持ができることがある。たとえば、コントロールポイントがピークの方向にあるとしよう。コントロールポイント自体は見えなくても、遠くからピークは見える。たとえ樹木に遮られてピークが明瞭に見えなくても、目線を上にあげることで、樹間にのぞくスカイラインが、ピークの存在と進むべき方向を教えてくれるだろう。

この方法は拡張すると、傾斜を使うルート維持となる。たとえば沢に下りたい時、「とにかく低いところに下ればいい」ケースがある。等高線が描かれている場所であれば、地面の高低は目で見て容易に判断できるので、それによって進むべき方向が分る。

遠くを見れば、それだけルート維持に利用できる特徴物は増える。視界が開けた場所では、できるだけ遠くや水平面より上方を見る。これもルート維持のテクニックの1つだ（図2-25）。

2 方向を使ったルート維持

●整置

ハンドレールがない場合、方向を使ったルート維

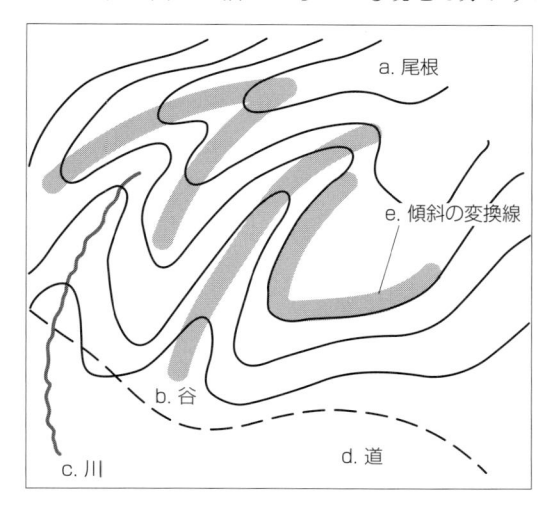

▲図2-23　代表的なハンドレール。a：尾根、b：谷、c：川、d：道、e：傾斜の変換線。

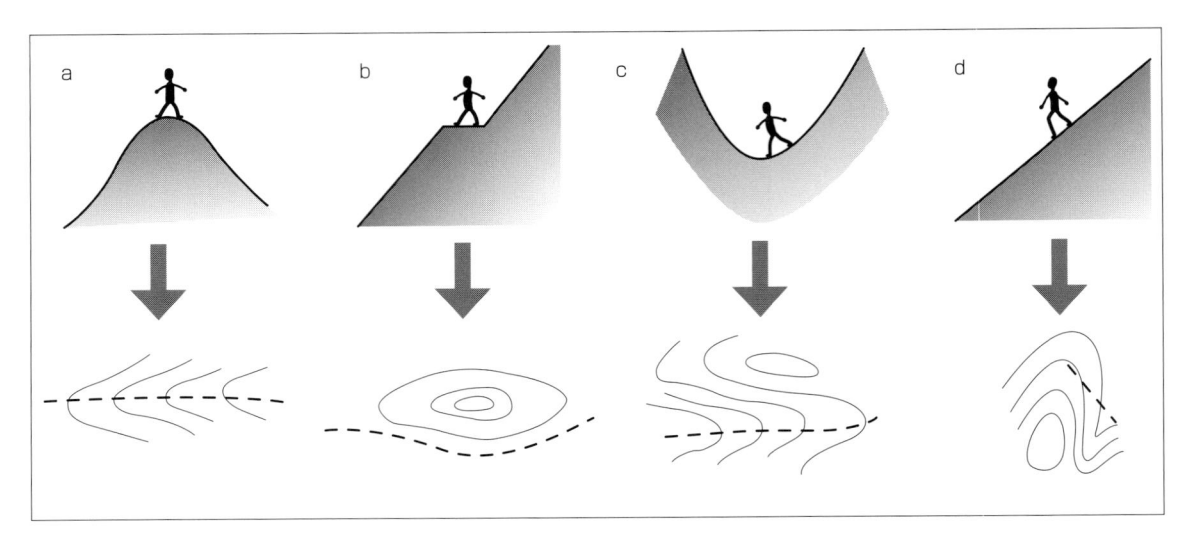

▲図2-24　地形と道の関係のパタンは基本的にこの4つしかない。a：尾根上、b：斜面に平行、c：谷沿い、d：谷から尾根へ。

▲図2-25　足元に見えるのは路面だけだが、水平面より上を見ることで、多くの情報が得られる。この写真でも尾根道の方向の変化やその先にあるピークの存在が分かる。こうした情報は現在地把握やルート維持の助けとなる。

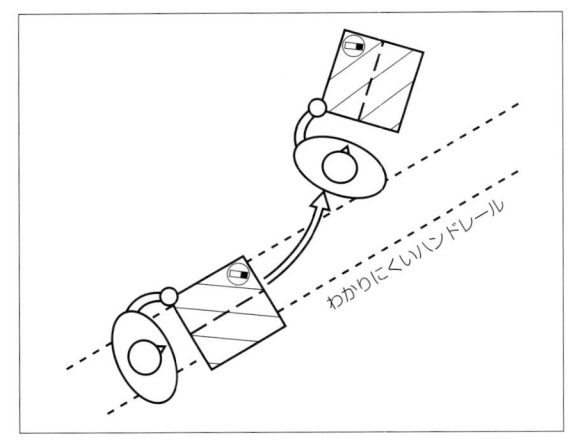

▲図2-26　整置による方向維持の方法。正確にルート維持するためにはコンパスが不可欠だが、スピードを競うナヴィゲーションでは精度と時間のバランスを取ることが必要だ。体の前に整置した地図を掲げる。進行方向がそれると、体の方向が変わり整置が崩れるので、磁北線と磁針の方向がずれる。これによって進行方向をはずしたことが分かる。

持が必要になる。これがコンパスの出番だ。アウトドア用のコンパスの使い方として「直進」が強調されるが、コンパスの基本は地図を整置することだ。特に日本の山野では地形や道といったハンドレールを使ってルート維持ができる場合がほとんどである。また、コンパスを使った直進にはどんなに正確な操作を心がけても5％程度の誤差が出る。特徴物が使える場所では、極力それを使った方が精度が高い。

このような点を念頭におき、まずは簡易で時間をとらない整置によるルート維持に習熟しておきたい。コンパスによる直進は、初級者にとって最も難しいものの1つだし、初級コースでその必要性に迫られることはあまりないので、具体的な手順については3章で紹介する（図2-26）。

6 プランニング

オリエンテーリングでは、指定されたコントロールポイント以外はどこを通っても良い。速く間違いなく進めるルートを見つけることも競技の一部なのだ。難しいルートを確実に走ることも競技の醍醐味ではあるが、勝つためには、単純でわかりやすいルートを選ぶことも必要になる。勝負は動き出す前にすでに始まっている。それがプランニングである。

ある読図講習会の時、実際にオリエンテーリングをはじめる前にナヴィゲーションに必要な情報を書き出させたことがある。長いコースではなかったが、たっぷり30分以上をかけた人もいた。地図からのプランニングは、初級者の時にはそれくらい手間のかかる作業なのである。動き出す前に、必要な情報を書き出すという作業を一度してみると、そのことに気づくことができるだろう。

初級者のプランニングには、スピードアップの余地が大きい。机上でもできる練習なので、初級のうちは、できるだけ多くプランニングの練習をしておきたい。自分1人では何が必要な情報かわからないので、熟練者からアドバイスをもらいながらやると良いだろう。書き出したプランだけで実際のコースを歩いてみるのも、必要な情報と余計な情報を体感できる良いトレーニングである。それが、効率良くナヴィゲーション技術を高める近道である。

プランニングは以下のような要素からなっている。

1 ルートを決める（ルートチョイス）

ルートを決めるポイントは、速さと安全性だ。この両者はしばしば対立する。状況に応じて両者のバランスを取るところに、プランニングの面白さと難しさがある。単純な迂回か短くて難しい直進か。ルートチョイスでしばしば迫られる選択課題だ。間違いを防ぐために、遠回りだが、確実にルートを維持できるルートを選ぶこともある（図2-27）。

ルートの選択は、オリエンテーリングやアドベンチャーレース独特の楽しさなので、コースを設定する側も、積極的にルートチョイスのあるレッグ（区間）を組む。しばしば設定される課題は、「遠回りの道を行くか、林の中をつっきるか」「短いがアップダウンのあるルートを行くか、長くても平坦なルートをとるか」「難しくても短いルートを行くか、長いがやさしいルートを行くか」といった選択である。

コース設定者が巧妙に設定した正解のルート（もっとも速いルート）を競技中に発見したときの喜びは大きい。反対に、競技中どうしても正解のルートが見つからない時もある。二つのルートのいずれを取るべきか悩んだら、「安全」「単純」を基準にルートを選ぶと良い。悩むようなルートなら、どちらをとってもタイムは変わらないだろう。初級者のうちは、ミスがタイムに大きく影響するので、そのミスの少ない安全で単純なルートが正解なのだ。

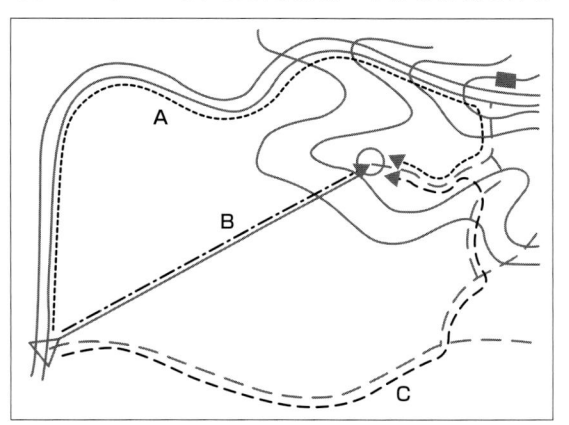

▲**図2-27** ルートチョイスのあるレッグ。ACは道なので迷いにくい。ただしAはCと比べるとより単純だが登りが多い。またBはまっすぐで短いがACに比べ迷う可能性がある。

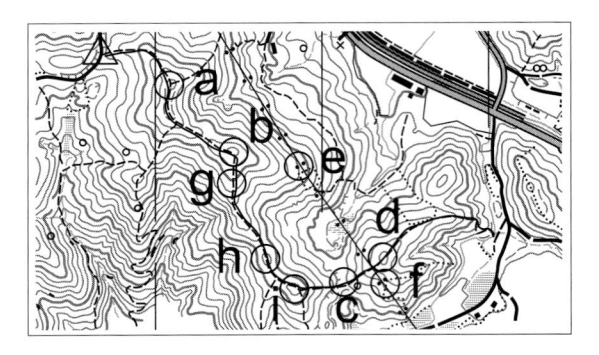

▲図2-28 【チェックポイントになるもの、ならないもの】
a：他よりも際立って高い山頂なので、はっきり区別ができる。
b：際立って高いわけではなく、南西方向に下りてしまった場合にも、同じような小さなピークがあるので、チェックポイントとして使えない。
c：はっきりした鞍部。
d：周囲では際立ったピーク。
e：送電線。gの方に降りそこなったとき、送電線があることで間違えた尾根に下りたことが分かる。
g：尾根にいるからといって正しいルートにいるとは限らないのでチェックポイントにならない。eの方に降りても尾根だ。またgの西の尾根とは方向が一緒で、たとえコンパスを見ても区別できない。
f：植生界。目立たないことが多いので、チェックポイントにはならない。
h、i：いずれも小さなピークで、はっきりしないかもしれないし、地図にない他のピークと間違えるかもしれない。

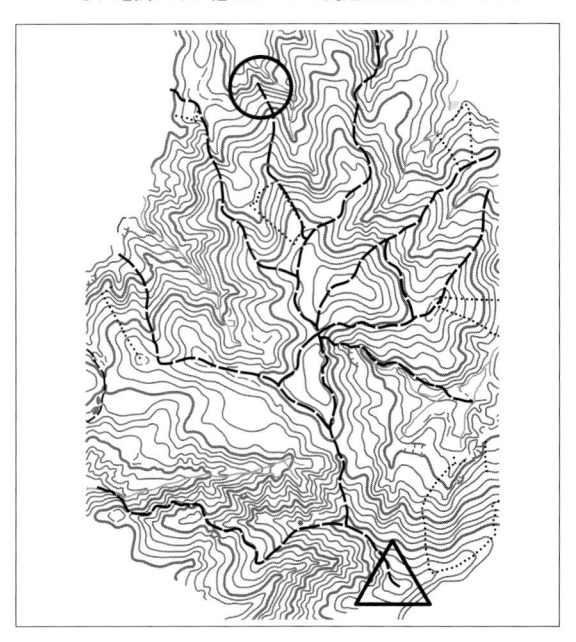

▲図2-29 【問題】チェックポイントを見つけよう

2 チェックポイントとルートの特徴を読み取る

　山野には無数の特徴がある。その中から、現在地の確認が容易で確実にできるものを選び取る。これによって、ミスを最小限に抑えるとともに、地図読みによるスピード低下を防ぐことができる。こういう基準で選ばれた特徴物をチェックポイントと呼ぶ。

　何がチェックポイントになりえるかは、状況やテレインによって違う。またその人の地形を読み取る能力によっても違う。また同じ特徴物でも、進行方向によってチェックポイントになることもあれば、ならないこともある（図2-28）。

3 ルート維持のための技術を明確にする

　オリエンテーリングで使われるルート維持の技術（p.58）には、コンパス直進、コンタリング、ハンドレールの利用、大きな特徴物へのラフな直進、な

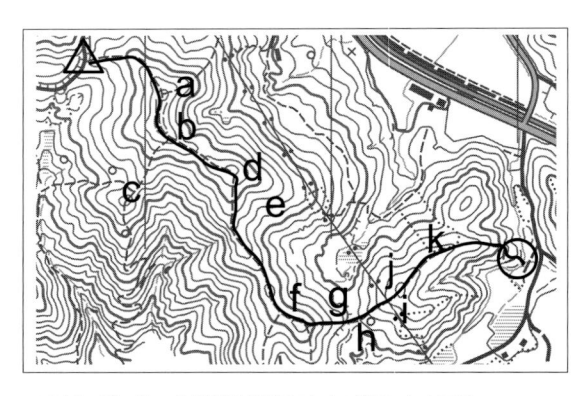

▲図2-30　ルート維持を明確にしたプランを立てる。
　aまでは、登山道をたどる。単一のピークなので、基本的には高い方向に向かっていることと、東から南東に道の方向が変わることを確認する。
　bからcの尾根に間違って降りないように注意する。基本的には南東方向を維持しながら、鞍部があるまでは進み、その次のピークが来たら、南西方向の尾根を下る。
　正しくgの方向の尾根に降りるために、常に左側の地形に注意する。左側に尾根が見えなければeの方向の尾根に降りている可能性がある。尾根の方向が南南東から東に変わっていくことを確認する。
　hの鞍部を確認する。北東への方向を確認しながら、ピークにあがる道を選択する。
　jのピークのあとは、北東の方向を確かめながら尾根を進む。

どがある。選んだチェックポイント間のルート維持のためにどんな技術が必要だろうか。これをあらかじめ明確にしておくことが、確実なナヴィゲーションにつながる（図2-30）。

④ 危険を見抜き、備える

もっとも高度なプランニングの内容は、危機管理である。ナヴィゲーションには失敗がつきものだ。その失敗を小さく抑えるか、大きな傷口となるかで、ナヴィゲーターの真価が問われる。失敗を予測して未然に防いだり、ロスを最小限に抑える方法を考えておくことも、プランニングの重要な要素なのだ。

危機管理のプランニングの例は、3章に詳しく紹介されているが、オリエンテーリングやアドベンチャーレースで良く使われる事例を紹介しよう（図2-31）。

余談だが、ミクロネシアで海洋を長距離にわたって航海するカヌイストたちも、安全のためにエイミングオフに似た方法を取っている（p.34コラム）。

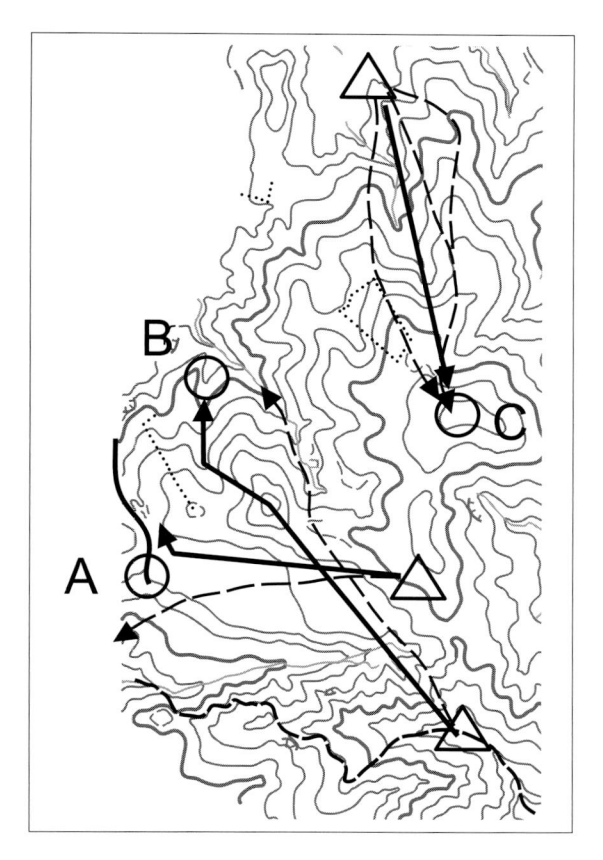

▲図2-31 危機管理のプランニングの例
A：エイミングオフ
　直接林道の終点を狙っても、左にそれると見逃してどこまでも進んでしまう。
B：キャッチングフィーチャー
　一度大きな特徴（この例ではピーク）を目指すことで破線のように途中の沢に間違って引きずりこまれる可能性が減る。
C：地形の構造の利用
　目的地はこの周囲で一番高いところなので、多少ナヴィゲーションに誤差が出ても、「上を」目指すことで必ずCに到達する。

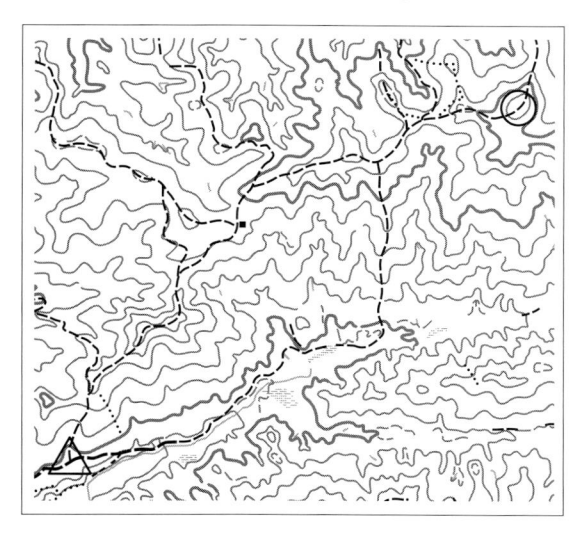

▲図2-32 【問題】△から〇に向かうプランを立ててみよう

⋯◇⋯◇⋯◇⋯解 答⋯◇⋯◇⋯◇⋯

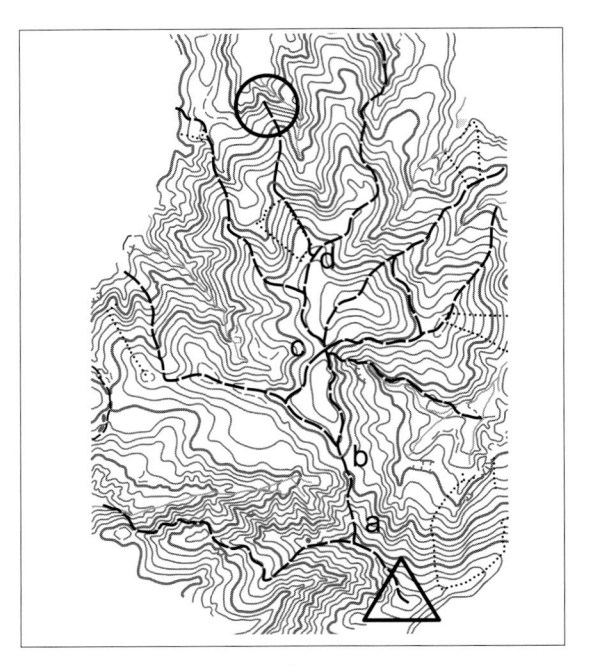

▲図2−29b 【図2-29の解答例】
　a．小道の分岐。ただし不明瞭なことがあるので、距離感、地形などで補う必要がある。bc．北向き尾根の鞍部。非常に明瞭で見逃すことなく確認できる。d．コントロールポイントへ下る尾根の分岐。分岐自体は分かりにくい可能性もある。dの位置にある沢に注目する必要がある。

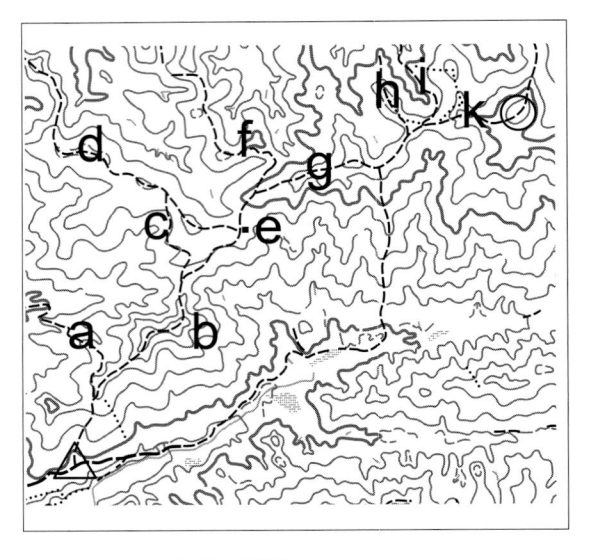

▲図2−32b 【図2-32の解答例】
　bまでは、北西方向で尾根上あることを意識する（最初の一部は谷の中）。尾根から外れたらaに入り込んでいる可能性がある。
　bからeまでは方向を確認。特に鞍部からの進路が北東方向に向いていることを確認する。eの建物は特徴的であり見つからなければ、道間違いを疑う。
　g～kは東北東方向の尾根。尾根から外れたり、尾根の方向が東北東でなくなったら、道間違いを疑う。hやiに入っている可能性がある。

【カヌイストも使っているエイミングオフ】
　大自然の中でのナヴィゲーションは、時には命をも危険にさらす。一面の氷原、大海原でナヴィゲーションをする民族にとって、ナヴィゲーションの失敗は即、死をも意味している。そんな環境の中で、彼らは失敗をゼロにすることよりも、失敗が致命的な結果を招かないようにしている。つまり危機管理をしているわけだ。
　その代表的なテクニックが、ミクロネシアのカヌイストたちに使われている。彼らは島影すら見えない海原を航海するとき、わざと針路を目的地の東にそらせることがある。目的地は環礁の西端。しかも途中の海域には強い西向きの海流がある。もし目的地を直接目指せば針路は西にそれ、目的地を見ずして、外洋に出てしまうだろう。ところが最初から東に針路をそらせておけば、多少西に方向がずれても、環礁のいずれかの場所にぶつかる。エイミングオフが彼らの命を守っているのだ。

7 ナヴィゲーションの実例

　球技の基本技術は単純なものだが、実戦でそれをどう組み立てて使うかが競技の勝敗を決める。ナヴィゲーションも基本技術はシンプルだが、それを実際のコースでどう使いこなすかがポイントとなる。

　この節では、実際のコースを例にとりながら、ナヴィゲーション技術をどう使いこなすかを考えてみよう。図2-33に示すのは、実際の講習会のオリエンテーリングで使われたコースの一部である。この実践例を読みながら、これまで解説した技術を実践の中でどう使うか、あるいはそれがうまくいかない時、どんな判断がなされるかという実践的判断の感覚をつかんでほしい。まず最初に図2-33を見て、自分ならどのようにナヴィゲーションをするかを考えてから解説を読むと、より理解が深まるだろう。

　なお講習会の時には2万5千分の一の地図を使ったので、ここでもその地図を想定して技術解説をする。

随所に「地図にはない」という表現が出てくるが、最近のO-MAPでは、地図にない道が出てくることはあまりない。しかし予想とは違った地形・特徴に出会うことはいくらでもあるので、「地図にない特徴」への対処は、そんな場面にも役立つはずである。

● 1番まで

　スタートの給水塔（黒い丸の建物）から急斜面を下り、最初の鞍部を過ぎたところで道に沿って右のピークに登り、そのまま尾根をたどると、1番のコントロールポイントだということを、地図からプランとして読み取れる。だが、実際は地図で見るほど単純ではない。

　鞍部まで下っていくのは簡単に見える。途中地図にない分岐がある。地図では道の細かい曲がりが省略されているし、小さい道が描かれていないので、一本道のように見えるのだ（図2-34）。こんな時は道だけに頼らず、方向を確かめ、自分が尾根に沿って進んでいることを確認する。道は信頼できなくても、地形は十分に信頼できるはずだ。

　鞍部を越えた場所で、道の分岐を右に曲がらなければならない。これも地図で見るほど単純ではない。地図では分岐として描かれているが、実際には図2-

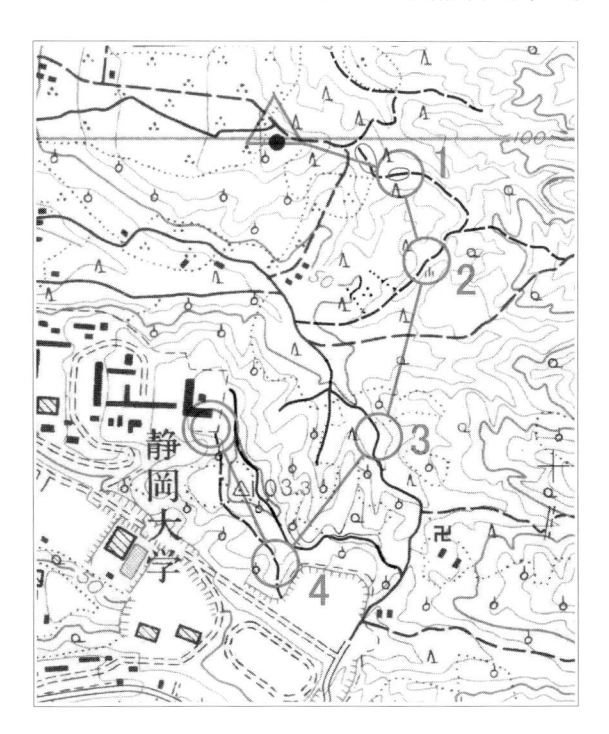

▲図2-33　コース全体図

▲図2-34　地図にない分岐がある

35に見るように、右のピークにあがっていくはずの分岐は分からない。こんな場所では、「道の分岐を曲がる」とだけ考えていると、曲がるべき場所を見逃してしまう。歩測で距離を確認したり、地形(ピークにあがる)といった複数の情報を使い、曲がるべき場所を判断する。

この分岐を曲がった後も、尾根はよく見ると1本ではない。最初のピーク直後の鞍部で尾根は南と東に分かれている。1番へは東に向かわなければならない。なだらかな尾根の上にいると、その分岐が見えにくいことがある(図2-36)。見えない地形を推測し、尾根のつながりを判断する。さらにコンパスで方向を確認しつつ、尾根を選ぶと、間違いが少なくなる。

▲図2-35 ピークへの分岐はほとんど分らない(右方向)

▲図2-36 東(a)と南(b)に伸びる尾根(この地点からは尾根の張り出しをはっきり見て取ることはできない)

東に向かった尾根をたどると、最初のピークの上に1番コントロールがある。

● 2番

尾根をたどり、道のある大きな尾根に出て、そこを南西に向かって尾根を下って100mほどいくと2番コントロールである。

この区間もやさしそうだが、間違える可能性は常に考えて進むことだ。大きな尾根に出ると、はっきりした道もある。間違わないように思えるが、こんな場所でも方向や周囲の地形を確実に確認する。分岐の右(北)には深い谷、正面(南)には緩やかな沢があり、その中には小さな尾根がある(図2-37)。道の方向も地図と合っている。複数の情報を使って現在地を確認したり、ルートを維持することが、ミスを少なくするためには必要だ。

分岐を曲がって、方向を確認しつつ尾根を下ると、100mほどでコントロールフラッグが見える。

● 3番

3番コントロールへは、尾根道を下り、谷の道まで降り、その谷を登り、川を渡り、変形十字路を左に進みしばらく谷沿いの道をつめると、3番コントロールがあるはずである。

尾根道を下っていくと、地図どおりの畑が途中にある(図2-38)。さらに下っていくと、左への分岐がある(図2-39)。この道は地図には出ていないの

▲図2-37 2番に向かう途中の道の分岐周囲(進行方向から見ているので左手が深い谷である)

▲図2-38　3番に向かう途中の茶畑

▲図2-39　地図にない道の分岐

で、無視してまっすぐ進んでもいい。2番からは尾根は一本なので間違えていることはありえない。だが、目的とする谷沿いの道はすぐ近くにあることは、さきほど畑を過ぎたことからも分かっている。また左の道の方を見ると、谷底らしき場所にはっきりした林道も見える。そのまま進めばはっきりした谷沿いの林道にぶつかるのだから、目的とする場所に続いていると確信が持てるなら、地図にない道を選択することも、競技的なナヴィゲーションでは必要な判断だ。

　道を降りてみると、そこが、当初降りるはずだった分岐よりやや谷を上流に進んだ場所だということが分かる。十字路の分岐の一つ手前の分岐にいるということも、沢や道の形からも確認できる。周囲を広い視野で眺めよう。狭い範囲しか見ないと、道を降りた時にまず目に入った左（東方向）の沢に入ってしまうことがあるからだ。

　道の進行方向を確かめ、さらに少し進むと、川を渡り、すぐに十字路がある。これで正しいルート上にいると確認できる。確実にルートを維持するためには、このように複数の目印を常にチェックしつづけることだ。

　方向を確かめながら左の道を選ぶと100mほどして3番のフラッグが見える。

▲図2-40　林道に出る

● 4番

　地図を見ると4番方面へのルートはいくつか考えられる。1つは南に向かう谷にそって主要な尾根まであがり、反対側に降りるルート。もう1つは、谷に沿って東にある林道のような道に出るルートである。ほぼ真直の前者のルートは道がない。後者は迂回しているが、確実な道がある。主要な尾根を迂回して、道が利用できる東回りのルートを取ることにしよう。

　地図の道をしばらくいくと、T字路に出る（図2-40）。ここでは周囲の地形を良く見るとともに、林道の方向も確かめよう。その道が確かに南に向いて

▲図2-41　遠くから見ておく（↓のあたりが4番への上り口のはず。遠くから見ることで、その場所の状況がどうあれ、正しく小道に入ることができる）

▲図2-42　分りにくかった入り口

いれば、進むべき林道である。

　林道沿いに進み、左手の寺を確認し、進む。さらに鞍部を越えると、グラウンドが現れる。グラウンドの向こう側に、崖とその奥の尾根が見える（図2-41）。4番のコントロールポイントは、その尾根に上がる小道の途上にある。

　問題は山への入り口である。一般に登山道などでも林道から山道への入り口は分かりにくい場合がある。入り口がはっきりしていなかったり、何かの設備で隠されていることがあるからだ。こんな時、あらかじめ遠くから、入り口のある場所を確認しておく。そうすれば、その場の細々した特徴に惑わされずに、入り口の場所に注意を向けることができる。

　ここにも地図には出ていない建物もあり、入り口はやや分かりにくい（図2-42）。このような場所では、常に全体との関係に注意を向けながら、進む。そこを入り、しばらく上がると4番のフラッグが見えた。

（村越真）

第3章 トレイルからトレイルオフへ

CHAPTER 3

　オリエンテーリングのコースはナヴィゲーションとランニングの両方を要求する。本章では、この2つの目的を達成するために必要な技術や戦術について紹介しよう。主にオリエンテーリング（特にフットオリエンテーリング）の競技場面に有効な技術や戦術を扱うが、そうした技術や戦術について知ることは、アドベンチャーレースや山歩きの際にも有効なものになることであろう。

1 コンパスを使いこなす

最初に、図3-1をご覧いただきたい。図中には、2000年に日本で開かれた国際大会のある区間（レッグ）における優勝者と2位の選手のルートが示されている。大雑把に、Aルートは直進ルート、Bルートは迂回ルートといえる。前者は地図と風景の対応や方向維持を主体とした高い技術レベルが要求されるルート、後者は道を走るスピードや急斜面を登る筋力といった高い体力レベルが要求されるルートといい換えることもできる。

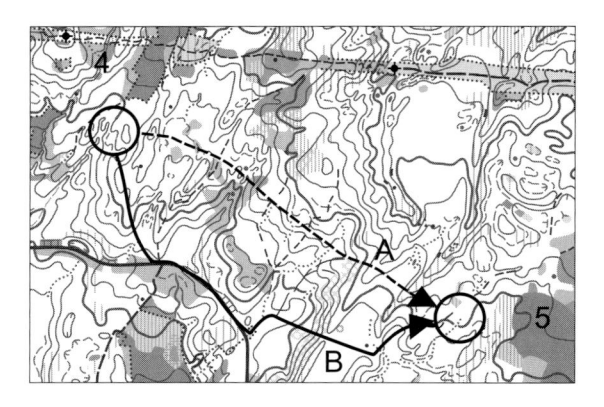

▲図3-1 2000年ワールドカップ（日本戦）男子コースにおけるトップ2選手のルート（A：4分25秒、B：4分24秒）

図のルートを取った両者は、この大会で1位・2位となっただけでなく、当時の国際的な評価も互角といえるトップ選手であった。そしてこの区間タイムに限っても両者は1位と2位で、その差は僅か「1秒」であった。全く異なる2つのルートのいずれも「ベストプレイヤーが選んだベストルート」だったと考えて差し支えないだろう。

サッカーでは、フィールドプレイヤー全員で短いパスをつないでゴールにボールを運んでも、一人がドリブルで相手の選手全員を突破してゴールを決めても、自陣からロングシュートを放り込んでも同じ1点と認められる。オリエンテーリングでも、「速くコントロールポイントに達する」「速くフィニッシュラインを駆け抜ける」という目的を達成するための様々な技術が存在する。そして、どの技術を選ぶかという戦術も個々の選手に任されている。試合中に他者からアドバイスを受けることは皆無だ。そして、そこにオリエンテーリングの競技としての難しさと面白さがある。

まずはナヴィゲーションの基本用具であるコンパスおよび地図の使い方を再検討した後、ナヴィゲーションに必要な作業である個々の技術や戦術につい

【エリートオリエンティアの世界①】

コンパスのプレートやベアリングのサイズが変わっても操作方法は大きく変わらない。それにも関わらず、熟練者ほど細かな部分の差異を気にして使用するコンパスを選ぶ傾向がある。中には、プレートを丹念に加工してこの世に1つしかない形状のコンパスを使用するトップ選手もいる（図3-2）。

熟練者にとって、道具は自らの体の一部も同然なのだ。これは、オリエンテーリングに限らず、他のスポーツにおいても同様であろう。

▶図3-2 自分に合うようにプレートの形状をデザインした「改造」コンパス

て見ていくことにしよう。

①コンパスの選択

2章でも触れたが、アウトドア用のコンパスにも様々な種類のものがある。その中で、長方形のプレートのついたコンパスを「プレートコンパス」と呼ぶ。地図とコンパスの操作方法の基礎を学ぶのに適しており、比較的廉価で入手できるため、初級の段階ではプレートコンパスを使うことが多い。この章でもまず、プレートコンパスの操作方法を説明したい。

プレートコンパスにもプレートやベアリングのサイズ、針の太さ等に様々なバリエーションが見られるが、初級者が使う代表的な製品としてシルバ社の「タイプ3」コンパスが挙げられる。

サイズや針の太さが変わっても、また長方形のプレートが付いたコンパスでなくても、操作方法は大きく変わらない。まずは手への納まりがよく、カプセルの部分の周囲にあるリングの操作がしやすいコンパスを選んで欲しい。

②常に整置をする

2章にあるように、頭の中で地図を回すのは難しい。だから、オリエンテーリング競技者は実際に地図を回す。

ナヴィゲーション中の地図読みでは、常に地図を実際と同じ方向に向けておくこと、つまりは整置することが大切だ。地図を最初に整置すべき場所は当然ナヴィゲーションを開始する地点、すなわちスタート地点ということになる。

実際のオリエンテーリングの競技中には、頻繁に進行方向が変わる。そして、その進行方向が変わる地点こそが、地図の整置状態が揺らぐ恐れのある地点である。

図3-3のような、北向きから東向きへ、直角に道を曲る状況について考えよう。点bで道を曲ることを地図から読み取り、曲ったとすると、体は90度時計回りすることになる。すると、地図も90度時計回りの回転をし、整置状態でなくなる。そこで競技者は東に進み始める前にコンパスを用いて、地図の向きに90度誤差が生じているのを確認し、再度地図を整置する。

この時、競技者を無視して地図の向きだけに注目すると、aとcでは地図が整置されており、bでは地図が整置されていない。整置された地図は常に同じ向きに置かれることが分かるだろう。このように見ると、「整置する」とは、地図に特別な操作を加えることではなく、「正常な状態に置く・あるいは戻す」ことであると考えることができる。

コンパスを使わなくても整置はできる。特に上記のように、方向が変化した場所やその角度が分かりやすい状況では、地図の情報と現地の風景を照合させるのが容易であり、コンパスなしでの整置がしやすい。しかし、初心者の内は必ず立ち止まってコンパスを使った整置をした方が良いだろう。初心者・初級者に立ち止まることを推奨するのは、以降に記す「水平状態の保持」や、「針の振れ」の問題にもよる。

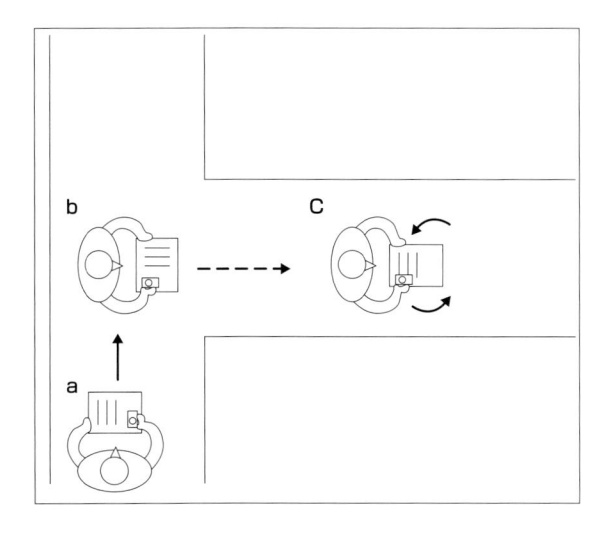

▲図3-3　オリエンテーリング競技者は地図を回す
b～cの手続きでは、体の回転とは逆回転となる方向に同じ角度分だけ地図を回している。上級者はこの際地図の回転と体の回転とをほぼ同時に行う（aから、bを省いてcの状態になる）。そして、地図に目を落とす時にコンパスによる微調整だけをして整置を完了させる。こうした動きはあたかも体が地図の周りを回っただけのように見える。是非ともこのぐらいの整置の徹底を目指して欲しい。

③ 体の正面に水平に持つ

　小学校の理科の時間に、簡易型の卓上タイプのコンパスを「平らな場所に置きなさい」と指導された記憶がある読者も多いことだろう。コンパスの針は水平な状態にあって初めて磁北を指す。傾くと磁針自体が水平になろうとしても、カプセルにつかえるなどして水平になりきらず、磁北を指さなくなるのである。

　コンパスを「体の正面で」「水平に」、これらは簡単そうなことであるが、意識しないと忘れてしまうことでもある。これは地図を読む時の姿勢とも関連している。例えば、机の上で本を読む時は本を寝かせていても、立って朗読するようにいわれると多くの人が本を立てて読むことだろう。地図も、立って、しかも歩きながら正面の風景に注意しながら読むと立ててしまいがちである。そうなると読図の際地図上に置かれるコンパスも立ってしまう。また、体の方向が変わる場所では、体を回す前に気持ちが次に行くべき方向に向いてしまい、地図もコンパスも体の中心をそれた方向に動きがちだ。そうなると整置状態もはなはだ怪しいものとなる。

　正しく整置を行うために、地図自体を机であるかのようにとらえ、その机の上にコンパスを置くと考えると良いだろう。そうすれば自ずと、「体の正面に」「水平に」という状態が実現される（図3-4a・b）。

④ 磁針の振れを抑える持ち方

　整置をする際には、磁針が止まるのを確認することも大事である。移動しているとコンパス本体も動く。そうすると磁針も揺れる。コンパスを持って走ってみるとすぐ分かるが、移動中磁針は絶えず揺れており、一定の方向を指さない。触れた針が正しい方向に戻ろうとするとき、一瞬だが針が止まり、立ち止まってコンパスを眺めると、違う方向を指して一旦止まった磁針が、ぐるりと回って正しい場所に止まることがある。

　その後正しい方向を指すことに気付かず、一旦磁針が止まった段階で整置を完了させた気になると、誤った方向に進み始めてしまう。そうした事態を避けるため、磁針が止まるのを確認すること、また、それ以前に磁針が止まりやすいように本体を扱うことが大事である。

　プレートタイプのコンパスは、大概紐で手首に結び付けて使用する。初級者ほど、整置しない時、すなわち地図を見ない時にはコンパスを手首からぶらぶら垂らして走ってしまったり、コンパスを固く握り締めて振り回して走ったりしてしまう。その結果、針の止まりを悪くしてしまうのだ。

　一方、習熟が進むとリングに指をかけて、常に手の中にやわらかくコンパスを納めながら走るようになる（図3-5abc）。さらに、上級者ともなると、手の中にあるコンパスが大きな動きをしないようなフォームで走っているのが見受けられる。そうした

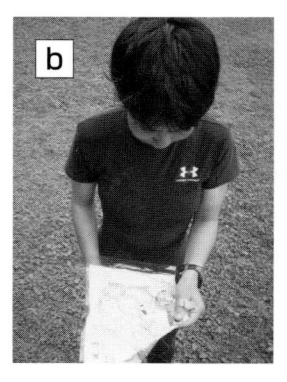

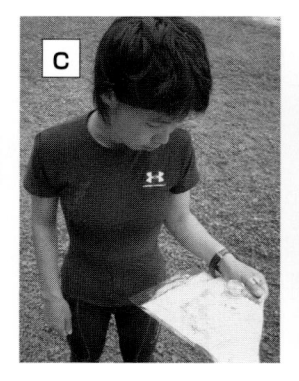

▲図3-4　a・bは良い整置姿勢。c・dは不適切な姿勢

選手たちは、腕を大きく振って走らない。つまり、コンパスを見る前の段階から、いざ見た時に針が揺れていないような走り方をしている（図3-6a・b）。

オリエンテーリングの世界では、コンパスを操作することを「コンパスを振る」と表現することがある。しかし、実状はできるだけ振れを抑えて使っていることに注意しよう。

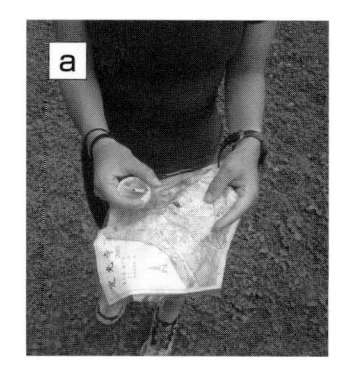

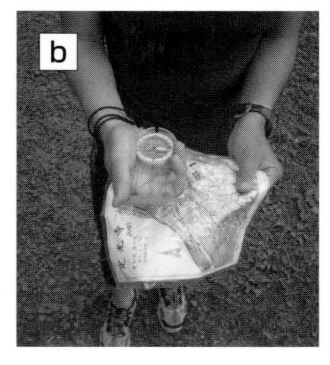

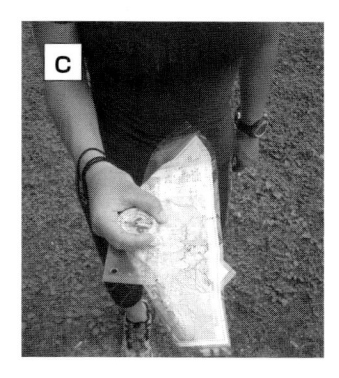

▲図3-5　コンパスと地図を一体に扱う適切な整置（上級者ほど片手に両方持つことが多い）

▲図3-6　上達すればするほど基本も徹底
写真は世界選手権を走る世界のトップ選手たち。半ば無意識的に地図を体の正面で水平にしている。

【エリートオリエンティアの世界②】
　風景と地図との対応で、コンパスなしで整置が行えるようになると、コンパスを使う機会が減る。すると、腕を振って走れる時間も長くなり、水平にしなければいけなかった地図も、立てて読むことができるようになる。地図作成技術の進歩により、コンパスを使わない選手も増えてきたと2章に記されているが、世界のトップ選手の走りをとらえた写真には、確かにコンパスを使わず、地図を立てて読んでいるものも多く見られる（図3-7）。

▲図3-7　コンパスを使わず整置ができるようになると、地図を立てて読んでも支障がなくなる

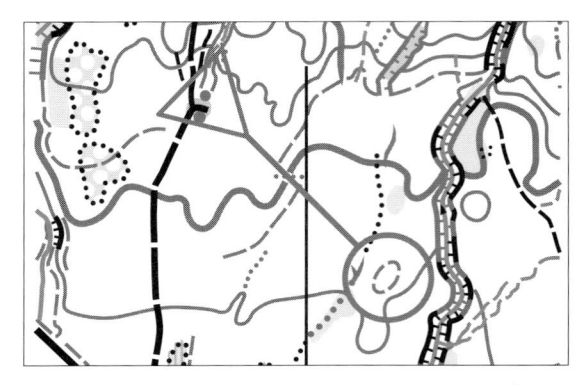

▲図3-8 こういうレッグではコンパスでハンドレールを作り出す

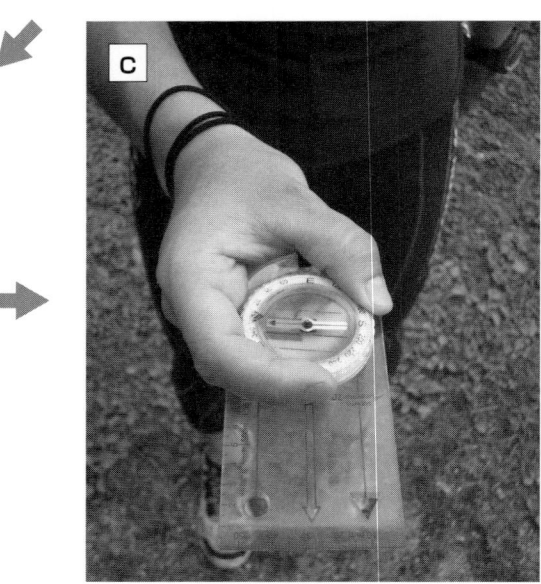

▲図3-9 コンパスによる直進の要領（いわゆる1-2-3）
a：コンパスの長辺を現在地と目標地点を結ぶ線に合わせる。
b：ノースマーク（リング内矢印）が磁北線と平行になるようにリングを回す。
c：身体の前にコンパスを構え、磁針とノースマークが一致するまで身体を回転させ、進行線の方向に進む。

5　1-2-3の方法

　整置を確実に行えるようになると、方向の維持の精度も上がる。すると、ハンドレールが乏しいレッグも攻略できるようになる。

　ここで、2章でも触れた「コンパスに角度を記憶させ」直進する技術、「1-2-3」が使えればさらに心強い。そしてこの技術を使用する時にこそ、プレートコンパスが威力を発揮する。

　図3-9を見るとaで、コンパスの長辺を現在地と目標地点を結ぶ線に合わせ（1）、bで、ノースマークが磁北線と平行になるようにリングを回し（2）、cで身体の前にコンパスを構え、磁針とノースマークが一致するまで身体を回転させる（3）。プレート上の矢印（進行線）が指す方向が進むべき方向である。この動作を正確に行えば、コンパスだけ見て進めるようになるので、地図とコンパスを併用する場合に比べて手続きがシンプルになり、ランニングに集中できる。加えて、方向維持の精度が向上し、かつ移動スピードもアップするという効果が得られる。

　ただ、手続きが3段階に渡るので走り出しまでが煩雑に感じられるかもしれない。しかも、3段階の手続きの内いずれを疎かにしても正確な直進ができ

第3章　トレイルからトレイルオフへ　45

【エリートオリエンティアの世界③】
　筆者は、1-2-3動作を毎日数十回ずつ何年にも渡って練習した。その結果、立ち止まった状態であれば1-2-3の手続き1セットを大概2秒以内に行えるようになった。足場が良ければ、走りながら行っても所要時間は変わらない。ハンドレールの少ないテレインでは、コントロールの数以上の回数1-2-3を行うこともある。そうしたテレインの20コントロールあるコースで競うとしたら、1-2-3の手続き1セットに5秒かかる選手とは、手続きの速さの違いだけで分単位の差を付けることができるのである。

ない。素早く正確に行うには練習による慣れが必要である。

◆6 1-2-3の後

　前項までは、1-2-3についてコンパスの操作に絞って解説したが、実地で正確な直進を行うには手元の操作だけにとらわれていてはいけない。1-2-3はいわば直進の準備で、1-2-3の後に行うことこそが直進である。

　1-2-3の後に留意するべきことは、矢印の指す方向に視線を向けて目標を定めることである。それによって横ずれなしに真っ直ぐ進むことができる。図3-10のように走っても1-2-3の3の状態は保持される。

　もちろん、これでは直進といえないのであるが、起伏に富み草木の茂った場所では往々にしてこうした動きをしてしまうことがある。

　1-2-3の後の顔上げ動作（ルックアップ）を4とし、「1-2-3ではなく、1-2-3-4だ」と強調する指導者も

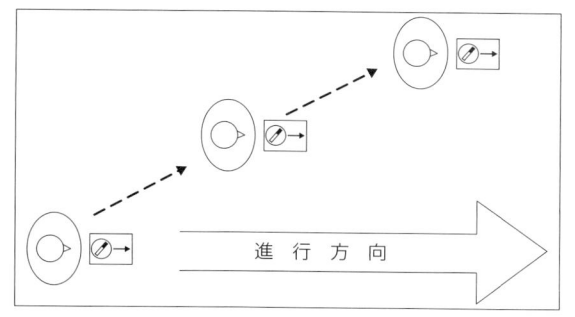

▲図3-10　折角1-2-3をし、正しい方向に進んだつもりでも、ドリフト（横流れ）を起こしていることがある。

いる。実に適切な考え方であろう。目標地点さえ定めてしまえば、そこまでは通りやすい場所を進めば良い。そしてその目標地点に達したら再び「3-4」を行って走り出せば良いのだ（図3-11）。

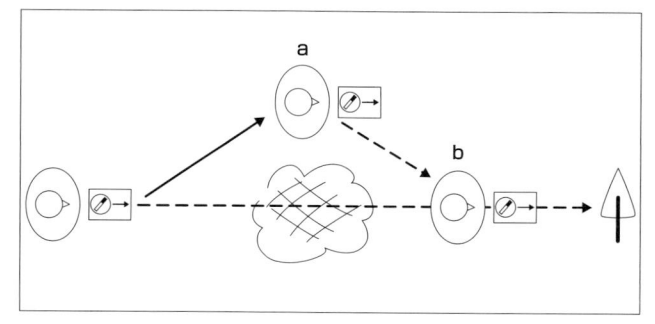

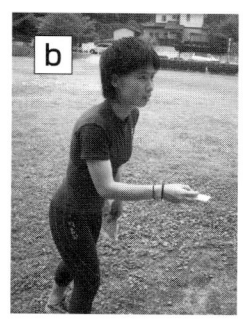

▲図3-11　動作は蛇行でも、意識はあくまでも直進。目標地点で再度コンパスを見ることが大事。
a・b：進行方向に目標物を目視するためには、姿勢も視線も真っ直ぐにすることが望ましい。

7 「コンパスはアクセル」

1-2-3は道なき森を進む際、簡便かつ有効な技術だ。1-2-3を覚えると、格段にタイムが短縮される競技者が多い。ただし、気を付けなければならないこともある。1-2-3に慣れ直進ができる喜びを感じると、道などハンドレールの使える場所でも強引に直進に頼りたくなる気持ちが生じる。特に、初級の内に1-2-3を多用すると、地形に対する意識が希薄になりがちだ。

筆者が指導を受けたフィンランド人オリエンテーリングコーチが以前、日本の初級者に向けて「車の運転に喩えると、地図がハンドルでコンパスがアクセルだ。最初に身に付ける必要があるのはハンドル操作だろう？」という話をしていた。1-2-3を行うにしても地図読みをせず闇雲に行うのではなく、まず、地図から情報を得て、1-2-3が有効な局面であると判断してから行う癖を付けるべきである。ここまで読んで「アクセル」を踏みたくなった読者もいるかもしれないが、次ページ以降に「ハンドル操作」の方法を紹介するので、アクセルを踏むのはもう少し待って、まずはそちらに目を通して欲しい。

地図の扱い

この項では、地図の扱いについて、
・地図上の情報の扱い
・地図そのものの扱い
の両方の観点から言及しようと思う。

1 O-MAP 独特の記号

オリエンテーリング競技用の地図（O-MAP）は、標準的には5色で印刷される。その5色とは「黒」「茶」「緑」「青」「黄」である。そしてそれぞれの色が表すのは下記のような特徴物である。

さらに、O-MAP に特有の記号を一覧表にしたものが図3-12である。

2 記号を理解する

図3-12中にあるとおり、O-MAP 上に黒い点が単独で描かれていたら、それは岩を表す。岩なら誰もがある程度の姿形を想像できるであろう。同様に、図3-12中のあらゆる地図記号が、それぞれ実際はどのように見えるか想像して欲しい。想像できなければ、その記号は、その競技者にとって情報として意味を持たない。

想像ができない原因は、多くの場合その記号と実物とを対応させて見たことがないからである。その対応の経験を得るため、初心者に経験者が同伴してテレインを歩き、O-MAP 上の地図記号が表す全ての特徴物を現地で確認して回るという指導がなされる（テレイン歩き）。その際、同じ特徴物でも物によって見かけに違いがあることも学ぶとなお良い。

初めて行く土地で「放し飼いされている犬に注意」といわれたとする。多くの人はその犬が柴犬で

〜〜〜	等高線（太い線は計曲線）
・	ピーク（茶）
∪	小凹地（茶）
V	穴（人工的）（茶）
ｍｍｍ	土がけ（茶）
━・━	土塁（茶）
■	建物（黒）
▬▬▬	主要道路（黒+茶）
═══	道路（幅3-5m）（黒+茶）
━━━	道路（幅<3m）（黒）
━ ━ ━	道（車のわだちがある）（黒）
─────	小道（徒歩道）（黒）
─ ─ ─	小径（細い徒歩道）（黒）
ｎｎｎ	通過不可能ながけ（黒）
・	岩（黒）
×	人工特徴物（石碑・祠など）（黒）
───	渡れる小さい水路（小川）（青）
◯	湖（青+黒）
V	小さな池（青）
≡	湿地（青）
∷∷	耕作地（黄色+黒点）
∷∷	果樹園（黄色+緑点）
▓	開けた土地（草地・牧草地）（黄色50%）
▓	走行可能（スピード60-80%）（緑30%）
▓	走行困難（スピード20-60%）（緑60%）
▓	通過困難（スピード20%以下）（緑）
‖‖‖‖	下生え:走行可能（スピード60-80%）（緑）
‖‖‖‖	下生え:走行困難（スピード20-60%）（緑）
▪▪	集落（黄色+緑50%）
⋯⋯⋯	明瞭な植生界（黒）
▭	明瞭な耕作地の境界（黒）
◆	高い塔（送電線の鉄塔など）（黒）

▲図3-12　オリエンテーリング地図記号の凡例

【エリートオリエンティアの世界④】
　地図と現地の速やかな対応を可能にするために、熟練者は普段読図練習をする時から、1つの記号に対して、意識的に複数種類のイメージを描く。
　熟練者は、その一方で「こういう描き方をしていれば現物はこうだ」と、地図に示される微妙な表現を読み取り、現物を特定する能力にも長けている。O-MAP上で、見知らぬ川の幅を類推させるテストをしたところ、熟練者ほど実際に近い数値を答えたという報告がある。そうした類推を可能にするのは、やはり実地で地図と風景を対応させた豊富な経験である。
　経験を重ねるほどに、現実に発生する確率の高い事態を予測でき、かつ滅多に発生しない事態にも柔軟に対応できるようになる。すると、いかなる事態に対しても恐れを持つ必要はなくなり、自信を持って試合に臨むことができるのだ。

も、秋田犬でも、ブルドッグでも、チワワであっても実際に見た時に「ああ、この犬か」と判断できる。つまり「犬」といわれた時に「犬のような、何かぼんやりとした像」を思い描いており、現実の状況に合わせて柔軟に対応しているわけである。「犬」といわれてある特定の犬（例えば「我が家のポチ」の姿）しか思い描けないとしたら、こういう対応は不可能となる。

　ある地図記号に対しても、バリエーションの豊かなイメージを持っていれば、どんな現物が出て来てもそれが地図上のどれに当たるかすぐに判断し、対応できてしまう。

③ 目立つもの

　地図上で目立つものと現地で目立つものは異なる。
　幅や長さ、面積のある物は地図上では目立つ。また、地図上でそこにしかないような「異質なもの」も目に付きやすい。
　地図を一目見た時に、道や川や池は目に付きやすい。しかし、これらは地面に目をやらないと分からない、高さを持たない特徴物である。地図で目立っていても、実地では相当近付かないと確認できない。細い道はまたいでも気付かないことすらある。道の両側の林が道のように走りやすく、道が周囲の風景と同化していればなおさらである。
　逆の場合もある。周囲が暗い針葉樹林の中に日の当たる場所（クリアリング）があれば、狭くても現地で非常に目立つ。しかし、地図上では白色の林の中に記された小さな黄色の点は目立たない。このように、「この目立って見えるものは地図上ではどれだろう？」と探っても、すぐに見つからないことがある。

④ 地図上でとらえ違いしやすいもの

　「目立つ」「目立たない」とは別に、表記上、地図で他のものととらえ違いをしやすい記号もある。例えばピークと凹地（図3-13a）、崖と道（図3-13b）、磁北線と同じ色（青か黒であることが多い）で描かれた直線状のハンドレール（図3-13c）などである。静止した状態で読むと区別がついても、走りながら読図すると見間違う危険性は増す。
　1つの記号にとらわれることなく、地図を広く読んでおけばこうしたとらえ違いにもすぐに気付ける。

a	 ピークと凹地
b	 がけ（ひげなし）と小道
c	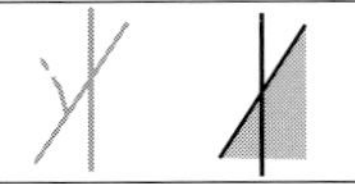 磁北線（青）と小川または 磁北線（黒）と植生界

▲図3-13　地図上で見間違えやすいもの

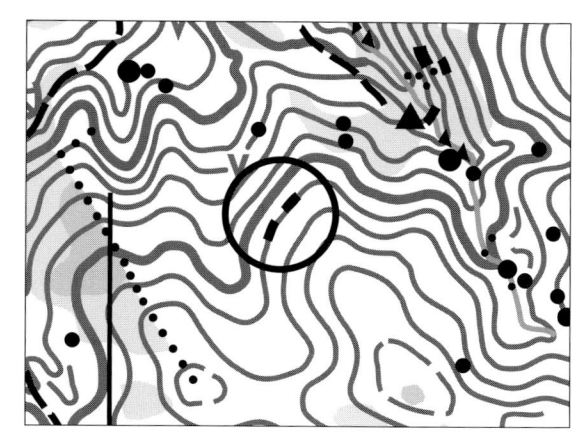

第3章　トレイルからトレイルオフへ　49

▲図3-14　円内の黒線は道？　崖？　判断材料は？

図3-14を例に取ると、黒い太線の周囲が急斜面であり、かつ岩が多い場所であることを考慮に入れれば、道ではなく岩崖であることが判断しやすい。コントロールポイント地点であれば、該当する地点のディスクリプション（位置説明：図3-15）を見るだけでとらえ違いが解消される。

長さや幅を持っている特徴物は地図で目立つと記した。そうした特徴物の中でも、黒という強い色で表記される道は特に目立つ特徴物と考えられる。

しかし、等高線読みに熟達するにつれ、ナヴィゲーションで道を頼ることが減る。既述のように、地形は遠くからでも把握しやすいが、道は相当近くに行かないと把握できないからである。道を頼る気持ちが薄れると、地図上で道を見落とすことも出てくる。

人は有用と思われる情報こそを、積極的に得ようとする。したがって、同じ地図を見ても競技者によって目立つと感じるものが違う。また、同じ競技者でも習熟段階によって変わってくる。

⑤ 地図は完璧ではない

地図上にはとらえ違いしやすいものもある。よって、競技者の側にO-MAPの「表現の限界」を理解し、「ある程度の誤差」を許容する姿勢が求められる。

O-MAPの作成時には、完全な正確さよりもナヴィゲーション上の利便性が優先される。その結果

A	B	C	D	E	F	G	H
M21E			12.360			350	
▷			)(				
1	31			∧			
2	32	|||	▲		3		
3	33	←	≋	≋	Y		
4	34		⊓			∟	⌂
5	35		mn			⟩	
6	36		⊨			⟨	
7	37		■			♂	
8	38		V			♀	
9	39		/	/	×		⚡
10	40		○			⊙	
◯			130				◯

▲図3-15　コントロール位置説明。コントロール位置説明は地図だけでは判別がつきにくいコントロールポイントの位置に関する情報を、言語によらず理解できるピクトグラムである。位置説明は初級者では言葉で、中級以上ではこのピクトグラムによって表現されるのが普通である。ここには一般的に使われる代表的なものを掲載した。

位置説明は、図のように8列に渡って記号化される。それぞれの行は下記の情報を表す。

・A列…コントロール番号
・B列…コントロール識別記号
・C列…類似の特徴物との相対位置
・D列…特徴物・特徴部
・E列…特徴物の形状・形態
・F列…特徴物の寸法
・G列…フラッグの位置
・H列…その他の情報

この図から、例えば4番コントロールは「『34』という識別コードが記され、崖の根元に設置されたコントロールで、給水所を兼ねている」ということが分かる。コントロール位置の他、クラス名やコース距離・登距離、最終コントロールからゴールへの距離等も示されている。

詳しくは、国際オリエンテーリング連盟のウェブサイト（http://www.orienteering.org/）からダウンロードできる規程を参照のこと。

として、表現の誇張や省略も許容される。例えば、一辺1mの立方体の岩があったとする。それが縮尺1：10,000のO-MAP上に0.1mmの正方形で記されるかといえばそうではなく、「岩を表すと定められた記号＝直径0.4mmの円（点）」で表される。つ

【エリートオリエンティアの世界⑤】

　筆者自身も地形主体のナヴィゲーションの経験を重ねるにつれて、道に乗って初めて地図上の黒い線に気付くということが増えてきた（図3-16）。これは、道回りの好ルートを見落とす、あるいはナヴィゲーション中、突然道が現れて驚き、思考の流れが分断されるというデメリットにつながる。もちろん、地形読みが求められるコースであればあるほど、デメリットを上回るメリットを感じられるのであるが。

　それにしても、常に頼りにしていた道を地図上で見落とすようになるとは、初心者の頃には想像もしなかった。地図は「目」よりも「脳」で読むものだと痛感する。

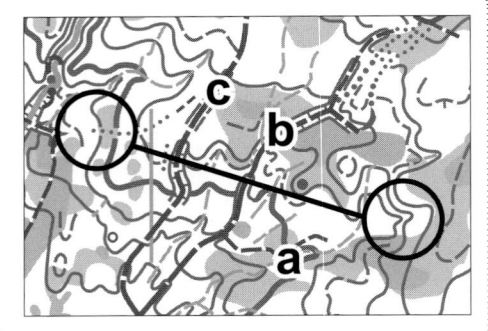

▲図3-16　エリートになると、それほどの迂回でなくても迂回の道を見逃すことが出てくる。図は筆者が実際に見落として、走っているとき気づいた例。地形読みとコンパスによって直進できると考え、aの道をたどるルートを思い付かなかった。bやcの道もナヴィゲーション上さほど役に立たないので、実際に乗ってから地図で確認するにとどまった。

まり、その岩は実際の大きさ以上の面積を地図上で占めることになる。そして、そうした方がはるかに見やすい。では、その隣に直径3mの球形の岩があったとしたらどうだろうか。その記号を2つ並べて描かれるのが普通であると思われるが、小さい方の岩が省略されて岩の記号1つだけが記される場合もある。

　こうした、「表現の妙」による誤差は読図とナヴィゲーションのスピードアップを助ける。しかし、そうでない誤差もある。地図の作成と使用の間に起こった現地の変化や、調査者・作図者のミスによる誤差である。これらはいってみれば「欠陥」の部類に属す、ない方が良い誤差である。それでも、その多くは乗り越えられる範囲のものだ。文章を読む際、多少の誤字や脱字にとらわれず文章の意味を理解していくことは可能であろう。オリエンテーリングの競技中にも、O-MAPの欠陥に過敏に反応しない姿勢を持ち、対応することが肝要である（図3-17）。詳しい対応方法については後の「ルートを決め、たどる」の項目に記す（p.56）。

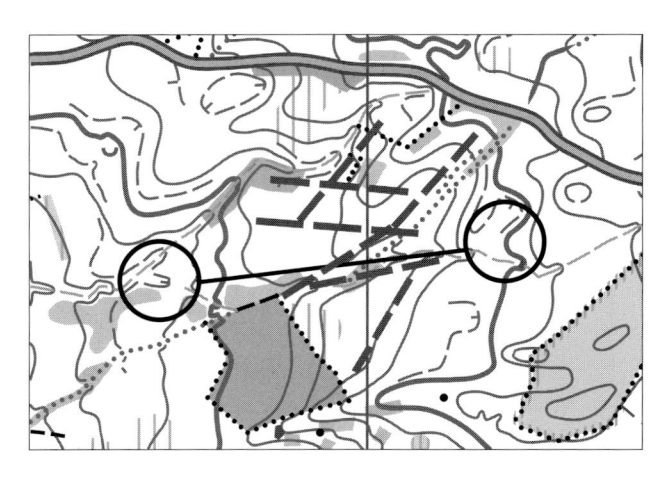

◀図3-17　図のレッグは、水路沿いに走り、ヤブを過ぎたらそろそろコントロール、という簡単なレッグに見えた。ところが走り出してみると、現地では地図上にない道が破線のように縦横無尽に走っており、水路が判別できなかった。周囲は伐採作業が行われたばかりで、水路付近もブルドーザーが通って道のように踏み固められたのだろう。そうなると、コントロール付近のヤブも刈られている可能性がある。そこで、水路とヤブに頼るのはあきらめ、直進をしつつ地形に注意するように切り替えた。その判断がいち早くできたので、多くの選手がタイムロスをする中、無難に切り抜けることができた。

6 地図を折る

マップホルダーを使用しないフットOの競技者は、地図を自力で持ち運びながら走る。地図を折らずに走り続けようとすると、地図を持ち運ぶこと自体が煩わしくなる。そこで、地図を折り曲げるのであるが、この「地図折り」の適否がナヴィゲーションに影響を及ぼす。

折り方が足りないと、風の抵抗を受けたり、やぶに引っかかったりして、持ち運びにくくなる。逆に、小さく折り畳み過ぎても地図を見た時に受け取れる情報が少なくなってしまう。図3-18aのレッグのベストルートは明らかに北側の道回り（図3-18b）であるが、図3-19aのように地図を折り曲げてしまうと、そのルートは読み取れず、体力的にも技術的にも困難なルートを走る羽目になる（図3-19b）。また、小さく折り畳み過ぎた地図は、整置のためにコンパスを乗せるスペースがなくなるし、折り直しが煩雑になる。

地図を適切な大きさに折り畳む癖を付けることが大切である。そのために、コース図を手に取って、「持ち運びやすさ」「読みやすさ」「コンパスとの併用のしやすさ」いずれも損なわないようするにはどのように地図を折るのが良いか、試してみることをお勧めしたい。地図とコンパスをそれぞれ、どちらの手で持つのが良いかを再考する機会にもなるだろう。

熟練者には、地図とコンパスを片手で一緒に持つ者が多いが、初心者の内は、地図とコンパスをそれぞれ別の手に持ち、確実な扱いを身に付けることを勧める。

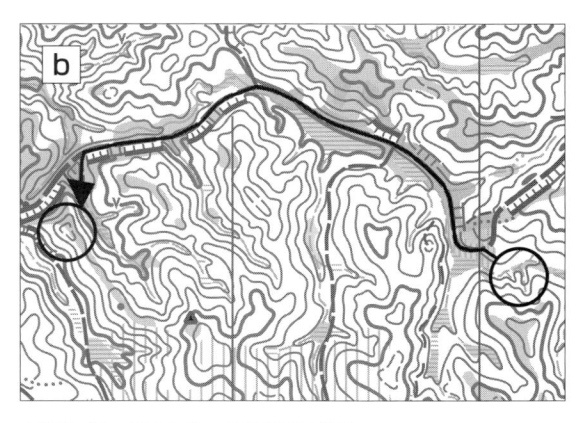

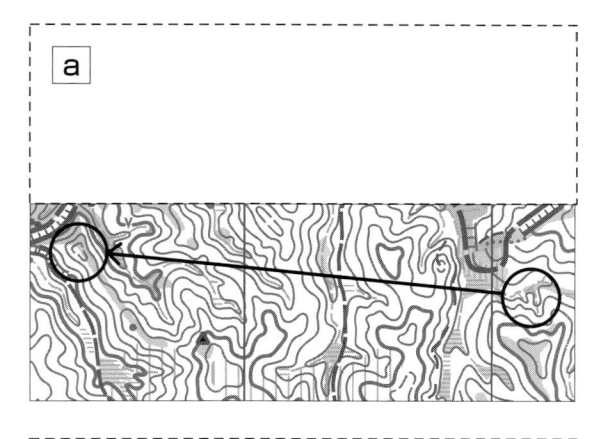

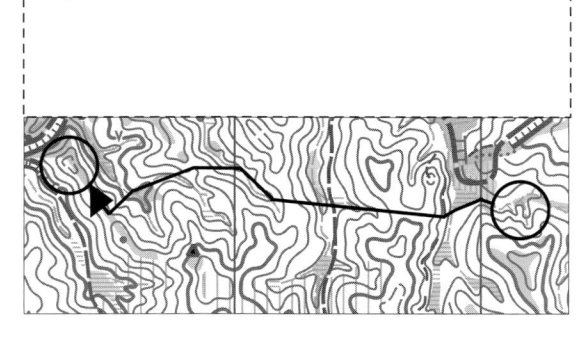

▲図3-18 ベストルートは明らかにbの道回りである。

▲図3-19 このように折ってしまうと、そのルートが隠れ、困難なルートだけが見えてしまう。

●ステップアップのための演習①

右手にコンパスを持ち、左手に地図を持つ選手が、整置したとき地図の右端に来るレッグを進んでいる（図3-20a）。さて、コンパスはどこに置く？

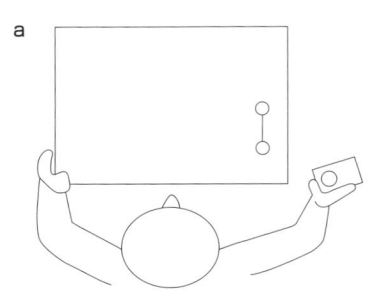

解答：地図の逆側を右手側に折り返して来て、裏面に乗せる（図3-20b）。コンパスを左側に持ち替えるという手もないではないが、「折り返し」の方が実戦的であろう。

▲図3-20a 地図上のレッグがこの位置だと、左で地図を持つ場合コンパスの置き場所がなくなる。

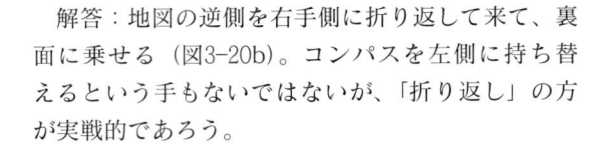

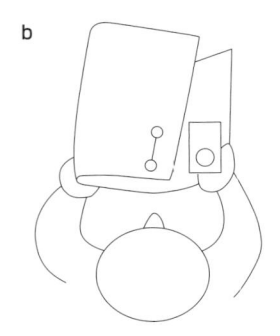

▲図3-20b 折り返した地図を右側に出してコンパスの置き場所を作る。

▲図3-21 世界選手権を走るトップ選手の写真より。左（a）はスタート直後の、ルートを考慮中の選手。右（b）はゴール直前の選手。それぞれの局面で適切な大きさに地図を広げて（あるいは畳んで）いる。

7 サムリーディング

現在地を地図上で把握したら、その地点を親指で指し示しながら地図を持つ。すると、次に地図を読む際の、目の落とし所がすぐに分かる。この、親指の使い方を「サムリーディング（thumb reading）」という（図3-22a）。

現在地を確認するごとに親指をずらすことが、風景と地図のスムーズな対応を生む。地図を折り直す際に親指が外れてしまうことがある。その場合も、折り直した後に、直ちに先ほどまで押さえていた箇所を押さえ直す。

親指にも幅がある。より地図の見所を限定できるような工夫として、親指のツメに線や▲マークを描く競技者もいる（図3-22b）。また、コンパスのタイプによってはコンパスの突端を親指代わりにして指すことができるものもある（図3-22c）。

●ステップアップのための演習②

コース図を手に取って、サムリーディングの練習をしてみよう。

△からレッグ線を辿り、○を指したら地図を折り直し、ということを繰り返しながら◎まで親指を進めてみよう。サムリーディングと地図折り、地図回しが困難な部分はどういう部分かを感じ取ってみよう。

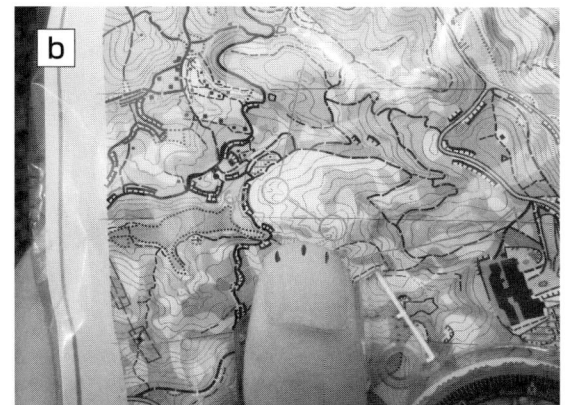

▲図3-22　a：サムリーディングの実例。地図上の現在地に親指を置くと、今どこにいるかが一目でわかる。b：現在地をより限定して示せるように、親指のツメ中央に線を描きいれる選手もいる。c：コンパスによってはプレートの突端を親指代わりにすることができる。d：地図のしわは熟練の証。

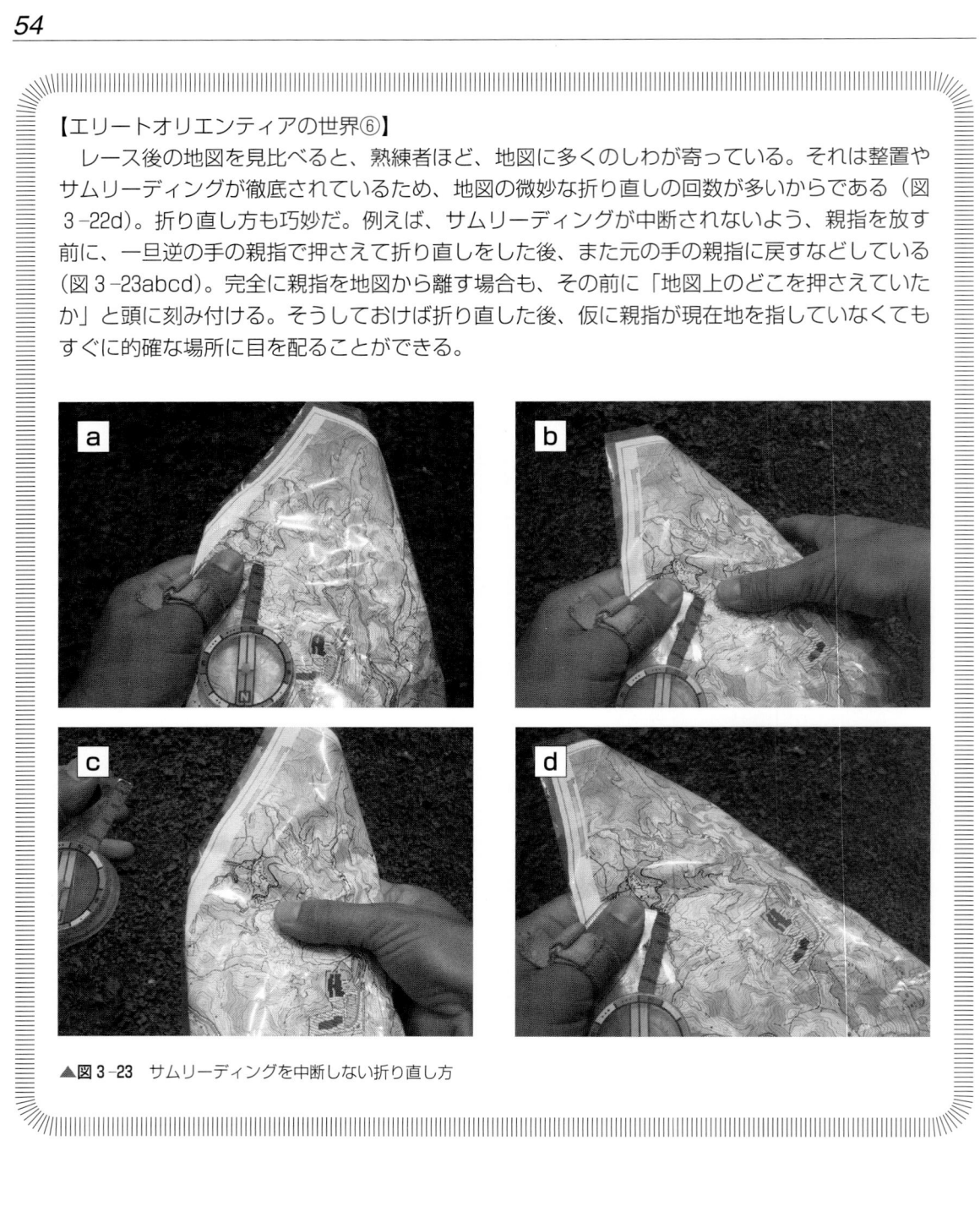

【エリートオリエンティアの世界⑥】
　レース後の地図を見比べると、熟練者ほど、地図に多くのしわが寄っている。それは整置やサムリーディングが徹底されているため、地図の微妙な折り直しの回数が多いからである（図3-22d）。折り直し方も巧妙だ。例えば、サムリーディングが中断されないよう、親指を放す前に、一旦逆の手の親指で押さえて折り直しをした後、また元の手の親指に戻すなどしている（図3-23abcd）。完全に親指を地図から離す場合も、その前に「地図上のどこを押さえていたか」と頭に刻み付ける。そうしておけば折り直した後、仮に親指が現在地を指していなくてもすぐに的確な場所に目を配ることができる。

▲図3-23　サムリーディングを中断しない折り直し方

【エリートオリエンティアの世界⑦】
　「コントロールポイント」とは文字通り、競技者のナヴィゲーション能力を存分に問うよう「コースをコントロール」する地点である。
　コントロールポイントでパンチ動作だけに意識が奪われると、体の向きが大幅に変わって方向感覚が狂わされたり、地図上の現在地から指が離れて次のマップコンタクトがうまく行かなくなったりし、リズムを崩すこともある。コントロールポイントは、「セルフコントロール」を強く求められる地点でもあるのだ。図3-24を見ると分かるように、トップ選手のパンチ動作からは、リズムを崩す危険性が極力排除されている。

▲図3-24　両手の指に注目。右手の親指は確実にサムリーディングを行い、左手の指は体の向きを変えずスムーズにパンチが行えるようチェックカード（図は「Eカード」：電子的な記録を行うチェックカード）を回転させている（世界選手権でのフィンランドの女子エース選手の写真より）。

【エリートオリエンティアの世界⑧】
　国際大会では、Eカードを使った電子計時システムを用いて0.1秒単位のタイムを計測することも増えてきた。トップ選手ともなると、パンチと同時に自動的に次のコントロール方向へ体が向くよう修練されている。その結果、写真のように、体にチェックカードがついていかないことも起こってしまう。カードに付いた指バンドだけでなく、ゴム紐等で補強して手から離れないようにする選手も多い。

▲図3-25　宙を舞うEカード。あまりに速い脱出動作により、Eカードが置き去りに…（世界選手権スプリントの写真より）。

3 ルートを決め、たどる

　オリエンテーリングが良いルートを選ぶことを競う競技であれば、室内で地図にルートを描き込むという試合形式で充分だ。様々な困難を乗り越えつつ決めたルートを確実にたどることこそナヴィゲーションの、そしてオリエンテーリングの真髄である。ここでは、そのための方法や考え方を示す。

　第2章でも触れているが、ルートを決めることだけがプランニングではない。何をチェックすべきかを地図から読み取ることも、プランニングの重要な内容である。また、プランニングには、危機管理という側面もある。本項では、それら1つ1つの要素について検討していきたい。

1 ルートチョイス

　オリエンテーリングで競うのは「タイム」であり、「ルートの美しさ」ではない。そして競う「タイム」は、ある区間のタイムだけでなく、コース全体のタイムである。同じレッグでも複数のルートが考えられる場合が普通で、コース全体では実に多様なバリエーションが存在することになる。時には安全性や体力の温存を考慮した守りのルートを選ぶ必要も生じるかもしれない。特定のレッグ（コントロール間）では最速でなくても、レース全体を短時間で乗り切るためにである。いずれにせよ、競技者には局面毎に「ルートチョイス」が迫られる。

　ルートチョイスの際は、「現在地と目的地を結ぶ直線を対角線とする正方形の範囲」あるいは「同じ直線を直径とする円の範囲」を見て決めよといわれる。つまり、地図を広く眺めよ、ということである。というのは、迂回ルートが正解である場合もあるからである。図3-26のように、上記の範囲を越える大迂回ルートがベストルートとなることもあるが、こうした場合も、上記の範囲に目を配っておけば見落とす可能性を抑えられる。

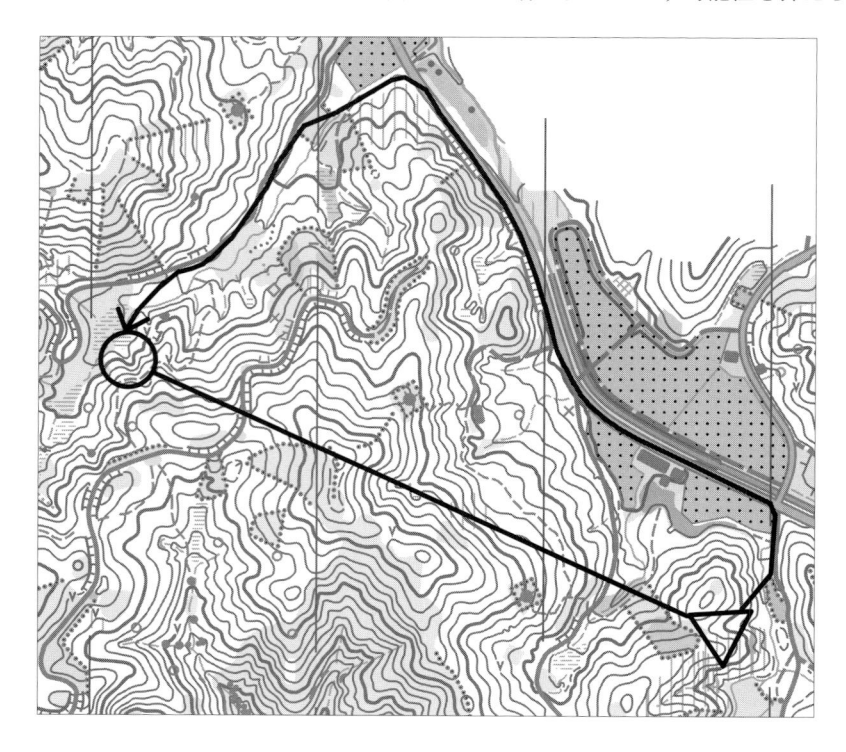

◀図3-26　時には大迂回のルートが正解となることもある

迂回ルートが正解となるのは、距離は伸びるが、簡単でミスの危険性がなく安心でき、さらに考えなくて良いため頭を休められる、あるいは起伏を避けられスピードが維持できる、などという場合である。例えば車を運転していて近道しようと山道や路地に入ったが、迷ったり行き詰まったり、登り坂や見通しの悪いカーブでスピードが落ちたり、前を行く車につかえてしまったりして、結果として太い道を大回りした方が所要時間の上でも精神衛生の上でも良かった、というようなことはよくあるだろう。似たようなことはオリエンテーリング競技中も頻繁に起こる。

人間の能力上あるいはルール上通れない箇所の他、速く走ろうと思ったら絶対に通ってはいけない箇所がある。そうした場所の見極めにより、消去法的にベストルートを割り出せることもある。

絶対に通ってはいけない箇所は概ねどの選手にも共通しているが、積極的に通りたいと考える場所は選手の個性によって異なる。冒頭（p.40）の例に示したように、競技者によりベストルートは異なるのだ。さらに、同じ競技者でも状況により異なることがある。例えば「晴れているか雨が降っているか」「レースの前半か後半か」「そこまで順調に来ているか、ミスの後か」などがルートチョイスに影響を及ぼす要因として挙げられる。

能力上あるいはルール上通れない箇所	・通行不能の崖 ・高速道路 ・太い川 ・通行不能の湿地 ・耕作地
速く走ろうと思ったら避けたい箇所	・急斜面 ・ヤブ ・湿地

2 ルートプラン

ルートを選んだら、次は選んだルートを正確に速くたどることに頭を向ける。そのために「何を見るか（何をチェックポイントとするか）」「どういった技術を使うか」を考える。それが「ルートプラン」

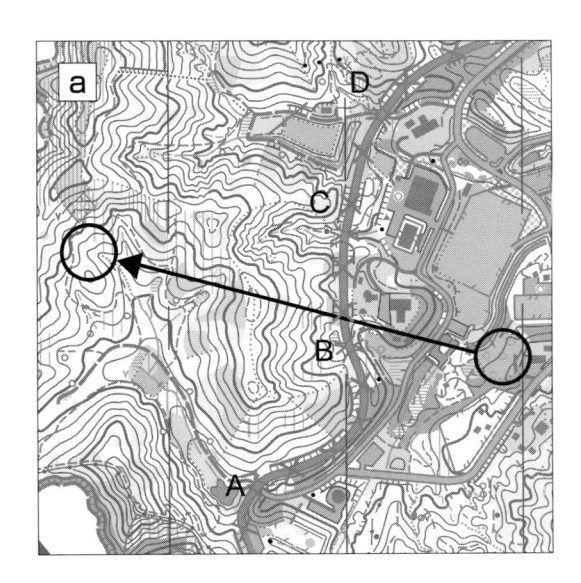

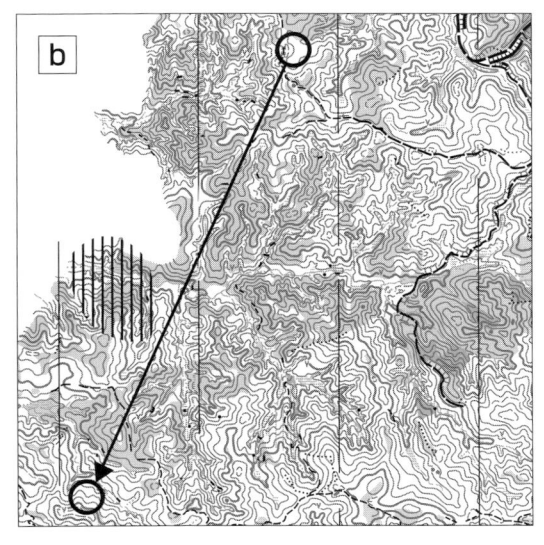

▲図3-27　a：2001年3月に行われた日本学生選手権リレーのレッグ。自動車専用道（×印＝通行不能）をくぐり抜けるポイントが限られており（A〜Dの4箇所）、しかも現地の様子が（道のないBCは特に）イメージしづらいため、瞬間的なルートチョイスとそこを通り抜けるための手続きをプランすることが難しくなっている。区間タイムを比べると尾根越えを避け道回りしてAのポイントを通過するルートが最も速かったが、このルートを見落としていた選手も多かった。
b：世界のトップ選手もルートの読み取りとルート維持に悩む愛知（2005年世界選手権開催地）のテレインのロングレッグ。ハンドレールに満ちているがどこを通っても手続きが難しい。

である。ルートチョイスと同じように、ルートプランも競技者によって異なる。同じルートをたどるにも、つまりルートチョイスは同じでも見るものや使う技術が異なればプランは異なるということになる。

ルートプラン（地図への対処）が難しい局面と、ルート維持（実地での対処）の難しい局面はまた異なる。ルートプランが難しい時というのは「通れそうな場所が地図から読み取りづらい時」「良さそうなルートが複数考えられる時」などである。前者の例として、通れる細い道が通れない場所に囲まれて気付きにくい時などが挙げられる。これは視覚的な難しさである。後者は「目移りし、選択に迷う」ということであり、精神的な難しさといえる。

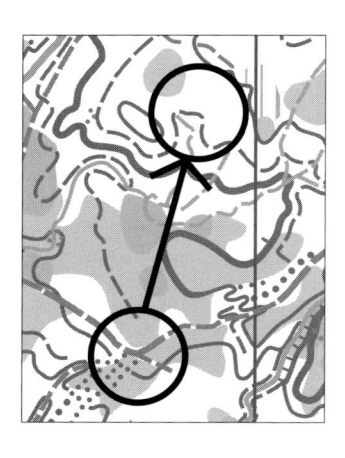

◀図3-28 特徴物に欠け、ルート維持が難しい時

❸ ルート維持

ルートプランをしたら次はそのルートをたどる番である。使うと決めた技術を使い、見ると決めたものを見る。

ルートプラン同様、ルート維持が難しい局面にも、視覚的に難しい場合と精神的に難しい場合の両方が考えられる。前者には「通れそうな場所が、現地で見てそうと分かりづらい時（例えばヤブを抜ける細い道に入る時）」「似たような見え方をする場所がチェックポイントの他にもあり、間違えやすい時（図3-27bのレッグがルートプランだけでなくルート維持も難しいのはこの理由による）」などが、後者には「特徴物に欠ける場所を進んでおり、現在地把握がしにくく不安になる時」などが挙げられよう。

いずれも、まず「難しい場所」と気付くことが重要である。そう気付けば、対処を始めることができる。気付くこと自体が対処の内の重要な割合を占めているといった方が適切かもしれない。「難しい場所」に気付くためには「嗅覚」が必要なのだが、その「嗅覚」を養うためには、机上の読図練習と実地でのナヴィゲーション練習を充分に積む必要がある。

具体的な練習方法については次章にあらためて記すとして、この章では「ナヴィゲーションに有効な発想法」を記していこう。

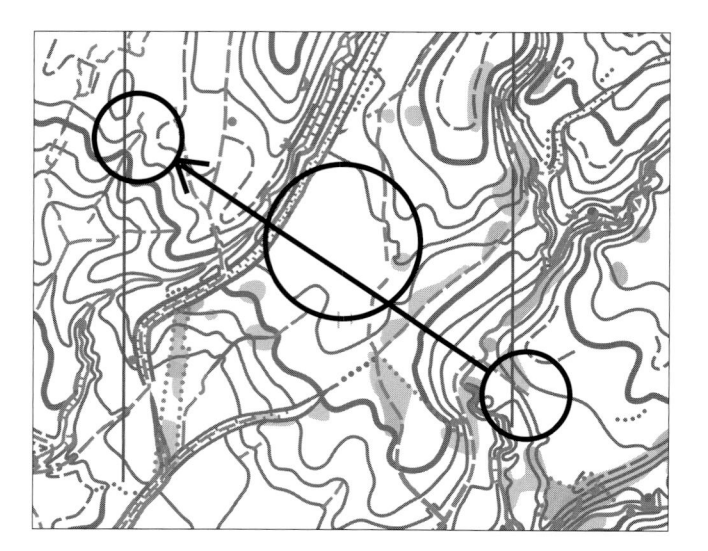

◀図3-29 「特徴物に欠ける場所はナヴィゲーションしにくい」と記した。だが、場合によっては「特徴物に欠ける場所は地図上でも現地でも特徴的」と感じられることもある。このようなレッグをナヴィゲーションしていて、周囲に全く起伏が見られなくなったとする。すると、大きな○で囲んだエリアの中、その中でも中心部付近にいることが推測でき、ルート維持に自信を持つことができる。ここより別の場所にいれば、周囲に起伏が感じられるはずだ。

④ 柔軟にとらえる

オープン（日の当たる開けた場所）、広い池、太い道等は遠くからは同じように明るい場所に見える。「明るい場所＝地図上の黄色」と考えがちであるが、「青」や「黒」「茶色」で塗られている場所（大きな池、舗装された駐車場など）も時にはオープンのように思えてしまう。さらに、樹間の広い林（白）や、陽の光がよく当たってヤブが茂っている場所（最も濃い緑）も明るいことがある。

遠くからのとらえ違いの他、その場でのとらえ違いも起こりえる。図3-30は富士山麓のテレインを描いたマップであるが、現地では道と溝、亀裂が似た形状をしており、同じように見えることがある。

また、「ニセモノ」に惑わされてのとらえ違いもよく見られる。例えば、川や湿地は雨の後などに、一時的に増えたり広がったりすることがある。ヤブの中を多くの人が通行すると地図にない新しい道ができたりする。逆に、ヤブが刈られるなど、地図にあるはずのものが現地で消滅することもある。

もちろん、「ニセモノ」ではなく、同じ特徴物が狭い範囲に複数ある場所でとらえ違いが起こりやすいのはいうまでもない（図3-31）。

⑤ 複数の特徴物に注目する

狭い範囲だけを見てただ1つの特徴物だけを頼りにルート維持を行っていると、こうした場所での現在地把握ミスを起こしやすい。現在地把握をする際は、特徴物1つだけでなく、その周囲の情報も取り込むことである。

図3-32の湿地が、雨の後に広がっていたとしよう。

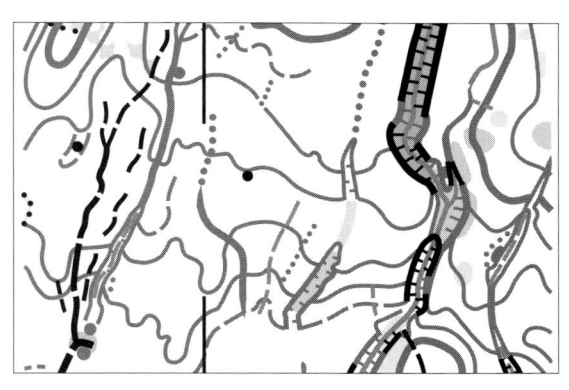

◀図3-30 富士山のテレインには小径、亀裂、溝が、記載されている。それぞれは地図上では明確に判別できるが、実際にはほとんど同じように見える。写真のaが亀裂、bが小道、cが溝である。

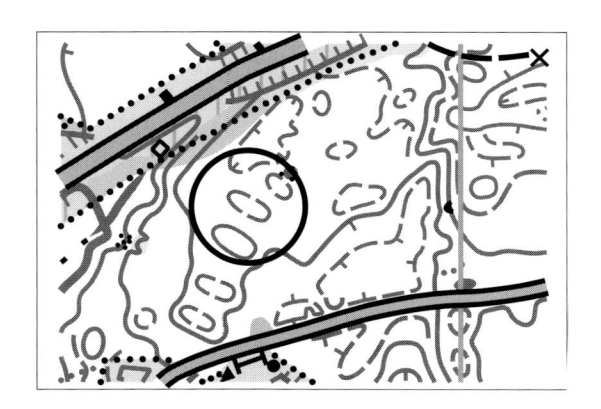

▲図3-31 同じ特徴物が狭い範囲に複数あるととらえ違いをしやすい。図のようにコントロール位置以外にも形と大きさが似たピークが幾つもあるような場所では、一番最初に目に入ったピークに飛び付いてしまいがちである。

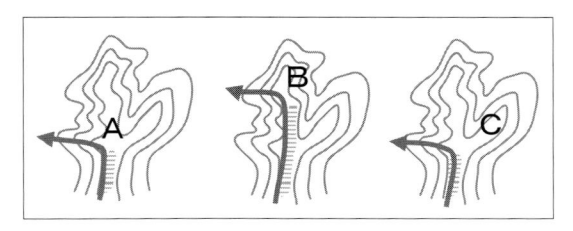

▲図3-32 雨の後は湿地が広がる。すると、チェックポイントとして考えていた湿地の端の位置が変わり、ルートを間違えてしまう。この例のような、「右に曲る時には左も、左に曲る時には右も確認する」という考え方は大事である。

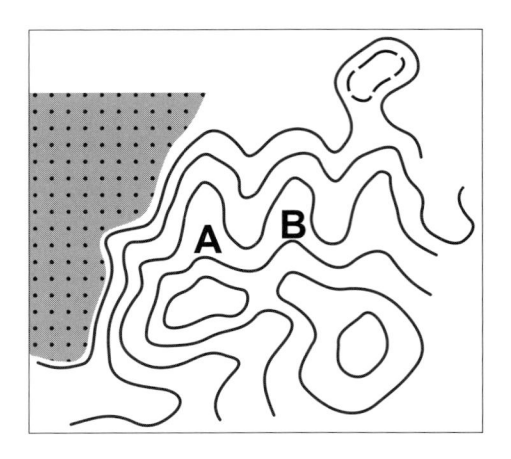

▲図3-33 視野を広く確保することで、別の場所との違いが明らかになり、現在地の思い違いがなくなる。

すると、「湿地沿いを北に行き、湿地の端（A地点）から沢を登る」とだけ考えていた競技者はAの北の沢（B）を登り始めてしまうかもしれない。しかし、湿地だけではなく、向かいの地形（C）に注目

【エリートオリエンティアの世界⑨】
　熟練者は、図3-32のようなケースでは、雨の後という状況から判断して、湿地へ行く前から「雨で湿地が広がっているかもしれない」と推測することができる。
　そして実際に広がった湿地を見て、「ああ、やはり湿地が広がっているな。ここ以外の湿地も広がっているかもしれない」と、警戒心を持つことができる。
　このように、熟練者ほど短時間の内に有効なデータを取り入れ、その後のルート維持に活かすことができる。

していれば現在地把握は容易になる。
　図3-33のA地点から北方向に尾根を見た時、視野が狭いとその尾根しか見えない。これではB地点にいる場合との区別がつかない。しかし、左右を広く見渡すと、A地点では左に平地（耕作地）が、B地点では左右に尾根が見えるので、B地点との違いは明らかになる。

6 方向を確認する

　図3-34のようなレッグでは、下りたい尾根（b）の両隣に似た幅を持つ尾根（a、c）がある。しかし、方向性は3つとも異なるので、整置によって下るべき尾根を判別できる。
　図3-35のようなレッグは少々難易度が上がる。下り始めの方向は似通っているため、一層間違えやすいのである。とはいえ、3本の尾根は徐々に異なる方向にカーブして行くから、整置が徹底されていれば、仮に間違った尾根に乗っても早いうちに気付く

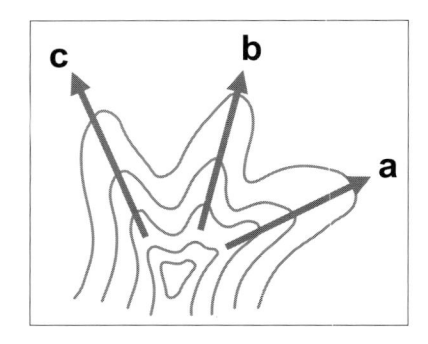

▲図3-34 幅や形は似ているが、方向が明瞭に異なるので3本の尾根は区別できる。

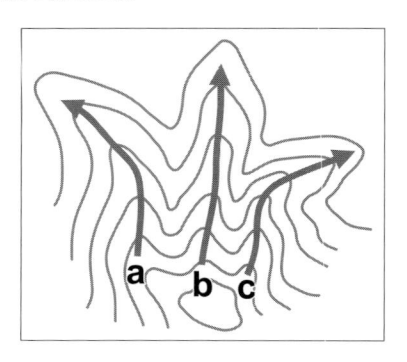

▲図3-35 分岐直後は方向が似ているが、下るにしたがって方向が徐々に変わるので3本の尾根は区別できる。

ことができる。

しかし、往々にして入り口で「正しいだろう」と思ってしまった競技者は先を急ぎたがり、間違えやすい場所だったことも忘れて以後の確認を怠りがちである。線（ハンドレール）を利用する際には、

①線に乗る前に、どういう角度で体の向きを変えるかを整置で確認
②線に乗った時にその方向を整置で確認
③その線を辿り、「間違いない」と思い始めた時にもう一回整置で確認

と、3回を1セットとするつもりで、整置による進行方向の確認を徹底したい。

7 距離を測る

図3-36のようなレッグで、直進により岩のコントロールを目指しているとする。ルート付近に岩がいくつか存在し、誤認の可能性がある。それを防ぐには距離を判断材料に使うことだ。点Aからコントロールまでは36mm、手前の岩はそれぞれ16mm付近、26mm付近にある。図3-36の地図は1：10000だから、それぞれ360m、260m、160mの距離にあることになる。距離の違いを押さえておけば、手前の岩に来た時にも、距離の違いからまだ手前の岩にいるだろうと考えることができる。

地図上の距離を瞬時に測るためにコンパスのプレートにスケール（物差し）を貼り付けたり（図3-37

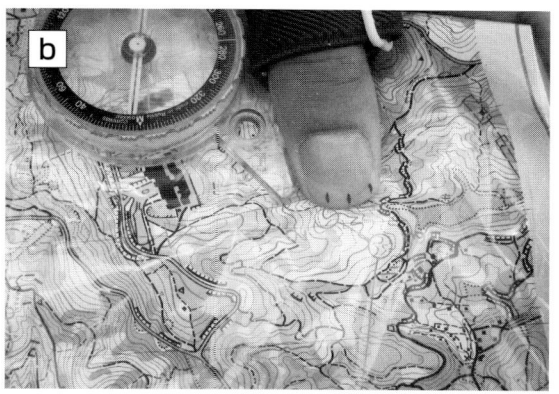

▲図3-37　a：コンパスのプレートに貼られたスケール。b：爪に記された距離スケール。

a)、爪に目盛りを記す（写真3-37b）競技者もいる。

地図上から距離を読み取ったら、実地で測ることである。その方法には「目測」と「歩測」がある。字面の示すとおり、目測は視覚的に距離を見積もることで、歩測は走る歩数を数えて距離を実測することである。オリエンテーリング中に歩数を数える単位は、左右の足の運びを1セットで数える「複歩」である。成人では、平地をジョギングのペースで走った時に100mにつき40複歩前後となるのが標準的である。つまり、歩幅は125cm前後が標準的である。

歩測を使うと、目標地点までの残りの距離をつかみ続けることができる。「遠い」と分かっていれば、その間に地図を先読みして以降のレッグのルートプランをすることもできよう。また、「近づいた」と分かれば地図と現地を慎重に対応させ始められる。

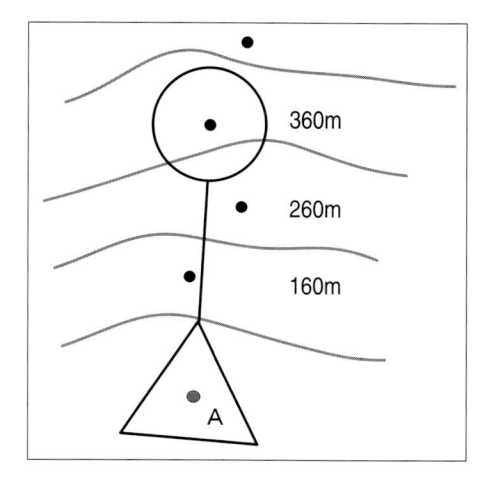

▲図3-36　距離によって3つの岩は判別できる。

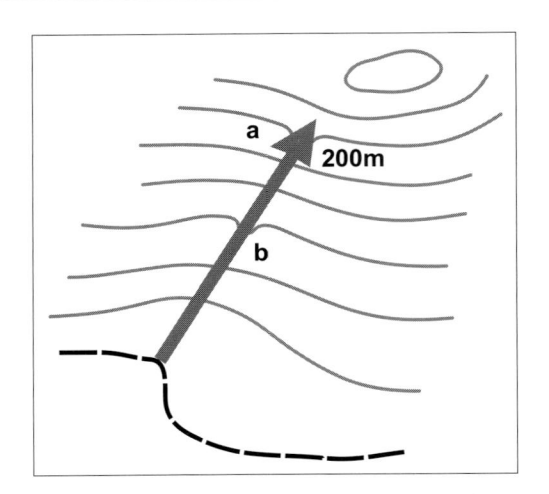

▲図3-38　歩測が不正確になる斜面でも、登りなら「平地での歩数以下で現れることはない」、下りなら「平地での歩数以上になる前に現れるはず」と考えて、オーバーランや似た地形と間違えるのを防ぐことができる。平地と同じ歩数（80歩）でaのような地形に行き着いても、まだbにいると確信できる。

歩幅は足場や地面の斜度によって変化する。同じ斜面でも登りと下りでは当然歩幅が変わる。図3-38は200mほどのレッグであるが、急斜面の登りであり、80複歩で到達することはほぼ不可能といってよい。こういう局面では歩測は役に立たないように思える。けれども、「80複歩で到達することはほぼ不可能」ということを逆手に取ることもできる。80複歩では間違いなく到達しないのだから、歩測しておけば、仮に80複歩になる手前に似た地形の場所に来たとしても、それをコントロール位置と間違えることはない。

要は歩幅の変化に敏感になることである。歩幅が変わった時には、
①歩幅を調節する（例：登りは大股、下りは小股で走る）
②設定歩数を調節する（例：登りは多めの歩数、下りは少なめの歩数に設定する）
③数え方を調節する（例：登りは通常では1.5複歩と数えるところを「1複歩」とする）
といった対処法が考えられる。いずれを行う場合も、どういう状況で自分の歩幅がどの程度変化するか理解しておくことが前提となる。その上で、歩測は100％確実ではなく、常に誤差があるということも

認識する必要がある。

実地では、進行方向に対してだけでなく左右を眺め回して、距離だけでなく面積を目測することも重要である（レース中に左右に走り回って面積を歩測するわけにはいかない）。「今、現地で見えている範囲は地図上のこのぐらいの範囲に相当する」ということが分かれば、「地図上のこの範囲にある物は見えるはず（あるいは見えないはず）」といった判断が可能になるからである。

【エリートオリエンティアの世界⑩】
　中には、日常生活でも常に目測と歩測をして距離感を養っている選手もいる。また、スケールを使わず地図上から距離を読み取る練習をしている者も多い。図3-36のレッグを一目見て「（約）35mm＝350m＝140歩」と推測し、実際にスケールで測って確認する手続きを机上で繰り返すといった具合である。
　距離を知りたい時に、都度スケールを使っていてはタイムロスになる。もちろん、スケールを使えば距離の読み取りの精度は保証されるのであるが、練習によってスケールを使うのとさほど変わらない精度を手に入れることも可能である。

8　等高線間を読む

等高線を読み、実地の地形と対応させることがオリエンテーリングの醍醐味だ。世界チャンピオンクラスの選手にも、コンパスを一切使わない選手や歩測を一切しない選手はいる。しかし、等高線を一切読まない選手がオリエンテーリング競技者と呼ばれることはない。

熟練者は、等高線として記されている以上の地形情報を地図から読み取る。文章を味わって読むには「行間を読む」ことが大切であるように、地図から

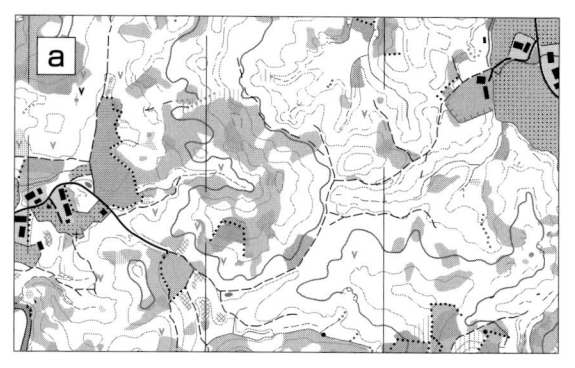

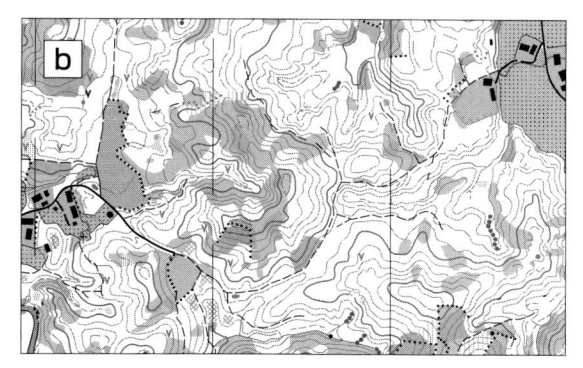

▲図3-39　同じ場所を異なる等高線間隔で描くと描かれる地形が異なる。a：等高線間隔10mの場合と、b：等高線間隔5mの場合

現地の様子を豊かにイメージするには「等高線間を読む」ことが大切である。

図3-39はそれぞれ、同じエリアを等高線間隔10m（a）と等高線間隔5m（b）でそれぞれ作図した地図である。熟練者は、左の地図で競技している時も、等高線読みが重要なアタック局面などでは、自らの頭の中で地図の情報を補い、右の地図のようなイメージを描きながら現地に向かって行っていることだろう。

⑨ 現在地の確信度の調節

局面により、求められる現在地の確信度は違う。目的地から遠いほど誤差が許容されるが、近付けば近付くほど正確に現在地をとらえなければいけない。

例えば、図3-40のようなレッグの各局面で許容される誤差は、a地点では実線の円ぐらい、b地点では破線の円ぐらい、c地点では矢印のピークの幅ぐらいであろう。

「100％現在地を確信できる点」を一定の距離を越えない範囲で設けることが大事である。なぜなら、ミスをした時（たとえ小さなミスであっても）過去に「正しいだろう」と思っていた履歴を全て疑い、立ち直りを遅くすることになる。「100％現在地を確信できる点」を一定の距離を越えない範囲で設けておくと、「疑いの遡り」がある程度の範囲で止められ、現在地の可能性を限定することができるはずである。図の例でも、Xで一度現在地を確認できるからこそ、a付近をラフに進めるのである。

▶図3-40　ラフ＆ファインの切り替え
　aでは、実線の円のどこかにいる、という程度のラフな現在地把握で良い。進んでいれば、X（柵の角）で一旦現在地が確定できる。bでは破線の円内のどこか（鞍部に向けて登る沢Yがとらえられる範囲）にいることが分かれば良い。cでは矢印のピークを確実にチェックしてファインなアタックをする必要がある。

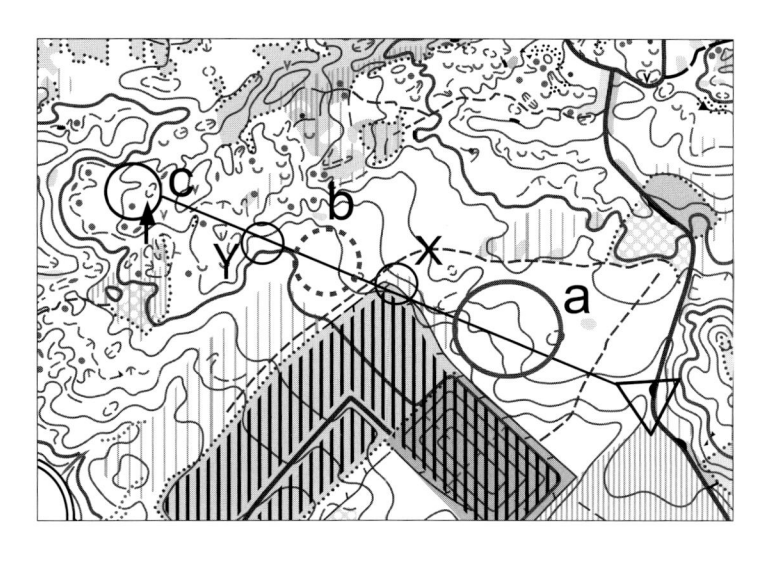

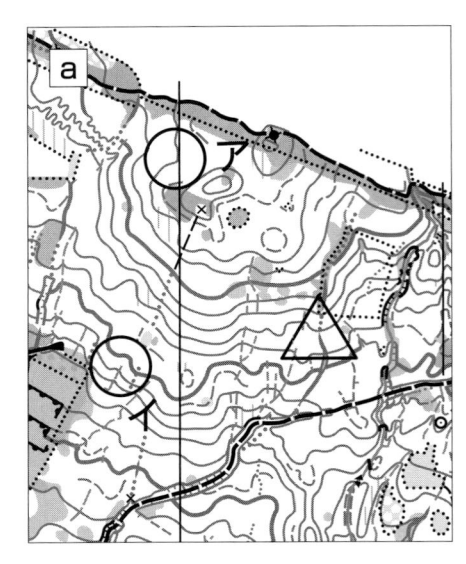

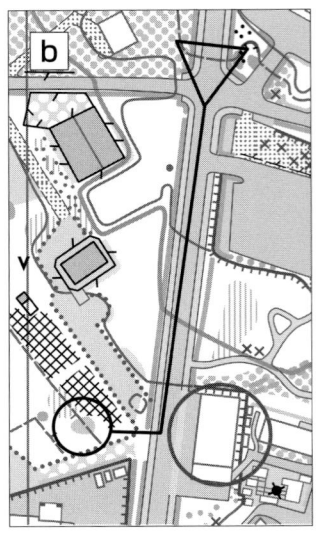

◀図3-41 キャッチングフィーチャーを用いると、チェックポイントの数を減らせるのでスピードアップできる。
○a図
ア：コントロールの手前に設定する場合。△→アの沢へ向けて直進する。補助等高線（破線の等高線）のピークやクリアリングの付近も通過するが、×のピークに登り切るまで、つまり進行方向が下り斜面になり始めるまで何もチェックする必要はない。
イ：コントロールの先に設定する場合。△からイの沢へ直進するとする。オープンの角を目指すと、手前にコントロールが見えてくると考える。
○b図
　スプリントオリエンテーリングのレッグ。道の東側の建物まではチェックポイントを設ける必要がなく、建物が見えてしまえばコントロールの大体の位置も分かる。

⑩ キャッチングフィーチャー

　現在地を把握し、ルートを維持するために、手がかりを通る場所だけに限定する必要はない。目的地の先にある特徴物が見えるならそれを目指したり、ルートの左右に離れて見えるものから、ルート線上のどこにいるかを把握することもできる。

　例えば、日常生活でも「電車を降りたら海側ではなく、山側の改札へ向かってください。その改札前で待っています」といった説明は分かりやすい。ここでは目指す方向を特定するのに目的地のずっと先の山を使っている。

　図3-41aのようなレッグをコントロール（イ）へ走る場合も、「オープンの角を目指して走る。その角の30m手前にコントロール（イ）がある」という発想で走ると、手前にチェックポイントを設ける必要がなくなる。また、図3-41bのように「コントロールに対し、道を挟んで向かい側の建物をチェックし、建物の正面から直角に曲がってヤブにアタックする」という発想で走る際も途中は何もチェックしなくて良くなる。

　その結果、ルート維持がシンプルになり、スピードアップできるはずである。

⑪ エイミングオフ

　ハンドレールに脇から乗る際、線上の一点を目指すのは難しい。

　図3-42のような状況で、林の中の点Aから点Cに向かうために、点Bの道の分岐点を目指したとする。

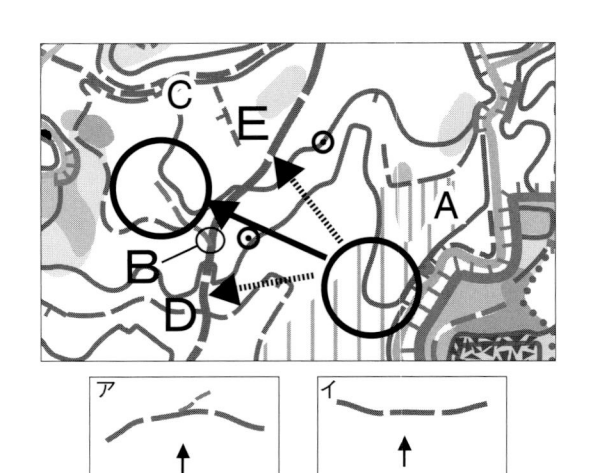

▲図3-42　エイミングオフは、線状特徴物に出たときの誤差の影響を最小限に抑える方法である。Cに向かう小径の分岐（B）を直接目指すと、そこに正確に到達できなかったとき、分岐のどちらに出たかが分からなくなる。破線の矢印のようにあらかじめ北ないし南に進路をはずしておけば、道に出たときに分岐を捉えるためにどちらに動けば良いかすぐ判断できる。

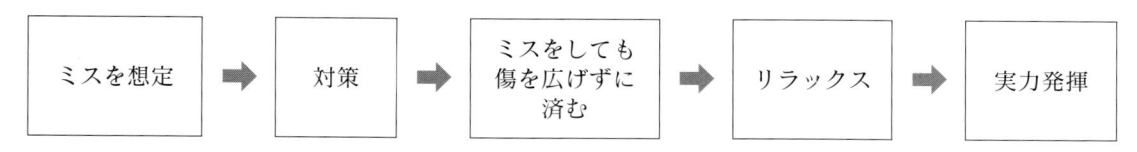

```
┌──────────┐    ┌──────┐    ┌──────────┐    ┌──────────┐    ┌──────────┐
│ミスを想定│ ⇒ │ 対策 │ ⇒ │ミスをしても│ ⇒ │ リラックス│ ⇒ │ 実力発揮 │
│          │    │      │    │傷を広げずに│    │          │    │          │
│          │    │      │    │    済む   │    │          │    │          │
└──────────┘    └──────┘    └──────────┘    └──────────┘    └──────────┘
```

▲図3-43 ミスを想定することでミスを減らす

道が近付いた時、アのように見えたとしたら分岐点を目指すだけであるが、ナヴィゲーションには誤差がつきものだ。イのように見える場所に出ることもある。そうしたらどうだろうか。点D付近にいるのか点E付近にいるのか判断が付かず、文字通り右往左往して分岐点を探すことになりかねない。

そうした事態を避けるために、あらかじめ点D付近を目指して進み始める。それが「エイミングオフ」と呼ばれる方法である。エイミングオフをしておけば、道に乗った時に確実に分岐点の西側にいることが分かる。あとは右折して分岐点が現れるまで東に進むだけである。もちろん、真っ直ぐに点Bに到達した時よりは移動距離が増えることになるが、ミスの可能性が圧倒的に少なくなる。かつ安心感を持って進めるため移動スピードを落とさずに済み、タイムロスを防げることになる。

12 危機管理

危機管理とは、「ミスは必ず起こりうる。だからあらかじめそれに備えておこう」という発想である。未知の場所に踏み込むナヴィゲーションをこの発想なしに進めることはできない。エイミングオフはまさにその好例である。このようなケースからは、「ミス」を想定することは、消極的な考えではなく、それ以上のミスを防ぐ積極的な考え方であることが分かるだろう。

熟練者は、初心者がするような失敗も警戒することで、「芽」の段階でミスの可能性を摘み取ることができる。いざミスをして現在地が分からなくなった時なども、その原因の究明が早い。現在地を速やかに把握し直し、プランを的確に練り直すことができる。

一方、初心者は危機発生が分からないから、対応も適切にできない。だから「危機管理の発想に欠ける」と評価されてしまう。現在地が分からなくなった時は、「この辺であり得る」という検討をせず、「この辺であって欲しい」という思いから、地図上のごく限られた範囲しか見なくなることがある。希望的観測から、こじつけをしてしまうのだ。それでは立て直しは覚束ない。

「ミスをする可能性があると認識する」ことは、「ミスを恐れる」ことではない。むしろ逆で、可能性を考慮して対処法を想定しておけば「ミスをしても対処できる」と、ミスを恐れる必要がなくなる。ミスを恐れず自信を持って走れば、結果としてミスも減っていくのである（図3-43）。

13 スピードの調節

オリエンテーリングは、「タイムを競うクロスカントリーランニング」である。速ければ速いほど良く、いつも疾走するのが理想ではある。ただし、それではナヴィゲーションが破綻をきたす。「精度を犠牲にしない最大のスピード」で走ることが求められている。その「最大のスピード」は、局面により変化する。疾走するところもあれば、歩く部分もある。また、完全に立ち止まる部分もある。

「精度を犠牲にしたくない場所」、すなわち「手続きが必要な場所」では、スピードを落としてしっかり手続きを行うことが重要になる。その場所とはどこだろうか。線の乗り換え直前、似た特徴物が近くにある場所等、すなわち、「実地での対処が難しい」と先述した場所である。

そうした場所で大幅にスピードを落とさなくても良いように、一見もっとスピードを出して走れそうな場所でスピードを抑え気味にしつつ、手続き（地図の先読みや、コンパスのベアリング操作等）を前倒しに行っておくことも考えられる。実際に、熟練者ほどそういうナヴィゲーションをしている。

車の助手席でナヴィゲーションをする時、不慣れなナヴィゲーターは車線変更や右折・左折が必要な場所に来てから運転手にそう告げる。慣れたナヴィゲーターは、「3つ先の交差点で右折するから、そろそろ車線変更しておこう」といった、常に先の手続きを考慮した情報の伝え方をする。そうした熟練ナヴィゲーターを乗せた運転は、急制動が少なくなり、車にも優しく、燃料の浪費も抑えられることだろう。

同様に、熟練オリエンテーリング競技者に見られるスピードの上げ下げの幅が少ないナヴィゲーションは、体にも優しく、体力を浪費しなくて済む。その分、「ここぞ」という局面で体力を注ぎ込むことができるのである。

◆14 負荷は一定に

手続きが必要でなくても足場が悪くなればスピードは落ちる。スピードが落ちる時も、走行フォームが崩れる時とそうでない時がある。ヤブのようにフォームが崩れる場所では、地図を読んでも得る情報は少ないし、立ち止まっても広い範囲を見渡せないだろうから、体を動かすことに集中する方が良い。登りの道などスピードは落ちるが姿勢が保てる場所

| 身体への負荷 | + | 頭脳への負荷 | = | 一定 |

▲図3-44 負荷は一定に

は、地図の先読み区間として利用することもできる。その際は地図をしっかり読み込むためにも、走ることのみに力を入れ過ぎない方が良い。

まとめると、オリエンテーリング中は全ての局面で、

「身体への負荷（運動の強度）＋頭脳への負荷（思考の緻密さ）＝一定」

となるよう意識するべきということになる。

次章では、本章で取り上げた手続きや発想を磨くための練習方法を紹介する。

スポーツでは、技術練習には通常身体的な運動が伴う。無論オリエンテーリングの技術練習も動的なものが多いが、一方で静的な技術練習も多く行われている。次章にも、読図練習問題を用意しているので、本書を読み進めつつ技術の上達を図ることも可能である。是非とも挑戦していただきたい。

(松澤俊行)

【エリートオリエンティアの世界⑪】

世界のトップ選手のルートにも大胆な迂回ルートはしばしば見受けられる。「美しい林の中でナビゲーションを堪能する」「ルートを工夫して体力の消耗を防ぐ」といったことより、「スピードを保ち、速いテンポで試合を展開し続ける」ことを優先する結果、そうなることもある。「こんな初心者のような道回りをした選手が勝つのか」と思われようと、それも堂々たる一つの戦略だ。オリエンテーリングのチャンピオンは、「素人のように発想し、玄人らしく行動する」人種である。

第4章 オリエンテーリングのトレーニング

　これまで示したように、ナヴィゲーションは様々な要素によって構成される。したがって、同じコントロールへ到達するにも様々なアプローチ方法が考えられる。それと同様に、上達へのアプローチ方法、つまり練習の方法も様々あり、その方法の組み合わせ方も多様である。そして、どの方法を選択するかは競技者次第である。

　本章では、そんな多様な練習方法の内の一例を紹介する。読図練習について記す項では、実際に練習問題に取り組んでいただきたい。

1 体力トレーニング

オリエンテーリングは、中長距離のクロスカントリー走である。コースの長さによる要求度の差はあるが、いずれにせよ持久力とスピードが必要だ。以下に、オリエンテーリング選手が行う持久力アップ・スピードアップのためのトレーニング方法を列挙する。

1 トレーニングの種類

① LSD（Long Slow Distance）

文字通り、ゆっくりとしたペースで長距離を走るトレーニング。Slowが強調されると、簡単に有酸素能力を改善できるという誤った印象を与えかねないため、代わりにCAR（Continuous Aerobic Running：有酸素持続走）という用語を使う場合もある。

オリエンテーリングの競技時間も、上位クラスとなると60分を越え、2時間に及ぶことも珍しくない。そうしたコースを走る選手であれば、90〜120分、あるいはそれ以上の時間LSD（CAR）を継続したいところである。

② ペース走

LSD（CAR）よりは速く、タイムトライアル（後述）よりは遅いペースで長距離を継続的に走る。一定ペースで行う方法、徐々にペースアップして行う方法（ビルドアップ走と呼ばれる）、ペースを上げ下げして行う方法（揺さぶり走と呼ばれる）がある。オリエンテーリングの日本代表男子選手は大体5000m走を15分〜17分で走る。このぐらいのスピードを持つ選手であれば、10kmを35分、20kmを80分で走るなどすればトレーニングとして有効なものになるだろう。

③ インターバル走

速いペースで1km走り、ジョギングかウォーキングで200mつなぐ、といったことを繰り返す。5〜10回繰り返し、速いペース部分の走行距離を合計5〜10km走る場合、5000m走の自己ベストタイムを5分の1にしたタイム程度のペースにすると良いとされる。したがって、日本代表クラスの男子の場合、3分〜3分20秒/kmのペースで行う場合が多い。つなぎのジョギングやウォーキングを長めにする、あるいは速いペースで走る距離を短めにして、より速度を上げたり本数を増やしたりすることも効果的である。

④ ファルトレク

強度を上げ下げしながら長距離を走るトレーニング。ペース走のところで記した揺さぶり走に似ているが、より上げ下げの幅を大きくする。起伏に富んだ不整地をペース走気味に走ると、その起伏によって負荷が上下するので、自然とファルトレクトレーニングになる。起伏のあるコースをファルトレクで走ることはオリエンテーリングの競技特性にも適合しているため、練習の中心に据える選手も多い。

⑤ タイムトライアルやレース

トラックやロード、あるいはオリエンテーリングテレインを、フルスピードで走る。それ自体がトレーニングにもなる他、それまでのトレーニングの効果を測れる、自身のスピードを知りその後のトレーニングの指標を得られるという利点もある。

LSD（CAR）は強度が高くなく、ペース走やファルトレクは設定次第で高強度にも中程度の強度にもなる。インターバルやタイムトライアルは強度が相当高い。

高強度のトレーニングを長期間継続することは難しい。国の代表クラスの競技者ともなると午前と午後に、一日二回練習する選手が多いが、一日の内に二回とも高強度トレーニングを行うのは一年の内ごく限られた日数とし、高強度トレーニングの後には

第4章 オリエンテーリングのトレーニング

回復のための低強度トレーニング（ジョギングや、技術に比重を置いたナヴィゲーショントレーニングなど）を行う場合が多い。特に、試合が近づいた時期はコンディショニングを優先し、高強度トレーニングの量も、トレーニング全体の量も抑える。

世界選手権代表クラスの選手は、そうした期間ごとの変化も付けつつ、年間500〜700時間のトレーニングを実施している（マッサージやストレッチ等体のケアや、机上での読図練習やメンタルトレーニングといった身体運動を伴わない練習の時間は除く）。多くの選手は、その内2割前後の時間を高強度トレーニングとしている。

オリエンテーリングの主要な体力要素はクロスカントリー走の能力であるため、トレーニング方法は陸上競技の中長距離走と共通部分が多い。その一方で、中長距離走には通常必要とされない動きも求められる。急斜面の登り下り（歩く・這う・滑るなどの動作も発生する）、急停止と再スタート、障害物を避ける際の跳躍や左右の動きなどである。これらは陸上競技よりもむしろ、サッカーやテニス等球技の中に似た動きを見ることができる。

オリエンテーリングの日本ランキング上位者にはオリエンテーリングを始める以前のスポーツ歴として球技の経験を持つ者が陸上競技経験者以上に多い。また、現在も「オリエンテーリングのためのトレーニング」として球技を取り入れている者もいる。すなわち、競技者の数だけトレーニングのパターンが存在する。トップ選手同士のトレーニング内容を比較しても、同じスポーツの選手と思えないぐらい異なる場合もある。ここではその中のほんの一例として、筆者のトレーニング内容をご覧いただくこととする。

2 記録を付ける

多くの競技者はトレーニングの記録を付けている。記録の際には内容を事細かに記すほか、集計や反省がしやすいように数値を把握することも大切である。数値とは、「走行距離」や「練習時間」である。中には、「心拍数」を測って運動強度を把握し「どのぐらいの強度でどのぐらいの時間練習し、どのぐら

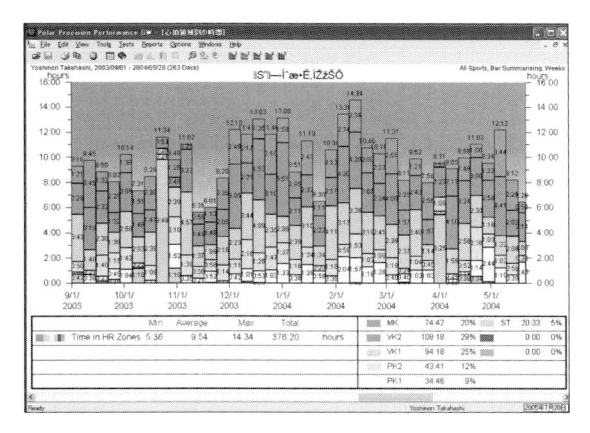

▲図4-1 心拍数を用いて運動強度を生理的に記録する日本代表選手の例。週単位で負荷レベルごとの練習時間を集計している。

いの距離を走行したか」をグラフ化している選手もいる（図4-1）。

記録を付け、評価をする。それは、自分のトレーニング内容を、そして試合でのパフォーマンスを改善するために不可欠なことである。筆者もオリエンテーリングを始めて以来、毎日練習内容や走行距離を記録している。次項に、「初心者の頃」「学生上位となった頃」「現在（鍛錬期と試合期）」の、典型的な一週間のトレーニング内容を示す。

3 競技レベルとトレーニング

＜走ることに慣れる＞

① 初心者の頃（大学1年の6月）の一週間

曜日	内容	距離（時間）
月	ロードジョギング	3.5km（20分）
火	クロスカントリー走＋ロードジョギング	7.5km（40分）
水	ヒルクライム（急坂の登り）を含むロードランニング	8km（45分）
木	休み	
金	ヒルクライム（急坂の登り）を含むロードランニング	8km（45分）
土	OLトレーニング ショートコース2本	計3km（60分）
日	部内ソフトボール大会 3試合	（3時間）

計　走行距離30km　練習時間6時間30分

◇解説

　大学のオリエンテーリングに入部して1ヶ月半。大学入学以前に球技の経験はあったが、持久系スポーツの経験がなかったため、「走る習慣を作る」「オリエンテーリングとはどんな競技かを知る」ことがこの時期の目的であった。平日の練習時間帯は放課後（夕方）で、本格的な長距離走やスピードは行っておらず、先輩に連れられて一通りのトレーニング内容と練習用コースを覚え始めた、という頃である。

　筆者の通っていた大学は坂の多い街にあり、片道3kmほどで百数十ｍ登る、といったランニングコースが何種類もあった。また、大学の裏山は日本オリエンテーリング協会公認大会が開かれるような良好なテレインで、その中を走る練習コースも設けられていた。「普通」に走っているだけで徐々に登坂力や不整地での走力が鍛えられる仕組みになっていたと思う。

　なお、この頃はナヴィゲーションらしいことができず、走って迷い、走って迷い…を繰り返していたため、コース距離から考えられるよりもずっと高いトレーニング効果が得られていた（はずである）。

＜レースを走り切る体力をつける＞
◇解説

　春（3月）に開催される学生選手権（ロングタイプとリレーのレースを2日間連続して行われた）上位を目指し、走行距離を伸ばそうという時期にあった。平日は不整地よりもロードを走り、週末にOLテレインで不整地を走るように切り替えていた。揺さぶりペース走は3分30秒/km＋4分30秒/kmという形を6回繰り返し、合計12km（ロングタイプOLのレース距離程度）走っている。金曜日の朝に疲労を抜くためにいつもよりゆっくりのペースでのジョギング。土曜日は大会前に基本技術を確認するため、30分程度のOL。日曜は日本ランキング対象大会であるロングタイプのOL大会に出場。この大会で筆者は日本ランキング対象大会で初の入賞を修めた。

　この時期に筆者自身の練習スタイルが確立された感がある。ただし、依然として朝に走る習慣はなく、練習は一日一回、時間帯はほとんど夕方であった。

　筆者は大学卒業一年目に初のフルマラソンに挑戦し、タイムは2時間35分台であった。初マラソンとしては上出来のタイムであるが、同程度の持ちタイムのランナーと比べると走行距離はむしろ少ない部類に属していた。登り下りや足元に起伏のある不整地を走ることの練習効率の良さを実感したものだ。

＜スタミナもスピードも必要＞
◇解説

　現在は、午前中（朝）は必ず走る生活をしている。そして鍛錬期、試合準備期、試合期の練習量や内容の調節は午後（夜）のトレーニングで行っている。

　2003年の秋は、2004年春から夏にかけて行われる全日本選手権や世界選手権に向けて体力を増強する時期ととらえており、走行距離を伸ばし、練習内容も多彩なものとしていた。読図走（詳しくは後述）については、「スタート時の読図のリズム」を意識し、何度も地図を裏返して読み始める練習をしていた。水曜日のスピードトレーニングはペースが乱れないよう、大学陸上部部員と共に行った。走る場所やペースに変化をつけることで、「動きながら身心の疲れを取る」ことを意識したが、週末のOLトレーニングでは多少疲労を感じていた。そこで踏ん張り、粘りを身に付けることも目的の1つとしていた。

　なお、筋力トレーニングについては、自分の体重を利用した腕立て伏せ・腹筋・スクワットなどをラ

② 学生上位となった頃（大学4年の10月）の一週間

月	ロードジョギング	11km（69分）
火	ロードジョギング	10km（60分）
水	ロードLSD	17km（103分）
木	揺さぶりペース走含むロードランニング	23km（120分）
金	ゆっくりのジョグ ロードジョギング	5km（35分） 13km（64分）
土	OLトレーニング＋前後にジョギング	16km（110分）
日	大会出場　OL＋前後のジョギング	16km（130分）

　　計　走行距離111km　練習時間11時間30分

③ 現在（鍛錬期：2003年11月）の一週間
＊FL…ファルトレクの略

	午前	午後
月	読図走　11km（71分）	LSD　21km（128分）
火	読図走　11km（71分）	FL含む不整地走　11km（68分）
水	読図走　10km（60分）	200m（33～35秒）×20本等　計21km（107分）
木	読図走　10km（63分）	ジョギング10km（63分）＋ウオーキング40分
金	読図走　10km（61分）	ジョギング6km（42分）
土	リレー大会参加＋テレイン内で反省、前後のジョギングと合計で13km（108分）	
日	ミドルタイプOL大会参加、前後のジョギングと合計で12km（83分）	

計　走行距離147km　練習時間17時間40分

④ 現在（試合期：2004年4月）の一週間

	午前	午後
月	読図走　6km（40分）	
火	読図走　6km（40分）	ジョギング　6km（40分）
水	読図走　6km（40分）	OLパーマネントコース　10km（60分）
木	読図走　6km（40分）	FL含む不整地走　6km（38分）
金	読図走　8km（48分）	ジョギング6km　内1kmを4分/kmで（34分）後半3kmを13分30秒で
土	OLトレーニング、前後のジョギングと合計で8km（54分）	
日	ミドルタイプOL大会参加、前後のジョギングと合計で15km（85分）	

計　走行距離83km　練習時間8時間30分

ンニングトレーニングの後に随時行う、といった具合であった。

<レースに向けて「特化」を図る>
◇解説

　日曜日のOL大会は世界選手権日本代表選考会の内の1レースとなっており、平日もそのコース（8km、上位者で40～45分という設定）を意識し、トレーニング時間や距離、ペースを調節していた。それが功を奏し、大会ではトップタイムをマークでき、代表選考で有利な位置に立つことができた。

　この後に日本チームのスタッフとなったフィンランド人コーチから、「試合直前期にはFastであってHeavyでないトレーニングをするのが良い」というアドバイスを聞いた。振り返ってみると、この週にはそれが実践できていたと思う。

　以上、筆者の練習内容をご覧いただいた。走行距離や練習時間としてはそれぞれ「初級者（①）」「学生選手権上位者（②）」「日本ランキング上位者（③と④）」の平均値に近いと思われる。

　女子トップ選手に関しては、概ね筆者の2割減ぐらいから同じぐらいの練習時間をこなしている。同じ練習時間でも、スピードの差により走行距離はやや少なめになると考えられる。

　本項のトレーニングに関する記述は、『中・高校生の中長距離走トレーニング』（大修館書店）を参考に記した。中高生だけでなく中高生の指導者も読者として想定しているため、あらゆる年齢層の読者にとってためになる好著である。よりトレーニングに関する知識を深めたい読者にお薦めしたい。

2 メンタルトレーニング

スポーツには多様なメンタルスキルが必要とされる。たとえば、各種競技の選手を対象にした「心理的競技能力診断検査」では、「精神力」を「忍耐力」「闘争心」「自己実現意欲」「勝利意欲」「リラックス」「集中力」「自己コントロール能力」「自信」「決断力」「予測力」「判断力」「協調性」の12項目に分けて、質問紙による診断を行っている。これらメンタルスキルを高める方法も様々なテキストで紹介されている。興味をお持ちの読者は、そうしたテキストを図書館や書店で手に取って目を通して欲しい。例えば、徳永幹雄著「ベストプレイへのメンタルトレーニング」大修館書店　では、検査の方法や調査結果の活用の仕方について触れられている。

オリエンテーリングにおいても、上記の要素はいずれも重要だ。筆者の経験に基づいてその中からオリエンテーリングに特に必要なメンタルスキルを3つ選ぶとすれば、「自己コントロール能力」「予測力」「判断力」となる。未知のエリアを独力でナヴィゲーションしていく過程では、不測の事態が突発的に、次々に起こる。そして、不測の事態への対応によりつくタイム差は、順調に進んでいる部分のタイム差より大きく、勝負を分ける要因となる。「予測力」があれば、不測の事態そのものを減らすことができる。また、「判断力」と「自己コントロール能力」があれば、どんなことが起ころうとも慌てることなく、正しい行動を選択できるであろう。

他の選手に追い付いた時、逆に追い付かれた時、リレーのように同時スタートした時によく起こることであるが、途中まで同じルートを走っていた選手が突然自分の想定とは異なる方向へ走って行くのを見かけたとする。その際、「そうしたことも起こり得る」と予測しており、「自分のルートが（も）正しい」と判断することができ、「当初のプラン通りに手続きを貫く」自己コントロールができれば、リズムを狂わされることなく走り続けられる。

読図練習の際、そうした対処法を繰り返しイメージしておくことだ。そうすれば、読図練習も即メンタルスキルの強化につなげられる。

【メンタルトレーニングの実例】
ナショナルチームのミーティングで行われたメンタルトレーニングの実例を紹介しよう。
◇例1　会場到着から、スタートまでに行うことを全て書き出す。書き出したら読み直し、行うこと全てを順序立ててイメージする。
◇例2　レース中に起こり得る、競技の続行を危うくする事態を書き出す。それぞれについて対処法を考える。例えば、「靴が脱げたら」「熊に出会ったら」「ズボンや下着が破れたら」どうするだろうか？
◇例3　自分の過去最高のパフォーマンスを思い出し、そのレース中、あるいは前後にしたこと、感じたことをできる限り書き出す。
◇例4　重要な大会で良い走りをし、終盤を迎えている状況をストーリー化したものを読み合わせる。そして、その先の状況を各自イメージする。

いずれも、各自イメージした後にグループで意見交換を行えば、より鮮明にイメージしたり、新たな対処法を取り入れたりできるだろう。

ただ、こうしたトレーニングを有効なものとするには、各場面を鮮明にビジュアライズ（視覚化）する能力が必要である。まずはレースで「最も印象に残った場面をできるだけ鮮明に思い出す」など簡単なことから始め、徐々に鮮明な「画像」が描けるようにしていきたい。

3 技術トレーニング

　これまでに示されたとおり、ナヴィゲーション技術の内では「発想術」や「思考術」が重要な領域を占めており、これらの技術は、読図によって磨くことができる。必ずしも実地で行う必要はなく、机上や寝床の中でも練習が可能である。机上や寝床での練習では、走ったことのあるテレインや走る予定のテレインの地図を用いる必要はない。

　要は、様々な地図に触れ、「似たような地図を読み、同じパターンのレッグをルートプランしたことがある」という自信と安心感を持って試合に臨めるようにすることだ。試験で初めて解く問題に対しても「似たような問題を解いたことがある」と思えるように様々な練習問題を解いておくのと似ている。

　それでは、早速ここから練習問題に挑戦していただこう。

1 ルートプランニング

　まずはルートチョイスの練習をしていただこう。
　O-MAPを使用した問題に取り組んでいただく前に、次の問題を考えて欲しい。

<問題1>

　右の図の、黒い線を道とする。道だけを辿ってA地点からB地点へ向かう際の最良のルートとその理由を考えよ。

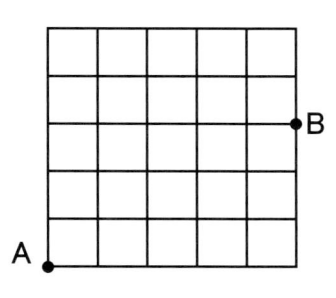

▲図4-2a　問題1

<問題2>

　右の図の、黒い線を道とする。道だけを辿ってA地点からB地点へ向かう際に考えられるルートを何通りか挙げよ。また、それぞれの利点を考えよ。

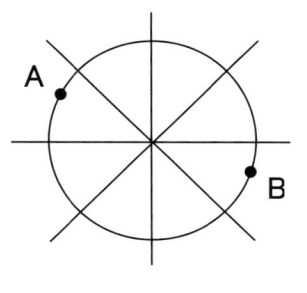

▲図4-3a　問題2

<問題3　初級問題>

　次のレッグについて、ルートを考えよう。

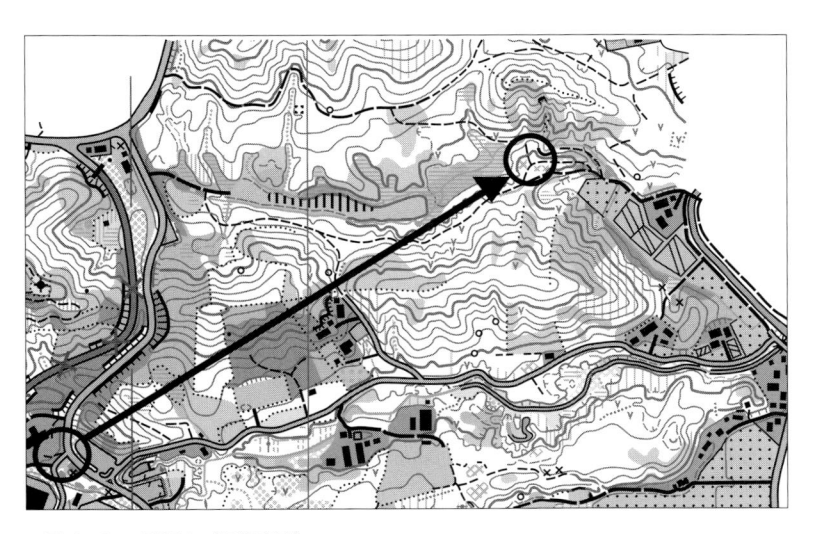

▲図4-4a　問題3（初級問題）

<問題4　中級問題>

次のレッグについて、ルートを考えよ。

▲図4-5a　問題4（中級問題）

<問題5　上級問題>

次のレッグについて、ルートを考えよ。

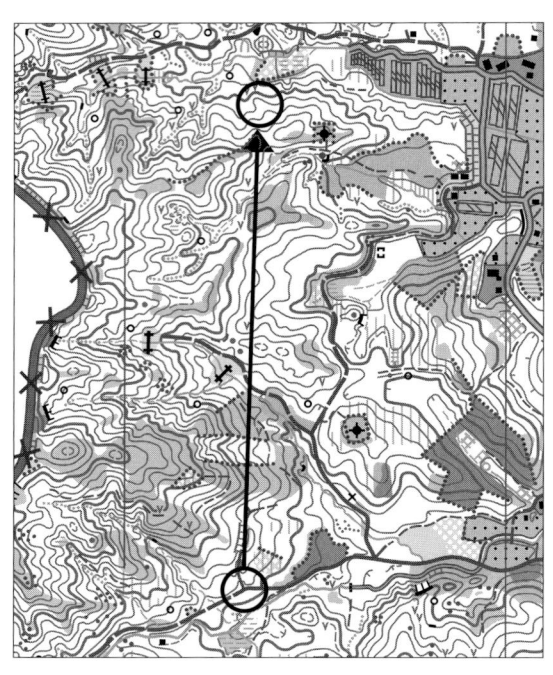

▶図4-6a　問題5（上級問題）

…◇…◇…◇…解　答…◇…◇…◇…

<解答例1>

解答図中①が最良のルートである。ルートの道のりの全長（以下ルート距離と記す）は図中②のルートも③のルートも変わらない。しかし、いずれの場合も、

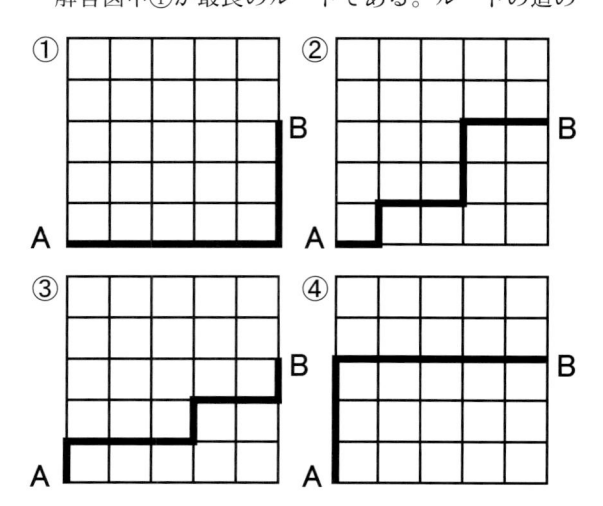

(1) 何番目の分岐点（T字路）で曲るべきか地図から読み取る
(2) 現地で分岐点の数を数える
(3) 体の方向を複数回変える

といった手続きを経なければならない。対して①のルートは直角カーブにぶつかるまで走って左折するだけで良い。左折した後も、T字路の数を数えなくても目標物（オリエンテーリングの場合コントロールフラッグ）が見えるまで進むだけである。④のルートの場合も一回右折するだけで良いが、上下にあるT字路と間違えないよう注意する必要が生じる。

　数学の試験によく出る「最短ルートの数を求める問題」では上記のいずれも最短ルートと見なし勘定しなければならない。しかし、ナヴィゲーションに

▲図4-2b　解答例1

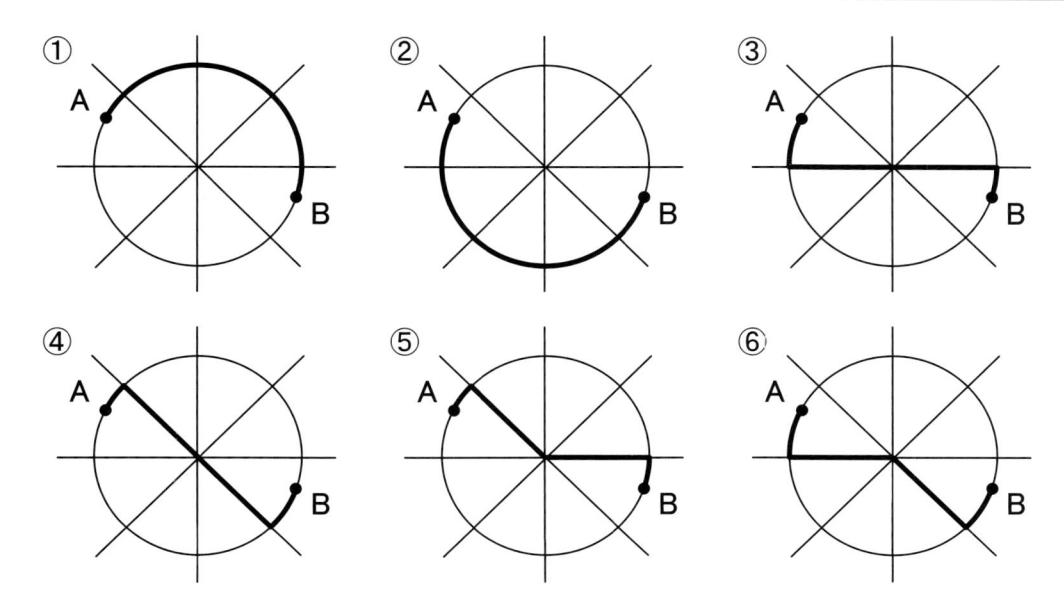

▲図4-3b　解答例2

おいては数学の問題を解く時とは違った「実践的視点」が求められる。

<解答例2>

特に有力と思われるのは上の図のルートである。
①外周を時計回りするルート
②外周を反時計回りするルート
③S字のルート
④Z字のルート
⑤M字のルート
⑥W字のルート

①、②は十字路が現れても左右の道には構わず、道なりに緩やかなカーブを描きながら進むだけで目的地に達する。2つのルートの内では①の方が距離は短いので、同じ速度で進んだ場合、②よりも短時間でB地点に達する。

③、④、⑤は①よりもさらにルート距離が短い。ただし、③、④のルートは二回、⑤のルートは三回道を曲がる必要があるのでそれだけ手続きが煩雑になる。特に⑤のルートでは、何本もの道が交差する円中心部での方向転換が求められるので、方向確認が厄介である。⑥のルートは手続きが煩雑な上に、距離も⑤より長い。

以上から、上記6ルート中でも①、③、④が特に有力なルートであると結論付けられる。距離が短い（身体への負荷が少ない）方を選ぶか、手続きが少ない（頭脳への負荷が少ない）方を選ぶかは、選択者の個性やその時の状況によるだろう。

以上の練習問題から、
(1)ルート距離が短い（＝体力が温存できる）
(2)方向転換が少ない（＝現在地確認、整置等の手間が少なくて済む）
といった要因が良いルートの条件となりえることを感じ取っていただきたい。山野でのオリエンテーリングではここにさらに、
(3)登距離が少ない
(4)足場が良い
といった条件が加わる。ルート距離が短くても、登り下りや足元のデコボコが多ければ体力を浪費することになる。したがって、ルートチョイスにおいては登りの多さ（登距離）や足場の良し悪しの判断も求められる。そしてこの判断のためには等高線や植生表記を読み取ることが不可欠となる。

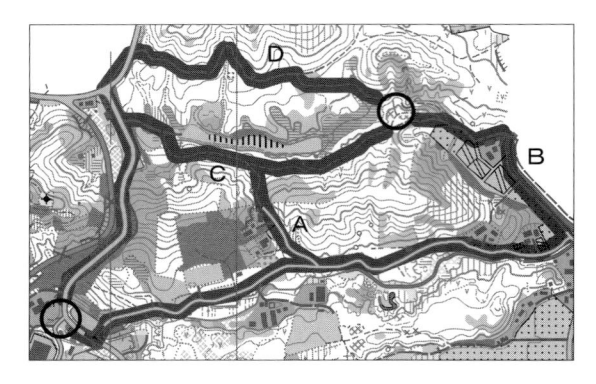

▲図4-4b　解答例3

<解答例3>

　道だけをたどるルートに限っても、上記4パターンの有力候補が考えられる。ルート距離の短さと分岐を見落す危険性の少なさからも、Aルートがベストルートと考えられる。

<解答例4>

　尾根線をたどるルートにほぼ限られる。a地点ではピーク上での整置、b地点では植生界の曲がりでの整置が求められるが、いずれも難しくはない。cのピーク上で進行方向を保った後は、尾根が緩やかに方向を変えて行き、しかもヤブで見通しが悪くなるので尾根線を外れないように注意が必要となる。アタックでは、d地点の尾根の分岐をチェックし、正しい尾根へ下る。

　なお、上級者となると少しでも距離と登距離を減らすため、Bのように正面が登り始めたら高度を維持して進み（コンタリング）、その方向を保ちながら尾根へ登って、アタックも同様にコンタリングを行うルートが選択肢に加わるだろう。

<解答例5>

　上級者が走ればAのルートがベストとなるだろう。道を走り、aの道の分岐からはコンタリング気味に方向維持し、道を越えてbの鞍部を目指す。そこからまたコンタリング気味に方向を維持、cの鞍部を通過する。さらにdの鞍部を目指し、そこをアタックポイントとする。このルートは終始レッグ線を大きく離れず、厳しい登りもない反面、常に地形への注意が必要なため、無駄なくたどるための手続きが難しい。その手続きが行える技術レベルがない選手にはBやCやDやEのような道回りする

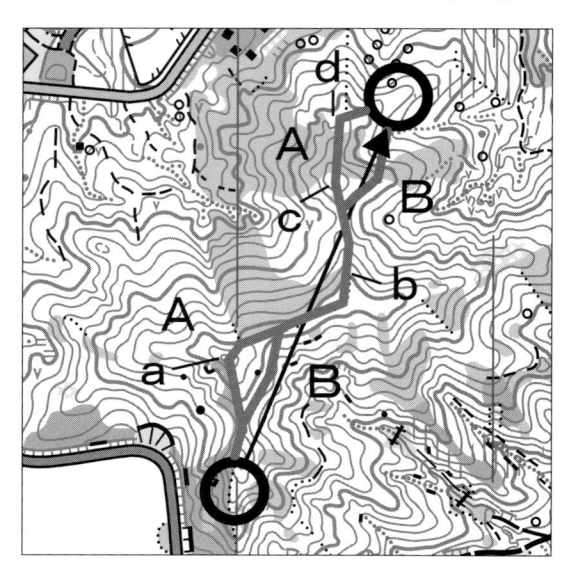

▲図4-5b　解答例4

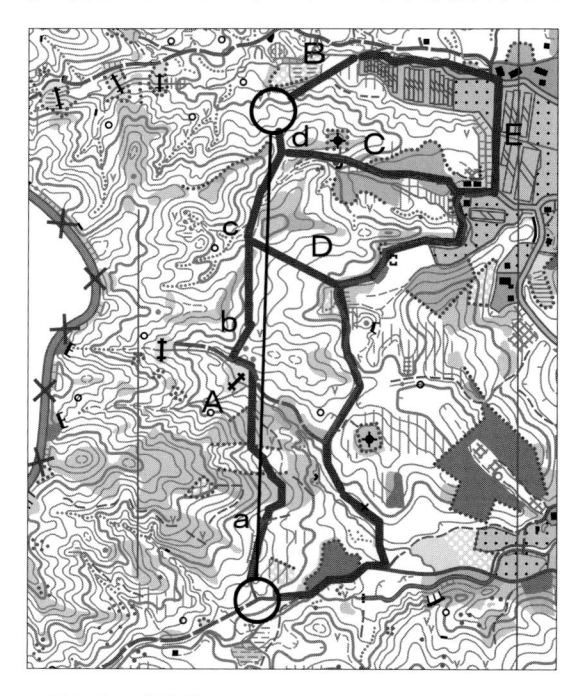

▲図4-6b　解答例5

ルートが有力であろう。

＜まとめ＞

まずは、「ルートを読み取れる」ことが重要である。1ルートだけでなく、自分が最初に思い浮かんだルート以外にも候補と思えるルートを考えてみよう。そして、最初に思い浮かんだルートと距離や登距離や難易度を比較し、自分が走ったらどのルートが速いか（または遅いか）を判断してみよう。そうした複数ルート間の検討を通じ、1レッグの読図で何レッグ分もの練習効果を得ることができる。読図練習を複数人で行い、意見交換をすれば一層効率的になるだろう。

ルートチョイスに慣れてきたら、ルートだけでなくチェックポイントを読み取り、そこで必要な手続きを考え、さらにはその手続きをしている自分の姿を思い浮かべてみよう。そこまで計画してこそが「ルートプランニング」である。そうした「プランニング」と「リハーサル」を重ねることが、試合での技術の発揮につながるのである。

❷ 距離の読み取り

＜問題6＞

次のレッグの直線距離を読み取ってみよう（地図の縮尺は1：10,000、したがって地図上の1cmが現地での100mに相当する）。

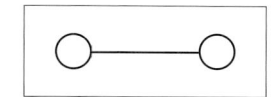

▲図4-7　問題6

＜問題7＞

図4-8のA・B・Cのレッグの直線距離を読み取ってみよ。

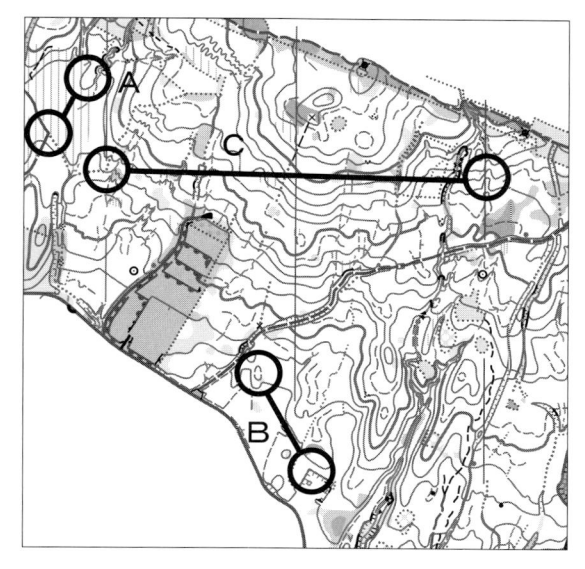

▲図4-8　問題7

＜問題8＞

図4-9のa・bのレッグの直線距離を読み取ってみよ。

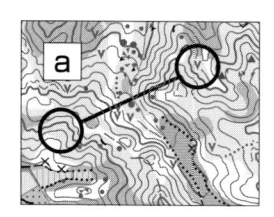

▶図4-9a　問題8

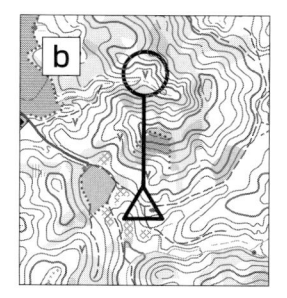

▶図4-9b　問題8

<正解>
○問題6　　　200m
○問題7-A　　100m
○問題7-B　　160m
○問題7-C　　500m
○問題8-a　　200m
○問題8-b　　180m

<解説>

このように、地図上で同じ距離でも、レッグ間および周囲の状況により異なって見える。これは実地でも同じである。例えば、広々見通せる場所では100m先がすぐ近くに見える（感じられる）が、見通しの悪い場所では同じ100mでも遠く見える（感じられる）。

爪やコンパスにスケールを貼り付けて地図上で距離を読み取る際に活用する方法を前章で記した。その他、その地図の磁北線間隔を知っておくことも有効である。（1：10,000では250m、1：15,000では500mであることが多い。）

<発展問題>

前述の図4-8・9でルートチョイスを行い、大まかにそのルート距離を読み取ってみよう（解答例はルートによって変わるので省略）。

<解説>

緩斜面で、ヤブの少ないエリアではルート距離は直線距離に近い。一方、回避するべき障害物が多いエリアでは直線距離に対してルート距離が大幅に伸びる。なお、ルート距離を地図上で計る際は、キルビメーター（小さな車輪を転がして、曲線の距離を計る道具）を用いると良い。

3 角度の読み取り

<問題9>

図4-10で、1番を通過して2番に向かう際にどのように曲るか（体の角度を変えるか）、思い浮かべてみよう。

真っ直ぐ駆け抜ける、あるいは少しだけ（直角より小さく）体の角度を変えるという時は体もスムーズに動くが、2つのレッグが鋭角をなしており、大きく向き直る必要がある時は煩わしく、キチンと向き直ることが難しい。そうした場合こそ確実に整置をして、正しい方向に体を向けることである。

コンパスを持っている読者は、下図を使って整置して△から1番に向かう方向に体を向け、その後1番に着いて、2番に向かう方向に体を向け直す練習をしてみよう（磁北線はページの縦のへりで代用のこと）。

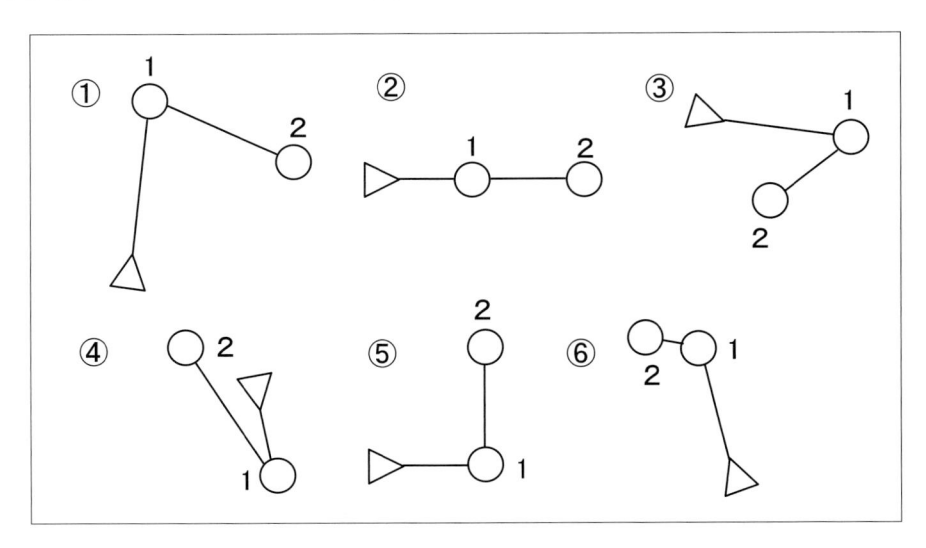

▶図4-10　問題9

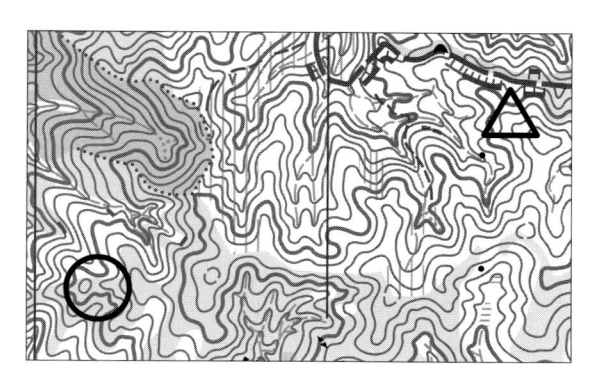

第4章 オリエンテーリングのトレーニング

▲図4-11 発展問題

<発展問題>

図4-11でルートプランニングを行い、チェックポイントごとに体の向きがどの程度の角度変化するか読み取ってみよう。(解答例はルートによって変わるので省略)

4 高度差の読み取り

<問題10>

次の各図で、Bの○の中心はAの○の中心と比べて何m高い位置、あるいは低い位置にあるだろうか。なお、各地図の等高線間隔は5mである。

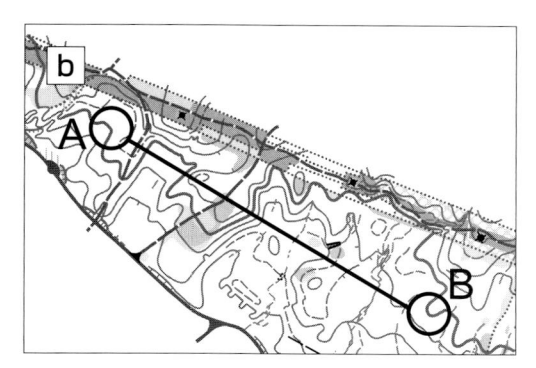

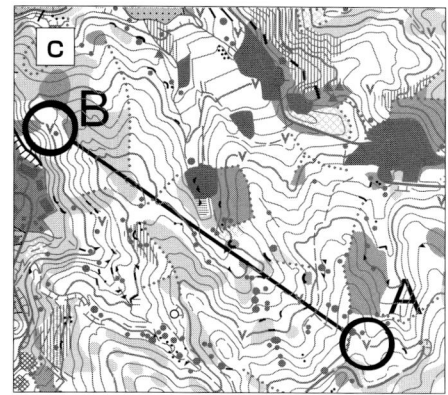

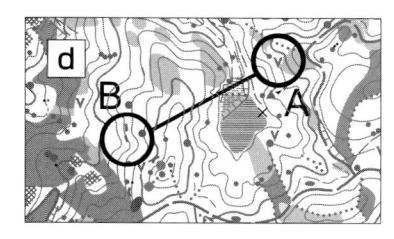

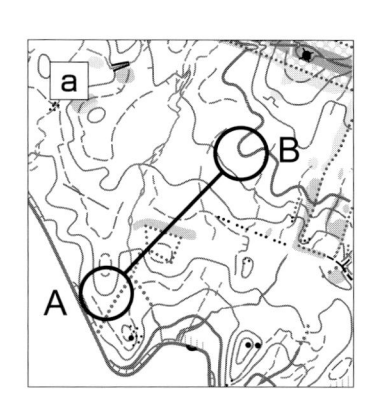

▲図4-12a・b・c・d・e

<正解10>

○図4-12a　20m 高い
○図4-12b　同じ高さ
○図4-12c　75m 低い
○図4-12d　20m 低い
○図4-12e　同じ高さ

　2点間の高度差を読み取ることが、ルートチョイス上の有効な情報となる。急斜面のエリアでは特に、計曲線（高度差25mごとに太く描かれる等高線）を有効活用することが重要である。

　図4-12cのように、急斜面のテレインのロングレッグは高度差の把握が重要である（緩斜面のテレインであれば登りで体力を消耗することが少ないため、高度差はさほど気にしなくて良い）にも関わらず、等高線の多さが障害となって読み取りにくい。ここでも、地図上の広いに範囲に目を配ることが重要になる。

　読図の際、広い範囲に目を配り高度差を意識するために、地図上のある高さの等高線をずっと目や指で追ってみるという練習も有効である。（図4-12fは、図4-12e中の計曲線を太線でなぞったもの）

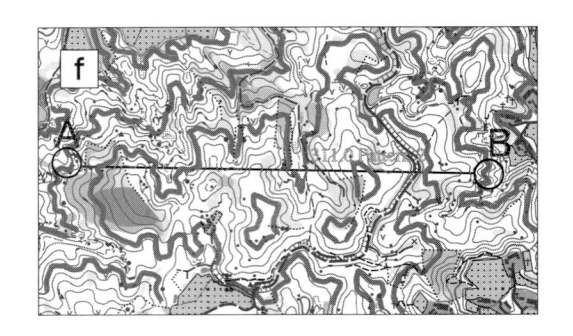

▲図4-12f　計曲線を強調すると大まかな地形や高度差が把握しやすくなる。読図の際も計曲線に注目したい。

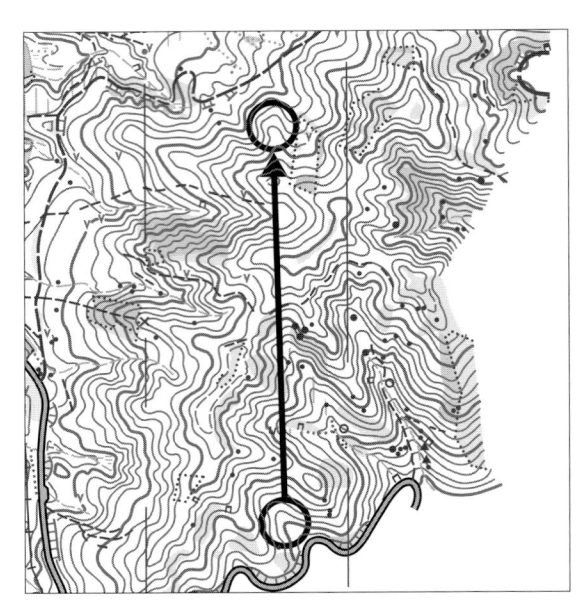

▲図4-13　発展問題

<発展問題>

　図4-13でルートプランニングを行い、各チェックポイント間の高度差を読み取ってみよう。（解答例は定めたチェックポイントによって異なるので省略）

5 ナヴィゲーション上の「鍵」のピックアップ

<問題11　初級問題>

　次の各レッグ（図4-14a・b・c）について、ルートプランをしよう。
　その際、必ず通り、現在地確認に使いたい地点上

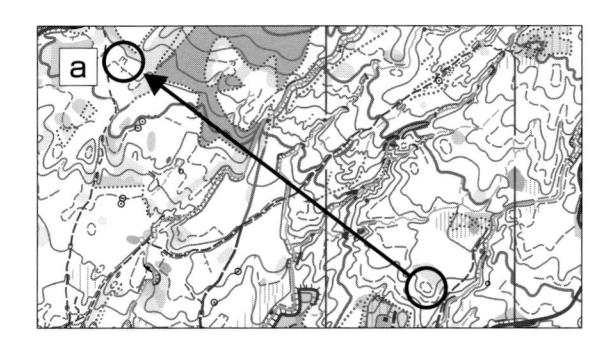

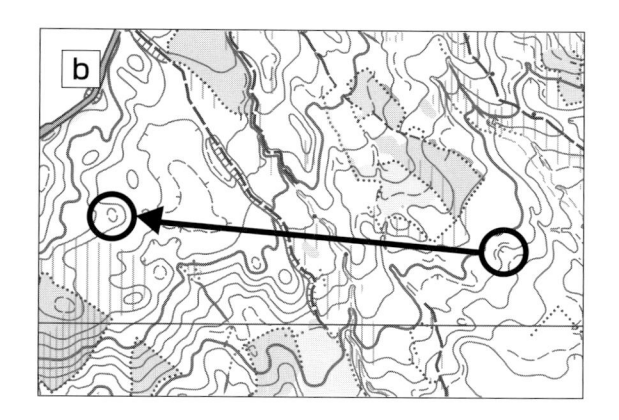

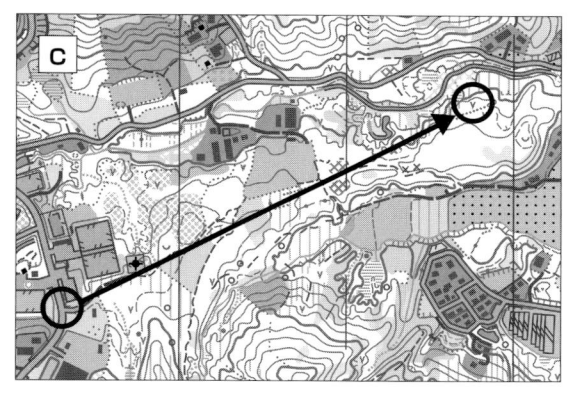

第4章　オリエンテーリングのトレーニング　*81*

▲図4-14a・b・c

に●（点）を付け、通らないが見て確認したい物を○（丸）で囲んでみよう。

＜問題12　中級問題＞

①前述の各レッグ（図4-14a・b・c）について、ルートプランをしよう。②ルートプラン終了後、図を見ながら通過するチェックポイント周辺の様子、通らなくても確認したい特徴物を、別紙に描き出してみよう。

＜問題13　上級問題＞

前述の各レッグ（図4-14a・b・c）に関して、20秒以内にルートプランしよう。20秒後にページを閉じて別紙にルートの線形を記し、さらに通過するチェックポイント周辺の様子、通らなくても確認したい特徴物を、O-MAPに沿って忠実に再現してみよう。

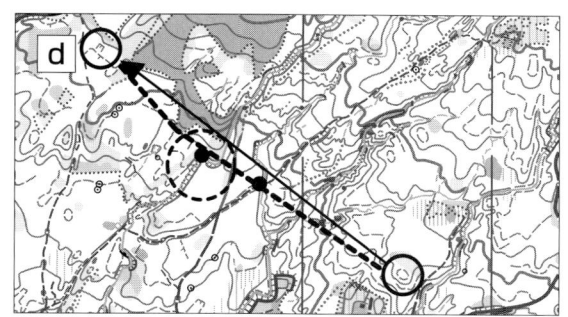

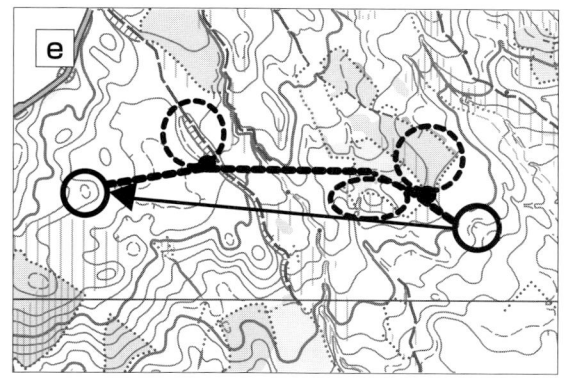

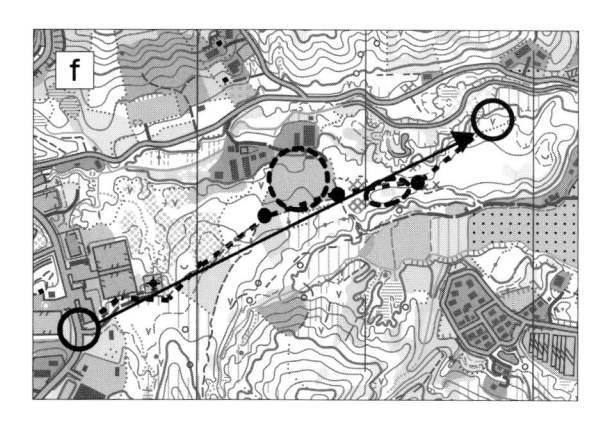

▲図4-14d・e・f　初級問題解答例
出題者が考えるチェックポイントに印をつけた。中・上級問題は、この印の周辺を取り出したものが解答例になる（ルートチョイスやルートプランによって解答は異なる）。

習熟が進めば進むほど、より実戦を意識した読図練習が必要となる。この例のように、「時間を制限し、読図のスピードアップを図る」「地図の一部を目に焼き付け、記憶する能力を向上させる」などの方法は有効である。

中級問題のような形で描き出した地図を用いて実

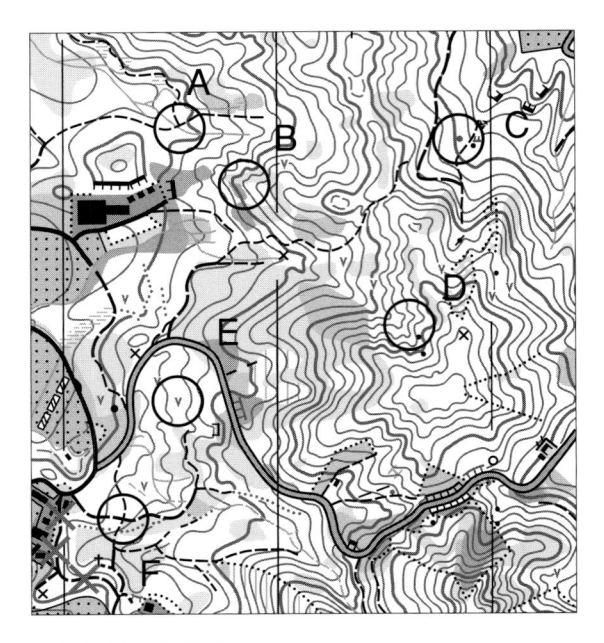

▲図4-15　発展問題

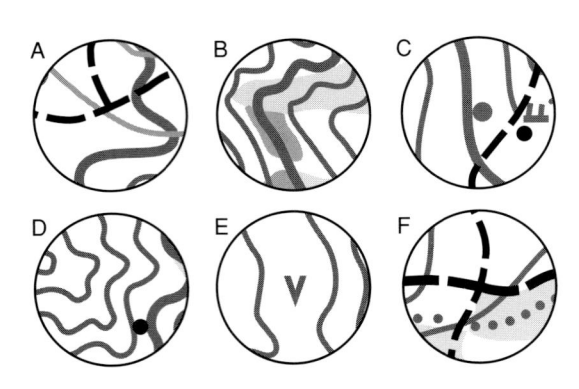

▲図4-16　解答

際にそのレッグを走ってみると、自分がどのぐらい有効に「ナヴィゲーションの鍵」を読み取れているかが分かる。このような練習は、O-MAPではなく「O-MAPらしく描いた絵」を使って走るため「お絵描きOL」と呼ばれる。複数人数で「お絵描き」を行い、「絵」を交換して走ってみると他者の読図スタイルを体感することができ、面白い。

〈発展問題〉

図4-15の円内を5秒間見詰めた後、ページを閉じ、別紙に円内の様子をできるだけ正確に再現するよう描き出そう。

コントロール周りは特に精密なナヴィゲーションが必要とされるので、筆者はこうした練習も取り入れている（図4-16）。

6 コースプランニング

〈問題14〉

図4-17aの△をスタート地点、◎をゴール地点とし、直線で3km前後のコースを組んでみよう。できるだけ色々な技術を問うコースとすること。

図4-17aのエリアを使って行われた2004年世界選手権日本代表選考会のコース（設定：Rob Plow-right…世界選手権のコースを組んだこともあるO-MAP作成のプロフェッショナル）を一部変更したものを図4-17bに見本として示す。

次にコース設定上のポイントをいくつか挙げる。

●課題は多彩に

問題の条件にもしたが、課題が単調であると、能力が偏った選手が勝つコースになってしまう。できるだけ、多彩な課題を織り込むこと。特に、「現役競技者」がコースを組むと自分の得意な課題を多くしがちなので注意が必要である。課題を多彩にすると、自ずとレッグの長さにも長短が生まれ、形状にもメリハリが生まれる。ただし、レース用でなくトレーニング用のコースであれば、反復練習になるよう、単一の課題を繰り返すコースが組まれることもある。

●難易度は適切に

オリエンテーリングは宝探しではないので、コントロールへ到達するのが難しければ難しいほど良いコース、というわけではない。そのテレインにしかないような特殊なエリアを序盤から使用したり、多く使い過ぎたりするべきではない。運不運の要素をできるだけ排除しつつ、課題や難易度に幅を持たせることが、選手の能力の幅を試すことになるのだ。

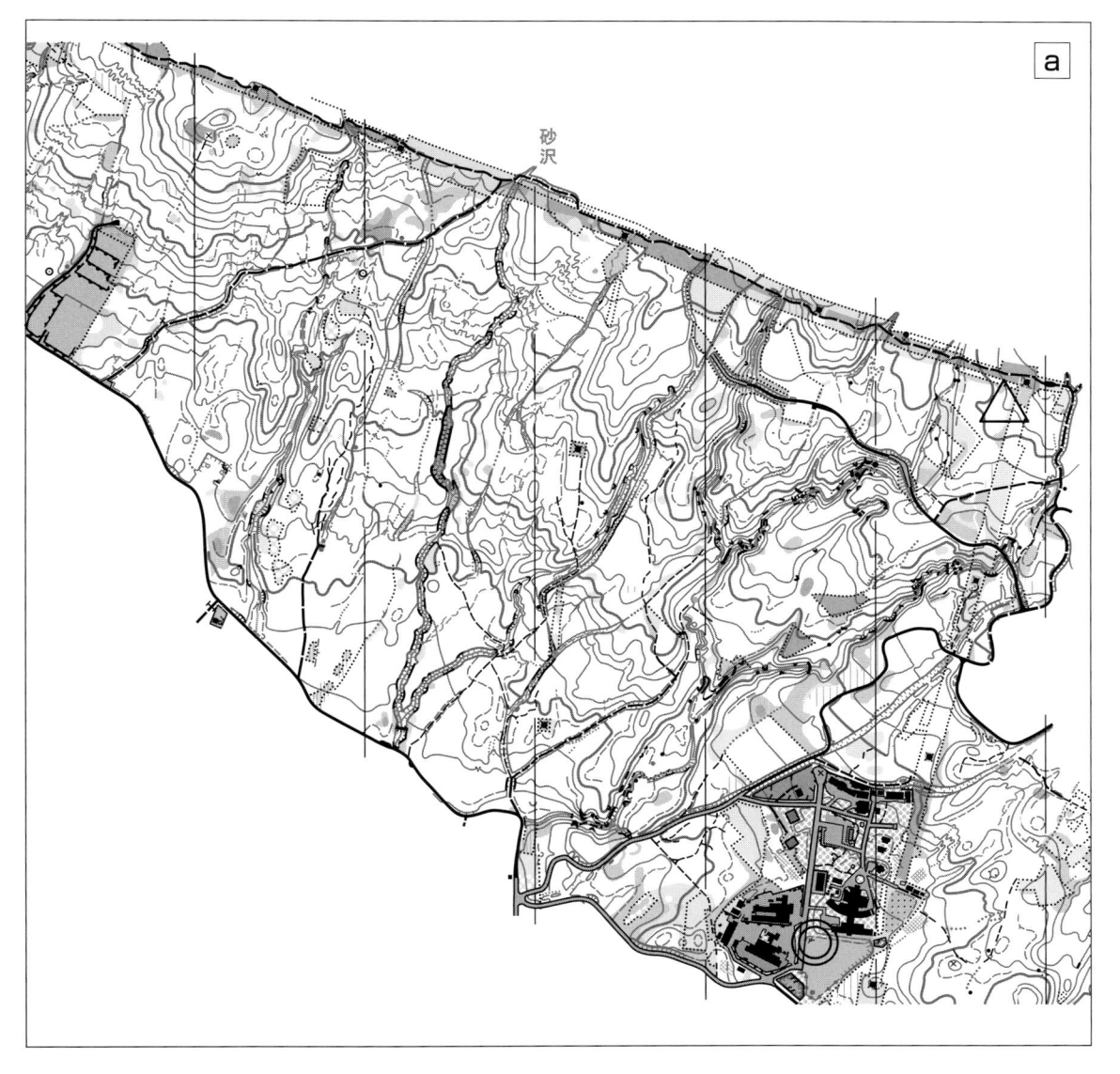

第4章　オリエンテーリングのトレーニング　*83*

▲図4−17a　1：5000

84

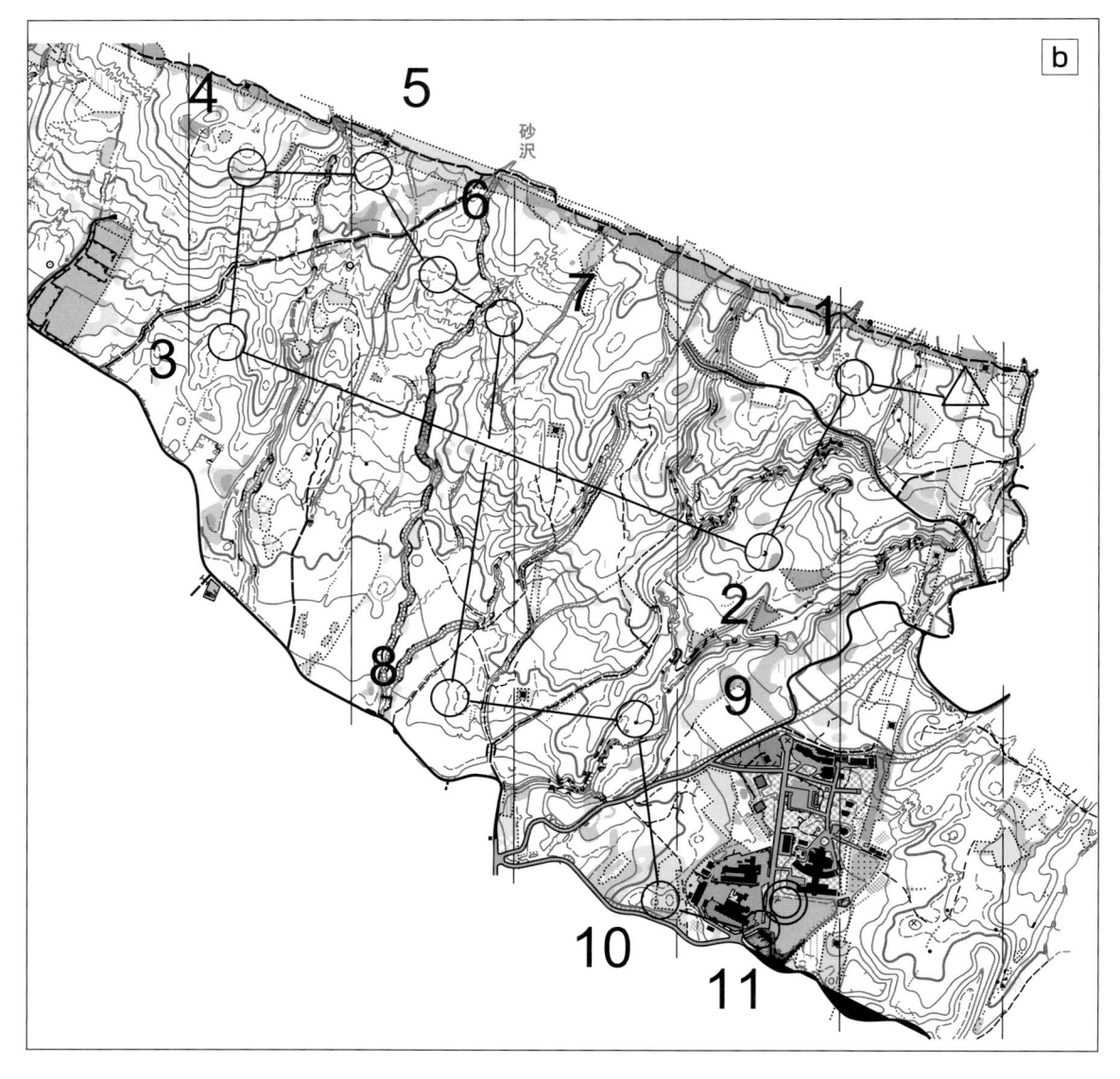

▲図4-17b　コースプランの熟練者が設定したコースの例

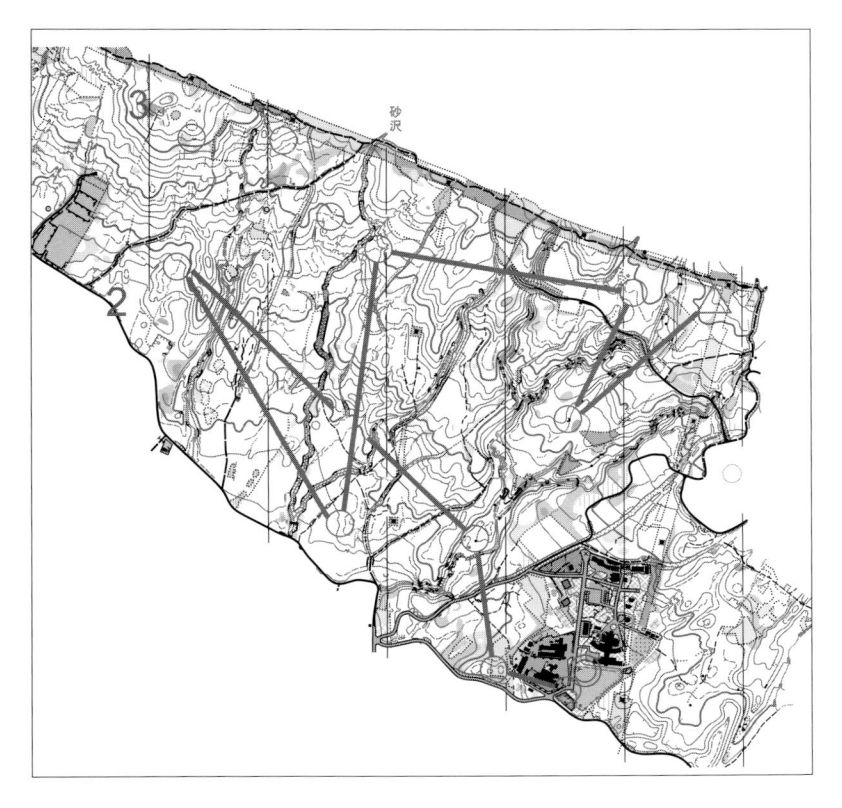

◀図4-18　鋭角レッグが多く、不公平かつ見栄えがしないコース図

● **コントロール前後の方向転換が鋭角となることを避ける**

オリエンテーリングは、独力でのナヴィゲーションを問う競技である。コントロールへの出入りが鋭角になると、前を走る走者の姿を見る確率が高くなり、独力ではなく「協力」して走る状況が生まれやすくなってしまう。最初にスタートした選手は前を走る選手がいないので、不公平にもなりかねない。外見上も「鋭角レッグ」の多いコース図は窮屈であまり見栄えがしないものだ（図4-18）。

上記のように、出入りが鋭角になると後からスタートした者が得をすることがある。そのため、競技者自らが戦略によって出入りが鋭角になるようなルートチョイスをすることもある。必ず出入りになるような設定は良くないが、競技者の戦略思考を試すためにそうした選択肢をちらつかせる設定は面白いだろう。

大会のコースを組む上では使用できる資材、設置に必要な労力等いろいろな制約を受けるが、読図練習の一環としてコースを組む際は資材や設置の労力は考えなくても良い。次に出ようとしている大会開催地近隣のO-MAPを手に入れ、コースを組んでみると、テレインの性質を知ることができる。コースプランを行うには、ルートプラン以上に地図を読み込まなければならないからだ。

さらに、良いコースを組むには、テレインへの理解だけでなく「オリエンテーリングの本質への理解」が問われる。複数人でコースを組んでみて、それぞれのコースを比較すると自分のオリエンテーリングの習熟度や癖、得手・不得手があらわになる。自分を理解するための手段としても、コース設定を有効に活用して欲しい。

7 走動作を伴う技術練習方法

●読図走

　読図練習を走りながら行う。部屋の中に座ってリラックスして読んだ時には充分読み取れた情報も、動きながらだと読み取れなくなる。しかし、地図を読む時に都度立ち止まっていてはナヴィゲーションのスピードアップは達成できない。一通りの読図がこなせるようになったら、次は「読図走」をしてみよう（図4-19）。

　おそらく、最初の内は読めないはずである。机上練習の時と読図走の時とでは、考えの深さも変わり、ルートチョイスも変わる。まずは、そうした「難しさ」や「変化」を知ることが大事なのだ。

　読めないのであれば、読めないなりに読みやすい地図を選ぼう。細かい特徴物が多くなく、読んでいて現地をイメージしやすい地図（＝入ったことがあるテレインの地図など）が読みやすい地図である。技量の高い作図者により、綺麗に描かれているということも重要な要因となる。

　中級者以上であれば読図走の際には、手続きをイメージし、その時イメージしている場所に合わせて姿勢や走るスピードに変化を付けるなど行うとなお良いだろう。「シャドーオリエンテーリング」である。

　筆者はしばしば「シャドーオリエンテーリング」をより効果的なものとするため、地図だけでなく、コンパスも持ち、公園のような場所で読んでいるレッグに合わせて整置と方向転換を行いながら走ることもある。

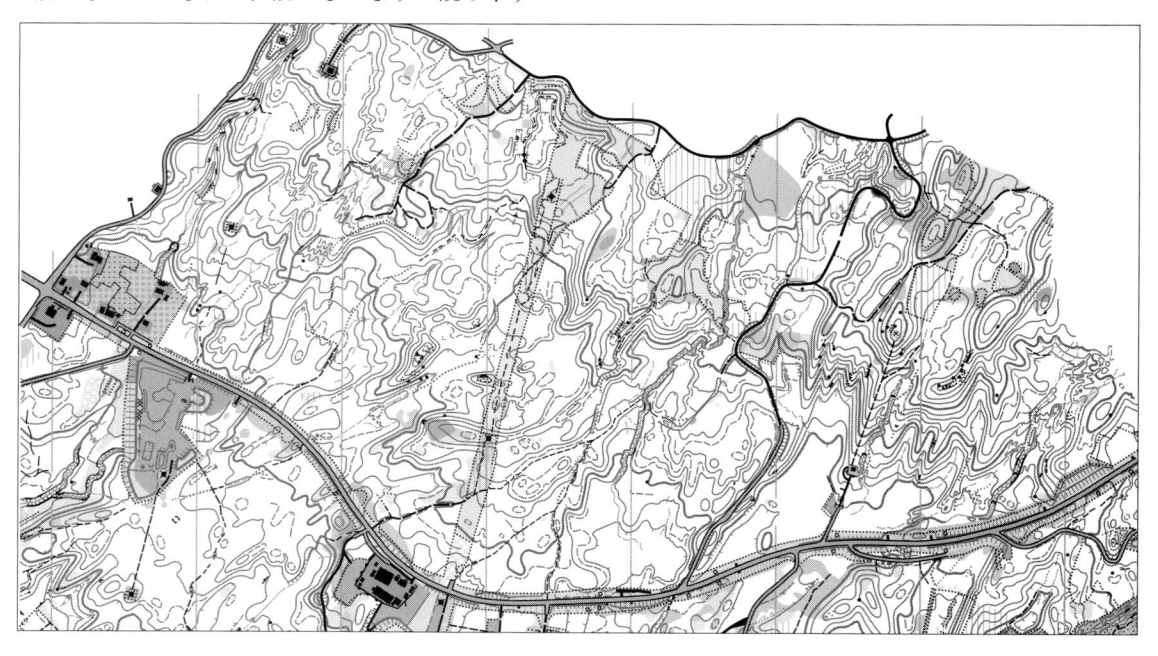

▲図4-19　読図走の初級者にはこうした地図が最適
　図は、日本有数のオリエンテーリングの名所・富士山南麓のテレインである。富士山の裾野のなだらかな斜面に位置する杉・桧の植林で、このテレインを描いた地図は、
（1）どちらが高いか一目瞭然である（富士山頂のある北側が高い）。
（2）緩斜面であるため等高線があまり混み入っていない。
（3）ヤブが少なく、地図が真っ白で等高線が読み取りやすい。
という特徴がある。さらに、(4)作図者はプロの地図作成者であり、読図上の障害となる作図のミスもない。こうした地図にコースを描き込んで、読図走をすると良いだろう。ただし、急な尾根沢の入り組んだテレインしか走ったことのない者にとってはかえって現地がイメージしづらいかもしれない。

●歩測＆目測の練習

地図上の距離を読み取る精度を高める方法は前述の通りである（p.77参照）。実地での距離を把握する技術「歩測」や「目測」も、精度を高めるためには習慣にして繰り返す必要がある。それらを習慣にするためには、普段ジョギングやランニングをする時から頭の中で歩数を数える癖を付けることである。ジョギング・ランニングの時に限らず、日常生活の中で歩く際に行っても良いだろう。

ある競技者の歩幅が、平地でジョギングをした時に100m40複歩だとする（まずは、このように自分の歩幅を知ることが重要だ）。その競技者がジョギングしていて、目測により「あの電柱まで150mくらいか」と考えたと仮定する。そして実際に歩数を数えてみたところ、50歩だったとしよう。すると150mではなく、「125mだった」ことが分かる。ここで数え始めた地点を振り返ると、その場所から125mの地点がどう見えるか復習できる。

こうしたことを繰り返していくと、目測や歩測の徹底度や精度を高めていくことができる。

陸上のトラックを走ると距離が正確に分かるので、目測や歩測・走測の良い練習になる。トラックでなくても、公園などによくある距離表示のあるジョギングコースも練習場として最適である。

●ランニングオブザベーション

オリエンテーリングは森の中で行われる「見えないスポーツ」である。ビデオによる動作研究等はほとんどできない。そのため、練習後やレース後には、同じコースを走った競技者同士がディスカッションして研究材料を交換し合う。

しかし、プレイ中の選手の姿は、全く見ることができないというわけではない。レースでは自分でナヴィゲーションをせず、付いて行くだけという行為は認められないが、練習の際は可能である。他の競技者にお願いし、付いて来てもらって自分の走りを見てもらい、改善点の指摘を受ける。これが「ランニングオブザベーション（ランオブ）」と呼ばれる練習方法である（図4-20）。

ランオブとは逆に、他の競技者に付いて行って走りを見せてもらうと気付くことも多い。これは逆ランオブなどと呼ばれる。上級者のスピードを体感するために自分では読図をせず、「とにかく付いて行く」という逆ランオブを行う者もいる。ランオブにしろ逆ランオブにしろ、見えない部分もある（後ろからだと手元の様子は分からない）ので、練習後にはレース後と同じく両者で充分にディスカッションをすることが必要だろう。

スピードは落とすことになるが、走りながら前を

▲図4-20　ランニングオブザベーション後に意見を交換しあう競技者。単に一緒に走るだけでなく、目では見えない「どうやって進路を決定していたか」などの情報を、ランニングオブザベーション後に共有しあうことが、上達への近道だ。

▲図4-21　リレーのスタート風景。リレーではすべてのチームが一度にスタートするため、周囲の選手のペースを利用したり、他の選手のルート選択によって自分のルートを柔軟に変更するなどの戦略が欠かせない。

▲図4-22　リレーのコース図。2005年8月に日本で開かれた世界選手権の前半部分の全パターンを1枚に記したもの。aまでの部分で3通りのコースがあり（実線、破線、点線）、aから先は2通りのコースがある（実線、破線）。この区間だけでも6通りの組み合わせがあり、チームは全体（3人）で同等のコースを走ることになる。選手は事前にはどのコースを走るかが知らされていないので、同時スタートでも他の選手に追従することなく、自分自身でナヴィゲーションを行わなければならない。

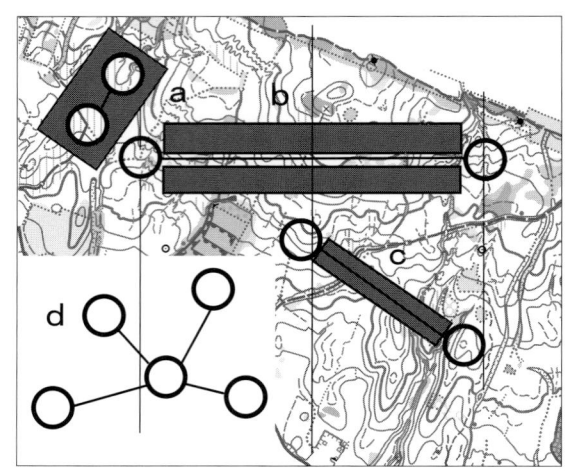

▲図4-23　ウィンドウオリエンテーリングの地図。a・bはコントロール間を塗りつぶす通常のウィンドウオリエンテーリング。cは左右をよくみるようにルート上を塗りつぶす方法。d：円とレッグ線だけのコンパスオリエンテーリングも一種のウィンドウオリエンテーリングといえる。図は中心の円から様々な方向に直進をし、また戻ってくる反復練習に使われるもの。円の中心に行けばコントロールフラッグがあるが、方向と距離以外の情報は全くないため、コンパス操作と歩測に特化した練習ができる。

行く者から後ろの者にプランや行っている手続きについて話してもらいながらランオブを行う方法もあり、これはスピークOと呼ばれる。

● マススタートトレーニング

ランニングオブザベーションとは異なり、並走によるスピードアップ効果を利用して手続きのスピードアップを図る「マススタートトレーニング」が行われることもある。主に、リレーで集団の流れに付いて行き、良いポジションを得るための練習に使われる（リレーは個人戦と違い同時スタート）。

マススタートトレーニングでは、リレーのコース設定のように、競技者によって少しずつ回るコースを変えると効果的である。

● ウインドウO

レースでは多彩な課題に対する対応を要求されるが、練習ではテーマを絞って同じ課題を繰り返すのも良い。

ウインドウOとは、コンパスを使っての方向維持練習を行うために、地形を頼れないようにコントロール間を塗り潰して行う直進練習である（図4-23a）。コントロール周りだけは読図によるナヴィゲーションを行えるよう塗り潰さないでおく。最近ではコンピューター作図の普及により、こうした加工も容易に行える。

直進ライン周辺のごく狭いエリアを塗り潰さずに開いておく方法（図4-23b）、逆に左右をよく見るように直進ライン上を塗り潰す方法（図4-23c）、コントロール周りも地形を使わないよう円とレッグ線だけを描いた地図（図4-23d）で直進練習を行う方法もある。

● 大会に出る

「大会に出るのが最高の練習」という選手は多い。高いモチベーションで臨み、競争相手もいるため、体力的にも最も追い込んで走れる。集中のレベル、注意力のレベルも高いので、見たもの・起こったこ

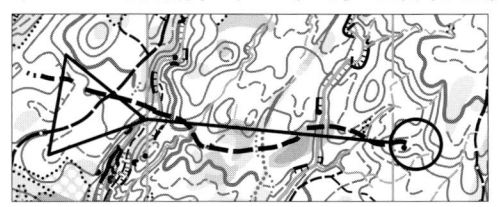

第4章　オリエンテーリングのトレーニング

◇ レースの反省例：（2005年3月　全日本大会）

▲図4-24　2005年3月に行われた全日本大会の最初のレッグ。ここでの筆者の区間タイムは3分34秒。レースは100分続いた。

ラストスタートなのでスタート地区の様子は寂しかったが、集中しやすい状況ともいえた。スタート枠から地図上の△までは登り。珍しくスタート枠からスタートフラッグが見え、他の選手の、スタート直後の動きも数秒だが見られた。

スタート。「直進レッグ」と読み取って1-2-3を開始する。深い沢を横切る際も斜面を避けて左右に流れないように注意。2つ沢を越えて登ると、ピーク付近に出た。実際に通ったピークの1つ北のピークかもしれない、だとしたら随分直進がそれた、と動揺しかけるが、そこまで大きくそれるまで手続きを疎かにした記憶もなかったため、ひとまずコンパスの指す方向に走り続ける。広いヤブが遠目に見えて一安心する。ヤブ沿いに進んで、最後は地形主体のナヴィゲーションに切り替える。コントロール位置は細かな地形ではあるものの、コントロールの奥にある急斜面に地図と現地で注目しスムーズに到達。ピンチはあったが、それを凌いだことで「よし」と思えた。

レース後に分かったが、自分が北からまいたヤブを南から交わして道や水路をつないだ選手もいたようである。そのルートの方がシンプルで、スピードが維持できそうだ。「このテレインでは直進勝負」と考えるあまり地図を見る範囲が狭まっていたものと反省する。

とも後からより鮮明に思い出せる。

レースについて記録し、反省する際はそういった物事を細かに記しておきたい（図4-25）。

上記の通り、熟練者が書くと3分程度のレッグでも大変な文字数に達してしまう。時間がない時でも1レッグにつき一言のコメントぐらいは残しておきたい。それが後で詳しく振り返る際の手がかりになるだろう。

● オリエンテーリングの様々な側面に触れる

様々な立場に立ってみることで、オリエンテーリングを多角的にとらえることができる。地図作成やコース決定、コントロール設置および撤収のためにテレイン内を歩き回ることで、多くの物を観察することができる。また、大会当日に係員となり、会場やスタート、ゴールといった場所で真剣な参加者の様子に触れることは自分の競技にとってもプラスに働く。そうした様々な立場を経験するためには、都

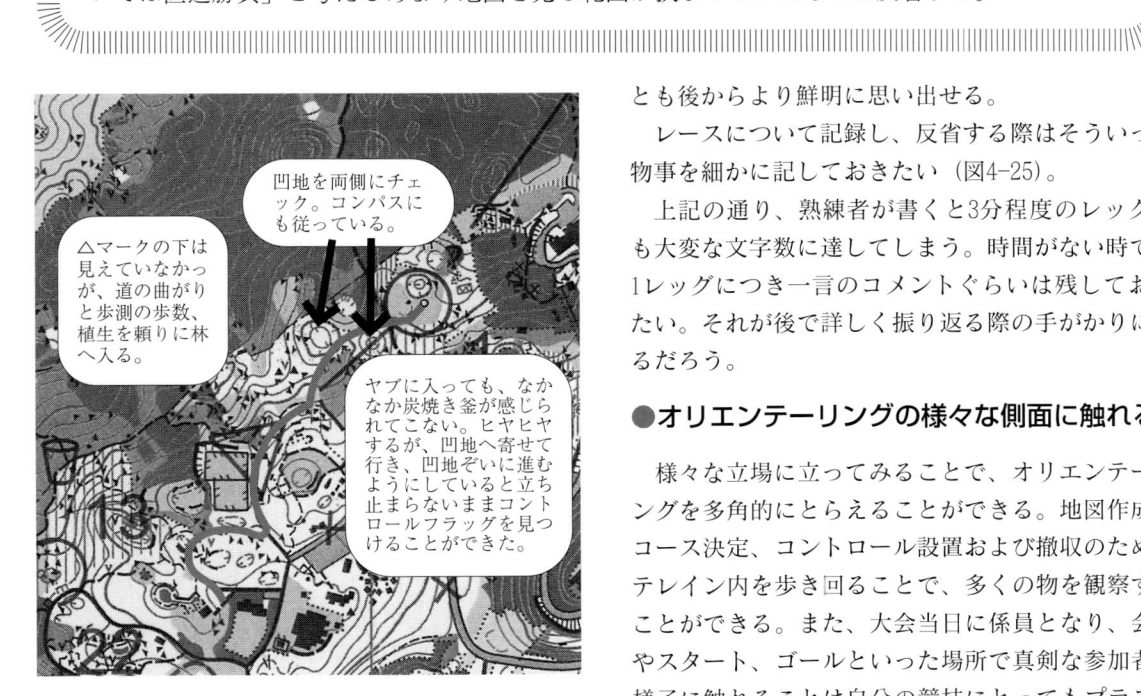

▲図4-25　付箋やシールを使って地図に反省の覚書を記す例（2004年3月全日本大会のコース序盤）

道府県オリエンテーリング協会やクラブに入ることが第一歩となる。そうすれば、同じ競技を愛好する仲間や競争相手と接する機会も増え、大会のときに限らず、普段から新しい刺激を得られる環境に身を置くことができるだろう。

以上、オリエンテーリングの上達方法を紹介した。スポーツを楽しむ方法は色々ある。その中で、「上達を目指して取り組むこと」は絶対ではないが有力な方法であることは確かである。本章で紹介した練習が、一人でも多くの人に上達のヒントとなり、オリエンテーリングの奥深さ・素晴らしさを味わっていただくきっかけになって欲しいと思う。

(松澤俊行)

【レースが終わればノーサイド】

大会後、地図と自身の記憶を頼りにどれだけ綿密な反省が行えるかが上達の鍵となる。その際、自身の「ファインプレー」や「見落とし」を発見する材料となるのが同じコースを走った選手との意見交換である（図4-26）。

大会後は周囲に積極的に声を掛け、自分のミス等も包み隠さず打ち明ける姿勢を持ちたい。レース後のみならず、普段から他の選手とコミュニケーションを取っておくことが大切だろう。どんなスポーツも自分ひとりでは上達できないのだ。

▲図4-26 流れる汗もそのままに、ゴール直後お互いのルートや考えたことについて話し合うトップ選手たち。さながら囲碁や将棋の「感想戦」のようなシーンである（世界選手権のゴール地区にて）。

第5章 アドベンチャーレース
──大自然に挑む──

CHAPTER 5

　ナヴィゲーションの技術を駆使し、大自然に挑戦する冒険レースが「アドベンチャーレース」だ。過酷な自然環境、大雑把な地図、男女混成によるチームワークの困難さ、それ故に高いコミュニケーション力とリーダーシップ能力が求められる。普通のスポーツ競技と違い、多くの不確実要素が勝負に影響することから、「人生の縮図」にもたとえられる。人生をもナヴィゲートしていく人間的全能力が問われるナヴィゲーションスポーツである。

1 アドベンチャーレースとは

　アドベンチャーレースは、大自然の中を人間の力だけを使ってナヴィゲーションしながら移動し、目的地を目指す過酷なレースである。国内でのレースの多くは一日ないし二日間だが、海外のレースの中には10日を越えるものもあり、その間、毎日の睡眠時間は3、4時間ということも珍しくない。

　3～5人で構成されるチームが単位である点、脚だけでなくカヌーやマウンテンバイクなどの各種の移動用具を使う点が、通常のオリエンテーリングとは大きく異なっている。車によるパリダカラリーにヒントを得てフランスで生まれたこのスポーツは、様々な移動用具を使いこなす技術や、時には不眠不休で長距離を移動し続けるタフな身体が要求されるだけでなく、広大な自然の中で自らの判断で針路を決定し、肉体的にも極限の状態でチームメイトと協力しなければならない。また、何が起こるか分からない自然の中で臨機応変にトラブルに対応するという点でも、精神的にも過酷なレースである。それ故に他のスポーツ以上に、人間性が問われるスポーツだといわれている。

　アドベンチャーレースの鍵を握るのも、ナヴィゲーションである。カヌーやマウンテンバイク等、移動用具は変わっても、地図上に示されたチェックポイント（注）を通過するために、針路は常に自らの手で決定し、維持しなければならない。広大な自然を相手にし、より小縮尺の地図を使うという点で、オリエンテーリング以上に総合的なナヴィゲーションスキルが問われる。

　1989年にニュージーランドで開催されたレイドゴロワーズにより始まったアドベンチャーレースは、距離や多種目をこなすスケールの大きさと、それが喚起するロマンから、またたくまにナヴィゲーションスポーツの中でも注目を集める存在になった。その最高峰であるレイドゴロワーズに日本人チームが初参戦したのが、1992年レイドゴロワーズ・オマーン大会であった（メンバー：木村東吉、田中健、堀内一秀、安部恵美子、増田岳二）。そして初完走が94年、タレントの間寛平が率いる「チーム C's CASE 間寛平」（メンバー：間寛平、田島健司、田中正人、鈴木篤、高橋眞樹）。日本で最初のレースは、1999

▲図5-1　a：アドベンチャーレースはチームで大自然に挑む。b：時には、目もくらむようながけを懸垂下降することもある。c：チームスピリットは成功の鍵を握る。疲れきったチームメイトを牽引（ゴム等でひっぱる）こともある。

注）アドベンチャーレースでは、コントロールポイントのことをチェックポイントと呼んでいるので、本章ではチェックポイントの呼称を使うことにする。

第5章　アドベンチャーレース　93

▼表5-1　海外主要レース一覧表

◇The X-adventure the Raid World Cup
◇The RAID WORLD CHAMPIONSHIP
◇ADVENTURE RACING WORLD Series
◇ADVENTURE RACING WORLD CHAMPIONSHIP
◇Primal Quest
◇Outdoor Quest

年に、長野県で開催されている（サロモンX-Adventure）。

　現在では、年間20程度のレースが国内で開催されている。国内のレースは、伊豆アドベンチャーレースや安曇野など少数のレースを除くと、全般的にナヴィゲーションの比重は低い。しかし、セクションの一部にオリエンテーリングが入るなど、ナヴィゲーションの要素は無視できない。また、渓流歩きのようにマーキングの少ない場所での瞬時のルート判断や、ルートの状況に合わせて持つべき装備や食料を計画・準備するなど、ナヴィゲーション的な発想を問われる場面が少なくない。

　相手にする自然のスケールの大きさ、地図の縮尺が小さいことや情報が不十分なことなど、アドベンチャーレースには独特のナヴィゲーション課題が問われる。視界が限られる夜間の行動には、特殊なスキルが要求される。オリエンテーリングが時間を厳しく競うためにナヴィゲーションが難しくなっているのに対して、アドベンチャーレースでは、視界の遮られる夜間、障害物の多いルート、地図のスケールなど、自然環境やレース状況がナヴィゲーションを難しくしている。

　チームで戦うというアドベンチャーレース独特の形式も、レースの成否を決める重要な要因だ。ナヴィゲーションには本質的に不確実性がつきまとう。絶対的に正しい意思決定をできる者などいない。曖昧さのある各メンバーの意見をどうやって調整し、もっとも確からしい針路決定をするか、これは個人のナヴィゲーションにはない課題である。本章では、こうしたアドベンチャーレース独自の問題に焦点を絞って、解説することにする。

▲図5-1　d：マウンテンバイクは、ほとんどのアドベンチャーレースで取り入れられている移動手段で、全体の競技時間に占める割合も多い。本格的なテクニックを要求されることは少ないが、アップダウンに耐えられる筋力は必要である。e：シュノーケリング―海の中でのチェックポイント探し。日本で取り入れられているレースは少ない。他にも、ケービング（洞窟内のナヴィゲーション）など特殊なナヴィゲーションも、海外の大会では取り入れられている。f：ラフティングやカヌーは「水もの」と呼ばれ、多くのレースに取り入れられている。参加者間の力量の差が大きいので、スキルがあると大きなアドバンテージとなる。

2 レース前の準備

1 用具を準備する

　多様な移動手段をこなすアドベンチャーレースには多くの装備が必要だ。ナヴィゲーションに関しても、オリエンテーリングのように、「コンパスのみでOK」という訳にはいかない。地図の精度に限界があるアドベンチャーレースでは、ナヴィゲーション用具の選択と準備はレースの行方を大きく左右する。

●コンパス

　プレートタイプのコンパスが最大の威力を発揮する直進は、大自然を相手とするアドベンチャーレースといえども、高い頻度である訳ではない。もちろん、プレートコンパスを持つことが邪魔にならないなら、プレートコンパスを持つことも悪いことではない。しかし、プレートコンパスを持つと片手がふさがってしまう。これではマウンテンバイクはこげないし、手を使いたくなる悪路でのトレッキング時にも適さない。かといって、ザックに入れてしまったら、瞬時の方向確認を怠ることになる。

　これらの点を考えると、一般的なレースで勧めたいのがリストコンパスである。リストコンパスはその名のごとく、バンドによって手首に固定できるコンパスである。直進のためのプレートはついていないが、読図に必要な整置には十分だ。特に国内の昼間レースでは十分だろう。なにより、いつでも見える場所にあって、手をふさぐことがないのが良い。

●高度計

　高度計は、気圧の変化によって高度を知る道具である。特徴のない場所では、高度を知ることは現在地把握の重要な手がかりとなる。

　筆者も安曇野の夜間ナヴィゲーションで、特徴のない尾根を下降したことがある。元々地形的にもはっきりしない場所だが、夜間なのでさらに地形の読み取りが難しかった。この時、高度計で高度を知ることで、現在地の可能性を二次元から一次元に絞り込むことができた（p.102のエピソード参照）。腕時計に内蔵されているものが携帯も容易で、便利だ。コンパスメーカーであるスントやシルバ、また時計メーカーであるカシオから発売されている。カシオは電池のもちはいいが、計測間隔が2分おきなので、正確なナヴィゲーションの補助として使うに

▲図5-2　リストコンパス。その名のとおり手首にベルトで固定できるので、両手が空き、便利。

▲図5-3　高度計。山中の特徴が少ない場所でのナヴィゲーションに欠かせない道具である。このような腕時計型が便利。

第5章 アドベンチャーレース

▲図5-4　オルトリーブ社製のマップケース。防水性能では定評ある同社の製品。やわらかく地図の持ち運びに便利でタフなレースでも安心して使える。写真提供：PRインターナショナル（発売元）

▲図5-6　回転できるマップ台。自転車の進行方向が変わっても、地図を整置できる。

▲図5-5　ジップ付ビニール袋。ハードなレースや雨天でなければ、ジップ付きの厚手ビニール袋は、安くて使いやすい。

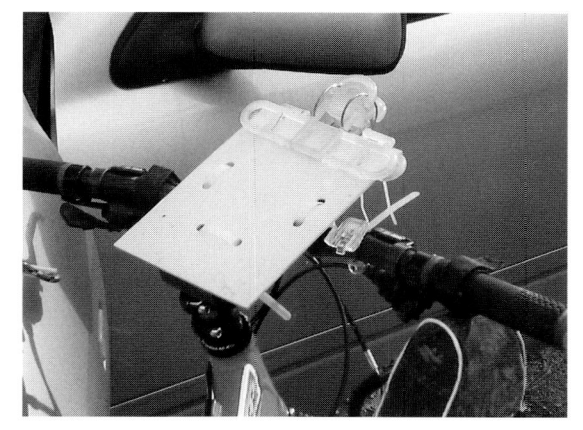

▲図5-7　自作のマップ台。市販品が少ないので、多くの選手は自作で対応している。

は計測間隔が大きすぎる（メーカーによれば、今後改良予定とのこと）。

● マップケース

　競技に不可欠な地図を保護するために、マップケースは必需品だ。リバートレックでずぶ濡れになったり、トレイルランやMTBで転んだり滑ったりすることを考えると、マップケースも丈夫なものが欲しい。もっとも市販のマップケースは、丈夫だが柔軟性に欠けるきらいがある。また意味もないのに方眼があるのも煩わしい。シリコン製の柔らかいものが、手に丸めて持つことも、たたんでウェストポーチに入れることもできるので最適だ（図5-4）。それほどハードなレースでなければ、図5-5のような厚手のポリエチレン袋も良い。東急ハンズなどでは、ジップ付のものが安価に売られており、これらは書類や食品の携帯にも便利だ。

● 自転車用具

　第一に勧めたいのがサイクルコンピュータである。最近は無線方式のものがあり便利だ。マウンテンバイクのセクションで移動距離を知るために使う。

地図に関しては、MTBでの本格的なナヴィゲーションがある場合には、自転車に乗りながら地図を見ることのできるマップ台がほしい。しかも、このマップ台は、進行方向が変わるに従って地図を整置し続けるために回転できることが望ましい。8章で紹介されている「コンパスストア」で、チェコ製のものを扱っている（p157参照）。

国内の多くのレーサーは、図5-7のような自作のもので代用しているが、最近は回転式マップ台を自作する人も出てきた。

●GPS

GPSは人工衛星の電波を受信し、自分のいる位置を緯度経度によって表示してくれるシステムである。たった150g程度の受信機があれば、確実に現在地を知ることができる。国内のレースでは利用が許されていないが、レイドゴロワーズやかつてのクロスアドベンチャーでは、利用が許されている。一説によると、スポンサーであったカシオが、プロトレックのシリーズにGPSを搭載したことが影響しているとか。

何も特徴のない荒野で霧の中を行動しなければならない時等、許されるなら絶対に持つ価値のあるナヴィゲーション用具である。近年のレイドゴロワーズ等では、チェックポイントの地図への記入はGPSを利用していると思われ、GPSなしではとても到達できないような特徴のない場所にポイントが置かれていることもある。

② レースブックと事前の情報整理

●レースブックとは

アドベンチャーレースで回るべきコースとチェックポイントは、地図によって示されることもあれば、記述形式のレースブックによって示されることもある（図5-9）。小縮尺の地図で、チェックポイント到達のための十分な情報を提供できない場合には、地図にポイントが記載されていても、その不足をレースブックによって補っている。

レースブックには、チェックポイントへの到達の仕方や、危険な箇所、迷いやすい場所に関する情報、関門についての情報、関門制限にひっかかった場合のルートについての指示など、競技に必要な情報がまとめられている。また従うべき特別なマーキングなどの情報も、提供されている。

国内のレースではあまり重視されていないが、国外の本格的なアドベンチャーレースでは、レースブックの情報を読み込み、それを最大限に活用する

▲図5-8　GPS受信機。利用が認められていれば、絶対に使うべきナヴィゲーション用具。図は現在地の表示画面。現在地が緯度経度で示されている。

▲図5-9　レースブックとその内容。地図の補助情報など、レースに必要な様々な情報が掲載されている。

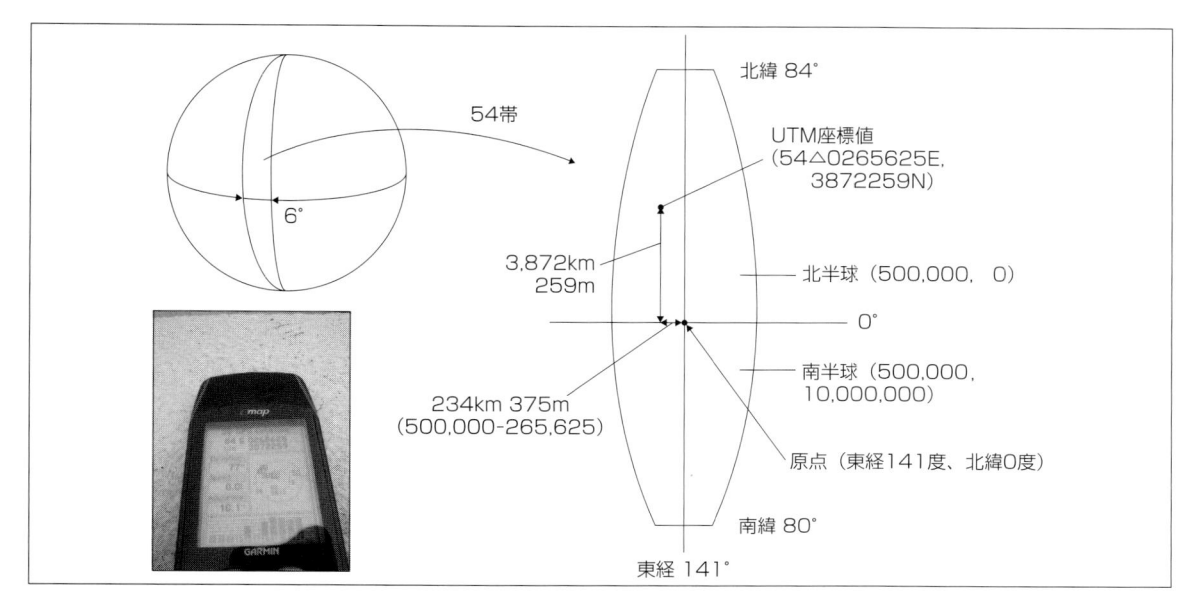

▲図5-10　UTM座標とは、ユニバーサル横メルカトル図法に基づき位置を表す座標系で、km（ないしはm）で位置を表示する座標系である。7桁表示の場合はm単位まで、4桁表示の場合はkm単位の表示である。緯度経度と違い、数値が直接距離に対応しているので、ナヴィゲーションに適している。ユニバーサル横メルカトル図法では、地球を幅6度の南北に細長い帯に近似して地図化する。これをゾーンと呼ぶ。ゾーンは60個（360÷6）あり、西経180度から東回りに6度ごとに割り当てられている（日本は51帯から55帯）。それぞれの帯の中でUTM座標の原点は赤道と帯の中央子午線の交点である（たとえば54帯なら、東経141度、北緯0度が原点となる）。そこから東ないし北／南への距離によって座標値が決まる。ただし、負の値を持たせないため、北半球では東西の座標値に500,000（500km）を加えた値を座標値とする。また南半球では南北の座標値にも10,000kmを加えた値とする。たとえば、54帯において、原点より北へ3,872km、西へ235kmであれば、この点は（54 0265 000E3872 000N）と表示される。
写真は当研究室（静岡市東部）においてGPSで位置計測をしたもの。ほぼ上記の値を指している。図に示したのが、その点が占める位置。

ことが、競技の成否を支配する。
　レースによっては、チェックポイントの位置がUTM座標によって示されている場合がある。海外のレースに出る場合には、独特の情報提供の仕方について事前調査し、それを利用するためのスキルを身に付けておく必要がある（図5-10）。

● ブリーフィング
　ブリーフィングとは、レース前に開催されるレース情報を提供するためのミーティングである。ブリーフィングではレースブックの内容の確認のほか、ナヴィゲーションには直接関係ない、天候や気温などの自然条件についての情報も提供される。
　国内では簡単に済まされることもあるが、国外の

▲図5-11　レース前のブリーフィングの様子

大きなレースでは、レースの二、三日前に開催され、レースの戦略に大きな影響を与える。レース情報に

ついて質問する良い機会である。疑問がある場合には積極的に質問し解消しておこう。質問の答えが重要なナヴィゲーションへの示唆を与えてくれることもある。

その場に行けば、問題点は目で見て分る。それを文字や口頭で与えられた情報によって事前にイメージし、対応できることもアドベンチャーレースの競技者として必要なスキルの1つだ。ブリーフィングやレースブックによる情報提供は、このスキルを試しているともいえる。困難を乗り越えることも大事だが、その困難を事前に回避するという危機管理も、ナヴィゲーターの重要な資質なのだ。

● 情報をまとめ・加工する

地図とレースブックによって提供される情報をまとめ、チーム全体で共有しておくところから、ナヴィゲーションはスタートする。

まず、コースが描かれた地図に、レースブックから必要な競技情報を写しておこう（図5-12）。これによって、地図面を見るだけで必要な情報が分かる。レース中は身体的にも精神的にも極限状況に置かれる。そんな状況の中で、与えられた情報を最大限に生かすためにも、情報を一元化しておくことだ。

主催者から与えられる地図は、実際にレースに使うのより大きいのが通例だ。そのままでは補強もしにくいし、また携帯にも不便だ。そこで競技に不要な部分は切り落としてしまおう。ただしコースぎりぎりに切り落としてしまうと、そこをルートとして通過しなければならないこともある。またナヴィゲーションの失敗でマップアウトする事態に陥ることもある。可能性のあるルートやミスなども考えた上で、地図を切ること。

● 磁北線を引く

アドベンチャーレースで渡されるのは普通の地形図であることが多く、コンパスを使うためには磁石が示す北を示す線である磁北線をひいておく必要がある。日本の偏角は約6度だから、引かなくても目分量で調整することも可能だが、できることはレース前に片付けておきたい。磁北線を引かないと精度が要求される直進には対応できない。

図5-14に、磁北線の引き方を示しておいた。1本引いたあとは、4〜5cm間隔で平行に地図全面にわたって引く。コンパスの利用説明書にはコンパスを使って作図する方法が示されているが、小さな半径の分度器しかついていないコンパスを使う方法は精度も高くない。図5-14のようにタンジェントを使って作図する方法のほうが精度も高く、簡単だ。

GPSが利用できるアドベンチャーレースの場合には、GPSで得た緯度経度を地図に作図する必要がある。そのためには、あらかじめ緯度経度のグリッドを地図に描いておく必要がある。海外の多くの地形図では、グリッドがあらかじめ描いてある。ただし、示される緯度経度は万国共通ではなくその

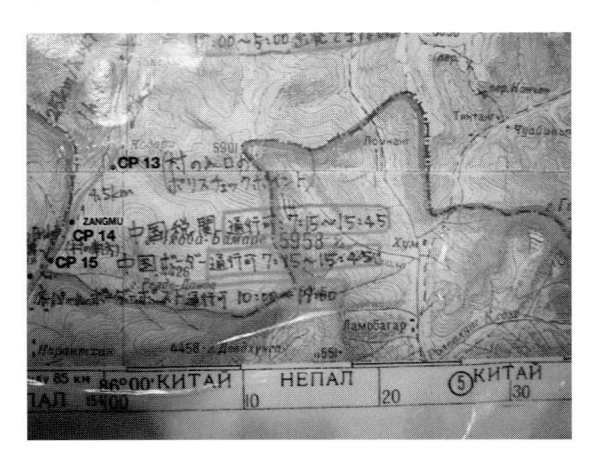

▲図5-12　必要情報を書き加えた地図

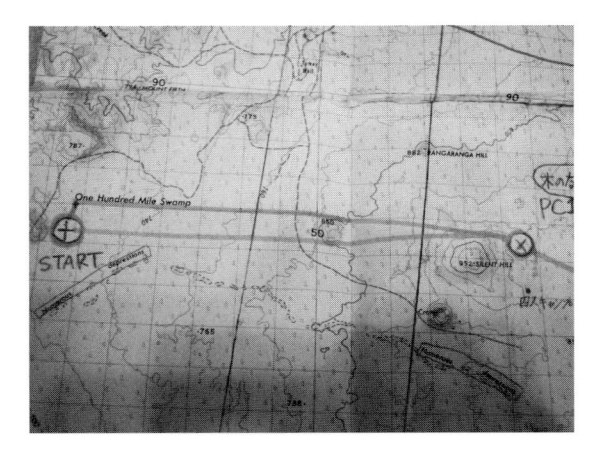

▲図5-13　磁北を引いた地図

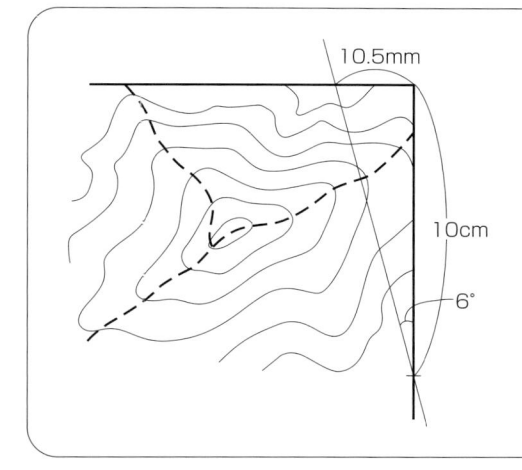

表 度と分に対応するタンジェントの値

度＼分	0	10	20	30	40	50
5	0.087	0.090	0.093	0.096	0.099	0.102
6	0.105	0.108	0.111	0.114	0.117	0.120
7	0.123	0.126	0.129	0.132	0.135	0.138
8	0.140	0.143	0.146	0.149	0.152	0.155
9	0.158	0.161	0.164	0.167	0.170	0.173
10	0.176	0.179	0.182	0.185	0.188	0.191

＊たとえば偏角が6度30分だとすると、左の6と上の30の交点にある0.114を読み取る。図の10.5mmの代わりに11.4mmをとると、その角度が6度30分となる。

▲図5-14　タンジェントによる磁北線の引き方
日本国内なら、北海道を除けば比率を0.1に取ることで十分な精度が出せる（0.1＝tan（6度）なので、最大でも誤差は2度以内に収まる）。なおコンピュータを持っているなら、エクセルの関数を利用すれば、その場の偏角に応じたタンジェントを簡単に計算できる。ただし、エクセルの三角関数は、単位ではなくラジアン単位になっているので、tan（）の中の数字はx度ではなく、x＊3.14/180と入力する必要がある（180度が3.14（π）ラジアンに相当するので、x度をラジアン単位にするのが上の式となる。仮にxの代わりに45を入れて、1が表示されればOKだ）。

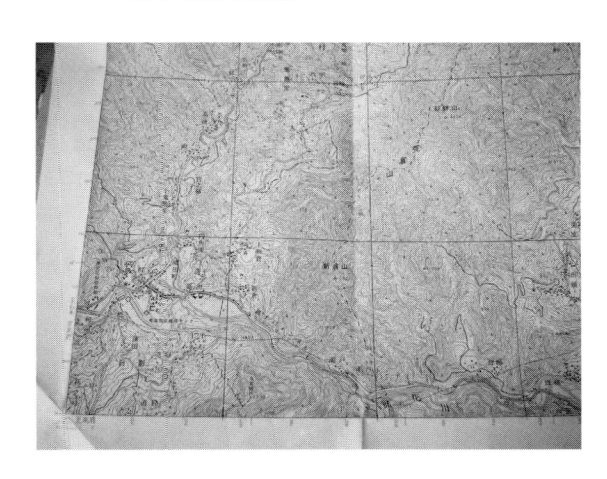

▲図5-15　緯度経度線を引いた地図

国独自の基準（これを測地系と呼ぶ）によることがある。たとえば日本の場合、近年まで独自の測地系であるtokyoが使われていたが、最近の地形図では世界測地系が使われている。同じ緯度経度でも、両方の測地系では対応する場所が異なる。使用する地図に使われている測地系を確認した上で、GPS受信機の側で測地系を正しく設定する必要がある。

●地図を補強する

紙に印刷された地図では、どんなに丈夫なマップケースに入れていても、濡れると折り曲げた場所が擦り切れたり、印刷が落ちて見えなくなることがある。それがチェックポイント近くなら、ほんの小さな擦り切れでも、致命的な情報のロスになることさえある。それを防ぐためには、地図面の補強が必要だ。

補強に使うのはブックカバー用ののり付きビニールシートが良い（製品名「ピッチン」等）。また、完全ではないが透明な粘着テープも補強用具として使える。

●戦略をたてる

動き出してから地図読みはもちろん不可欠だが、動き出す以前のプランニングや戦略も、ナヴィゲーションの成否を握る重要な作業だ。とりわけ、長時間・多ステージにわたるアドベンチャーレースでは、動き出す前の戦略はレースの結果を左右する。

たとえば、あるセクションでの通過時間の見積も

りはそこで搬送すべき水や食料の量に影響を与える。イーストウィンドが出場した94年のボルネオでのレイドゴロワーズではMTBのセクションは、走る前はさほど時間がかかるようには思えなかったので、水をそれほど携帯していなかった。しかし、実際には炎天下のアップダウンの多いコースで、予想以上に時間がかかり、多くのチームが水不足に悩まされた。我慢できずに川の水を飲んだ選手は激しい腹痛に見舞われ、そのチームはリタイアを余儀なくされた。

数日間にわたるレースの場合、いつどれくらい眠るか・大きな休息をとるかも、プランニングの検討対象となる。長距離のコースには夜間行動禁止区間がある場合がある。この区間に差し掛かったら、どうせ動けないから休息や睡眠の時間となる。あるいはあるメンバーが疲れていたとしても、その後ラフティングのようなセクションがあれば、そのとき多少無理しても、ラフトの上で疲れたメンバーは休息が取れる。その瞬間だけでなく、その後何が起こるかを考えながら行動を決定する予見性が求められる。

もちろん、全ての行動をあらかじめ決定することはできない。実際に進んで見なければ、そのセクションにどんな困難が待ち受けているか分らない。時間の見積もりも歩き出したら大幅に修正ということもある。大雑把に計画を立てつつ、行動しながら詳細を詰めていくという綿密さと臨機応変さの、バランスのとれた戦略が必要だ。

＊レースの完走は、勝敗を超えた達成感をもたらしてくれる。日本のアドベンチャーレース最高峰の伊豆アドベンチャーレースは、選手に試練とともに喜びを与えてくれる。

3 レースに臨む

1 大雑把な地図に備える

　オリエンテーリングの地図がもともとの10万分の1から2万5千へ、そして近年では1：15,000から1：10,000の地図へと変化し、ナヴィゲーションも精緻なものになっていったのに対して、アドベンチャーレースでは、国内では1：25,000、国外では1：100,000の地図を使うこともある。オリエンテーリングの何倍ものスケールで移動するアドベンチャーレースでは、これは当然のことでもある。

　地図の縮尺が小さければ、記載されている内容も大ざっぱなものになる。チェックポイントの位置がオリエンテーリングのように細かい場所ではないとはいえ、地図の情報が少ない分、地図以外の情報を駆使したり、不足した情報を補うナヴィゲーションスキルや戦術が必要になる。この節では、この点について解説しよう。

●主役は等高線

　海外のアドベンチャーレースでは、縮尺が小さい上に、時には40年前の地図が使われることもある。比較的正確な日本の地形図でも、山の中の道は基本的には信用できない。まして大自然の中の古い地図では記載されている道がないことなどざらにある。海外の地図の中には堂々と「（道の）記載はだいたいの方向を示す」と、開き直った記述さえある。集落や建物でも100％は信頼できない。

　それに対して、大規模な崖崩れや開発でもない限り地形が変わることはない。空中写真を元に基礎図を作成している現在、基本的には地形は正確だと見てよい。また、小径はその場でも草に覆われて分りにくいこともあるが、地形は遠くからでも見える。地図から等高線を読みとり、地形と対応させる。これが不十分な地図に対応する一番の戦略だ。だからこそ、オリエンテーリング以上にアドベンチャーレースは等高線を読む重要性が高くなるのだ。アドベンチャーレースでは、常にピークや尾根等の地形単位を確実にとらえるような地図読みをしよう。

●プランの重要性

　不十分な情報、間違っているかもしれない特徴物が多い地図の中で、確実に使えそうな特徴を中心にしたルートを組む、それによってミスの可能性を最小限にするのが、アドベンチャーレースのプランニングの極意だ。プランによって目標地点を大きく捉えることで、思い切ったナヴィゲーションができるはずだ（事例：'94レイド・ゴロワーズ p.109を参照）。

　プランを重視するということは、第一に重要な特徴物に集中するということである。地図には様々な情報が描かれているが、山の中で目立って、頼りになる特徴は限られている。あらかじめこれを読み取ることで、それを最大限に利用するのだ。

　第二に、現在地把握を状況に応じて臨機応変に行うことである。基本の読図やナヴィゲーション技術の解説では、自分のいる位置を絶えず把握せよと指

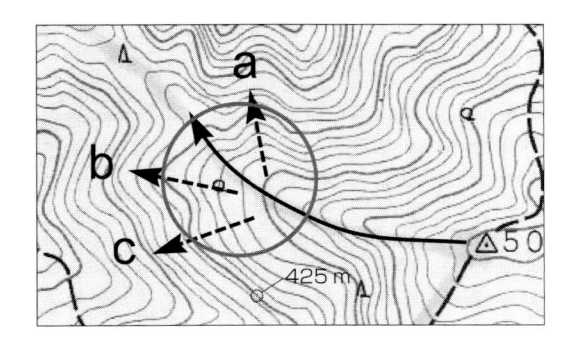

▲図5-16　難しい部分をプランで対処。図の→の方向に尾根を下りる場合。途中尾根線があいまいになっているので、abcの枝尾根に落ち込む可能性がある。コンパスでの方向確認にもちろんのこと、地形の特徴をうまく使ったルートをプランすることが、確実にこの部分をクリアするポイントとなる。
たとえば、ｂの方向に高度を確認しながら下り、425m（計曲線）まで下ったら、緩やかな谷を北にトラバースしてはっきりした尾根の部分に移る、といったプランが必要になる。

摘されている。しかし、地図情報が不十分であったり信頼できなければ、絶えず現在地を把握することは不可能だ。だからといって現在地把握をおざなりにしてしまえば、ナヴィゲーションの成功はおぼつかない。事前のプランによって、どこで正確に現在地を把握するかを練り、その両極端を回避するのだ。

● ルートファインディング

地図から得られる情報を利用してルートをたどる「ルート維持」に対して、「ルートファインディング」という言葉は、地図からは得られない情報も含めて、進路に沿った歩きやすい場所を探すことを意味することが多い。したがって、地図情報が限られたアドベンチャーレースではルートファインディングはルート維持より重要なスキルとなる。

ある本に、「脳は、あなたにとってもっとも重要なナヴィゲーション用具だ」という記述があった。ナヴィゲーションにおいて頭を使うことがもっとも重要だということを意味した含蓄のある言葉だが、それに倣うなら、「目はあなたにとってもっとも重要なルートファインディング用具だ」といえるだろう。視野を広く、また遠くまで広げて、これから進むべき方向のあらゆる情報を見て取る。それによって進むべき方向を見取る。よりよいルートファインディングはそれが全てといっても良いだろう。

短い区間であっても、ルートファインディングのよしあしで思わぬタイム差がつくものだ。普段から、漠然と歩くのではなく、可能性のある進路を見比べ、通過速度の違いに敏感になっておくこと、その体験の繰り返しがルートファインディングの達人になる早道だろう。

99年にパタゴニアでエコチャレンジに参戦した時のことだ。大きな谷を越えて反対側の斜面をトラバースして尾根にあがるトレッキングのセクションがあった。この斜面には地図にはない大きな崖が随所にあり、多くのチームがその斜面を越えるのに苦労していた。この時、僕は谷に下る前に手前の斜面の上方から、反対側の斜面を見て、崖がどこにあるかを地図に描き込んでおいた。それを見ると、ある高さだけちょうど崖がなくて、うまく通過できるようになっていた。また地図を見ると、描いてはいないが、地形的に見てその部分には道があっても不思議はないように思われた。

その斜面に取り付いてしまうと、広い視野は得られない。また谷に降りた時点で周囲は暗くなってしまった。僕たちのチームは、事前に地図に作図した崖の位置から、通過可能な部分の高度を読み取り、高度計を手がかりにそのラインに達し、暗闇の中、このセクションを通過することができた。他チームの多くが、この夜、この領域での停滞を余儀なくされていた。

余談だが、このセクションに入る前に米国チームと一緒に迷った。その時協力を申し出たのだが、米国チームの男性は「日本人なんて」とばかにしたような態度で、侮辱的な言葉を発した。このセクションで出し抜いて実力を認めたのか、態度がころっと変わったのには、溜飲が下がる思いだった。

● 五感をフル活用する

現在地の把握にしてもルートファインディングにしても、十分な情報がない時には、周囲の状況に敏感になり、得られる最大限の情報を使うことが必要だ。それがどんなものかは状況によって違うし、マニュアルはない。それに臨機応変に対処することがアドベンチャーレースの魅力でもあるが、僕が経験したいくつかの事例を紹介しよう。

うっそうとした森や霧、あるいは夜など視界が遮られる状況で、意外と役立つのが、「音」だ。たとえばせせらぎの音はそちら側に川があったり、そちらが低いことを示してくれる。ある時、「ジー」という音で見えない送電線の存在が分かったこともある。音に限らず、自分の周囲にある様々な変化を感じ、それに注目していくことだ。レース中の出来事ではないが、暗闇の中を走る車のヘッドランプの軌跡を遠くから見て、道の形状が分かり、道迷いから復帰できたという経験もある。

● 使えるものは何でも使う

複数の進路の可能性があり、地図やレースブックの情報からだけでは、どちらに進むべきか分からな

い事態に陥ることがある。「集落から出る時には要注意」という格言がある。集落の周囲には、山林に向かう地図にない多くの道があるので、間違えやすいということだ。ボルネオでのレイドゴロワーズ大会でもスタート直後に私たちのチームを含めて、多くのチームが集落を脱出できずに停滞していた。

　こんな場合、アドベンチャーレースでは偵察という方法がとられることがある。チームメンバーが分かれて進路の可能性を検討に出かけることだ。その場所では確実な情報が得られなくても、少し進んでみれば、一方は行き止まりになっていたり、確実に地形との対応がずれていき、間違った進路だと分かることは多い。偵察をするメリットは、それぞれの可能性について短時間で多くの情報を得る点にある。

　偵察のもう一つのメリットは、疲れた人を休ませたり、チーム全体であれこれと探索することによる精神的な疲労感を防げる点だ。選択肢が二つしかない場合、論理的に考えると偵察にタイム短縮のメリットはない。しかし、メンバーが分担して偵察に出れば、その間体力的に劣ったメンバーを休ませることができる。これは体力差があったり、疲れたメンバーが出た時には有効な方法だ。また、うまく進めるかどうか分からないルートを行ったり戻ったりすることは、精神的に疲労感を増幅させる。「偵察」と割り切っていれば、実際に偵察に出たメンバーにも、精神的な疲労感を増やすことを防いでくれるだろう。

　闇雲に偵察を出してもうまくいかない。5分ないし10分たったら戻って来るという約束事を決めてから始める。そうでないと、正しいルートは分かったものの、他のメンバーがなかなか帰ってこなくて、結局タイムロスにつながるという可能性もあるからだ。

　アドベンチャーレースでは、チームメンバーが常に行動を共にしなければならないというルールがあるので、厳密にいえば偵察はルール違反ということになる。しかし、実際には多くのチームが行っている。短い時間で、チーム本隊がとどまるなら、ルール解釈の範囲内ともいえるだろう。

　アドベンチャーレースでは、オリエンテーリングと違って、人からナヴィゲーションについて助力を受けることも許されている。周囲の地理に詳しい現地の人に聞くというのも、ルート維持の重要なテクニックといえる。ただし海外のレースでは、地図を見せてもかえってでたらめな答えを教えられてしまうことがある。確実に分りそうな周囲の村落の地名を出して聞くのが良いようだ。

　上位を争っているチームでは、助け合うことは考えにくい。しかし、進路がはっきりせず、様々な可能性を検討しなければならない時など、人手が多ければ、それだけ進路発見の可能性が高まる。こういう時、近くで同じように窮地に陥っているチームと積極的に協力し、役割分担してその場を切り抜けようとすることがある。積極的に協力しないまでも、周囲にチームがいたら、そのチームの動きに敏感になることだ。それが進路についての手がかりを与えてくれることは多い。

2 チームワーク

　女性を含む複数のメンバーがチームを組み、誰か1人でも脱落すればチームは失格となるアドベンチャーレースの基本原則は、チームワークという独特の要素をアドベンチャーレースに与えている。弱いメンバーを助け、お互いがゴールという同じ目標に対して最大限の努力を続ける。これは身体的な移動だけでなく、ナヴィゲーションにも当てはまる。チームのナヴィゲーション力を総合して利用できるチームほど、高いパフォーマンスが発揮できる。

　その一方で、チームの利点を生かすのは難しい。スピードのあるメンバーが先行して、遅いメンバーを待つことにいらだつ。僕もプロとして始めて参加した南アフリカのレイドゴロワーズで、メンバーが渡河後の対応のまずさから足の裏の皮を全て剥いてしまい、そのため全くスピードが上がらないことに業を煮やして一人先に進んでしまった。主催者から、レイドの精神はチーム全体で取り組むことであるというお説教と60分のペナルティを食らった。

　速い選手の苛立ちはチームの雰囲気を悪くし、チームワークを崩していく。同じようなことはナヴィゲーションにも当てはまる。ナヴィゲーションでは

▲図5-17　チームワークがレースの成功につながる

ミスをゼロにすることはできない。むしろ小さなミス（というよりはロスといったほうがいいだろう）を許すことで、より確実なナヴィゲーションができる。だが、チームメイトがミスやロスに苛立つようになれば、ナヴィゲーターもミスをゼロにしようという無理な努力に気を遣い、それが更に大きなミスを生んでしまう。また、精神的にも疲弊してしまう。

僕がまだアドベンチャーレーサーとして経験が少なかったころは、レースでは連続してミスをし、メンバーと口がきけない状態になったこともある。96年のカナダでのレースでは、チームにペースアップを促したいものの、自分自身がそれ以前にナヴィゲーションのミスから時間のロスをし、落ち込んでいた。チームの士気も下がってしまい、僕自身どうしていいか分からなかった。この状態を脱することができたのは、あるメンバーが歩きながら突然口笛を吹き始めたのだ。不思議なことに、それをきっかけにチームに明るさが戻り、ペースがアップした。

そんな魔法みたいなことは滅多にない。だとすれば、チームワークを保つことはレースには不可欠だ。

ナヴィゲーションという局面で、どうやってチームワークを生み出し、またそれを効果的に生かしていけるだろうか。この節ではその点について述べていこう。

● 情報の共有

チームワークの第一歩は情報の共有だ。可能ならコースの地図を全メンバーが持ち、スタート前にもレース戦略についてナヴィゲーターからブリーフィングを受けることだ。ナヴィゲーションの方針についてチーム全員が納得していれば、苛立ちも減る。

全員がチームの行動予定を知った上で移動することで、メンバーがレースに積極的に関与できる。それによって、精神的なつらさを緩和することができるはずだ。また、ナヴィゲーションの役割分担も円滑になる。

レース中も、ナヴィゲーターは適宜メンバーに情報を提供するようにしたい。今どこにどうやって向かっているのか。そこまでの予想時間はどれくらいなのか。また迷った可能性がある場合にも、その状況を率直かつ正直に伝えることで、メンバーが精神的に疲れたり、ナヴィゲーターとの関係が悪化することが防げると同時に、メンバーからいいアイデアが生まれるかもしれない。

● ナヴィゲーションの分担

用具を使うナヴィゲーションの比重が多くなれば、ナヴィゲーションの作業をメンバーに分担してもらうことができる。ある高度まで達してその高度に沿って進みたいといった場合、高度計の示す標高に注意を向ける係を決めることで、ナヴィゲーターの負担を減らすことができる。歩測による距離の測定、時間による距離の推測など、様々な分担が可能である。

ナヴィゲーションの性質上、最終的な意志決定は誰かが責任を持った方がいいが、チームの全メンバーが、ナヴィゲーションの基礎知識を持っていることのメリットは多い。アドベンチャーレースでもっとも優勝経験が多く、アドベンチャーレースの伝説と呼ばれているジョン・ハワードは、「どうしてい

つも確実に意志決定ができるのか」という僕の質問に対して、「全メンバーがナヴィゲーション技術を持っていれば多数決で針路決定ができる」と指摘した。ナヴィゲーション技術を持つメンバーが多ければ、多くの情報を得たり、アイデアを出したりできることは確かだ。また、長いレースでは、1人のナヴィゲーターが最初から最後まで集中してナヴィゲーションをすることは不可能だ。僕も疲労でふらふらになった時、チームメイトにいたオリエンテーリング日本代表の女性にナヴィゲーターを代わってもらったことがある。そこまで完全に役割交代をしないとしても、役割を分担すれば集中力の低下に伴うポカが防げる。

● **ナヴィゲーターの責任**

ナヴィゲーション技術を持つ人が多いのは、いいことばかりではない。できるメンバーどうしがナヴィゲーションの方針で対立することがある。ジョン・ハワードの言葉もメンバー全員が高いレベルでナヴィゲーション技術を持っていればこそであり、中途半端ではかえって対立の元になったりする。97年のエコチャレンジでは、僕と同じようなナヴィゲーションの技量をもったメンバーと参戦した。この時は、事前に2人で相談しながらやろうと決めていたが、レース中何度も意見が対立した。対立はルートファインディングのみならず、ルートの選択など、根本的な部分にも及んだ。

大自然の中での針路決定には、常に曖昧さがつきまとう。そのような状況下での意志決定は、時には論理を越えた直感に頼らざるをえない。そんな時意見のぶつけ合いをしても不毛だ。他のチームメンバーに相談したり、情報を伝えていくとともに、針路決定の最終責任は常に一人のナヴィゲーターが持つといった形にすることが必要だろう。

④ 用具の使いこなし

● **コンパス**

コンパスの基本的な使い方については、第2章に詳しいので、この章ではアドベンチャーレース特有

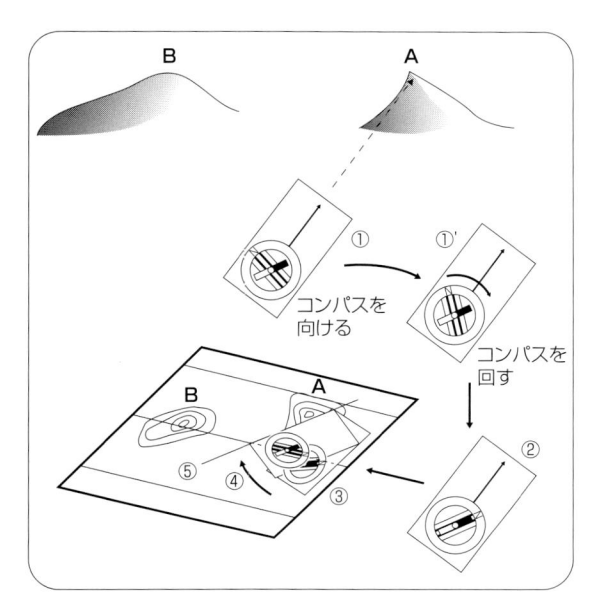

▲図5-18【クロスベアリングの方法とその応用】

手順：山並みが西の方に見え、それが地図に示す山並みだったとする。まず、見える山並みと地図の山並みを対応させる。どちらの山容も明確なのでAとBだと分かる。
①山頂への方角を図る。これはコンパスの1-2-3とは逆の手順となる。山頂にコンパスの進行線を向ける。
②リングを回し、磁針とリングのノースマークを重ねる。これで、コンパスに山頂の方向が記憶されたことになる。
③コンパスを地図の上に載せ、長辺の適当な点を地図の山頂に合わせる。
④長辺を山頂にあわせたまま、ノースマークと磁北線が平行になるまでコンパスを回転させる（この時は、もう磁針は無視してよい）。
⑤長辺に沿って位置決め線を描く。

作図方法から分かるように、この線は、山頂が＊＊度の方向に見える地点の集合であり、自分のいる位置は、この線上のいずれかの場所となる。

続いてもう1つの山頂に対して、同じことを繰り返す。もとめる現在地はやはりこの線上にあるので、結局2つの線が交わった部分が現在位置になる。

方角の測定や作図には少しずつ誤差が含まれる。どんなに慣れたナヴィゲーターでも、3度程度の誤差がある。つまり測定した目印までの距離の5％くらいの誤差があると考えた方がよい。

クロスベアリングを使う機会はアドベンチャーレースでもそれほど多くはないが、利用機会があるはずだ。たとえば尾根上にいることが確実に分かっている時、1つの山への方角を測定して位置決め線を1本引くだけで、現在地が把握できる。地形からだけでは下降点が確実に決められない時に有効な方法である。

の問題について解説しておこう。

　まず第一にコンパスは常に地図と一緒に使うことが望ましい。そのためにはリストコンパスが最適であるとすでに指摘した。リストコンパスでなくても、コンパスはバックパックの中に入れるのではなく、常に出せる場所に入れておこう。人間面倒なことは極力やらずに済ましてしまうものだ。コンパスをすぐに取り出せなければ、不完全な整置ですませてしまうかもしれない。

　特徴が少なく、地図も必ずしも正確とは言えない大自然の中では、現在地を完全にロストしてしまうことがある。こんな場合に使えるのがクロスベアリングというテクニックだ。クロスベアリングは、プレートコンパスの方角測定機能を使って、周囲に目立つ特徴がなくても、遠くの目立つ特徴を使って現在地を割り出す方法だ。沿岸航海では、灯台など陸地の目印を使って位置を把握するパイロッティングが行われていたが、クロスベアリングはそれと同じ方法だ（図5-18）。

●高度計

　高度計は、特徴の少ない斜面での強力なナヴィゲーション用具となる。たとえば、特徴のない斜面にあるチェックポイントに向かう場合を考えてみよう。視界が十分利かない場合にはいきなりこの点を目指しても、直進のずれから、脇を通過してしまうかもしれない。こんな場合、チェックポイントの高さまで早めに進んでおいて、その高さを維持しながら崖を目指す方法がある。これはエイミングオフの応用だ。

　こんな場合高度計を使えば、崖の高さを感知することも、その高さを維持することも容易だ。高度計が大活躍した事例は、既に紹介したとおりだ (p.102)。

　気圧は高度によって一定の割合で変化する。この気圧を測ることで高度を間接的に測定しているのが高度計だ。気圧は高気圧や低気圧の到来で変化するので、高度計を使う際には、標高が確実に分かる点では必ず補正して使う。天候が変化しつつある状況では、2時間でも数十mの誤差が生じることがあるが、補正さえすれば、高度計は正確な標高を指す。

　また、相対的な標高差を使う手もある。斜面に降り始める位置の標高が分かっていれば、そこから目標地点の標高を差し引いて得られた値だけ、高度計の示す値が変化するまで下るのだ。

　ナヴィゲーションとは直接関係ないが、高度計はモティベーションの維持にも利用できる。もちろん地図が読めれば、これまで全行程のどの程度を進んだかは分かるのだが、それが数値としてはっきり表示される効果は大きい。また、1m登れば（これは距離にしてたった数mから10m程度だろう）、すぐに表示が増える。現状や進捗状況が逐次示されるのは、疲労した時のモティベーション維持に最適だ。

●サイクルコンピュータ

　サイクルコンピュータも、MTBでの移動時に距離を正確に把握するのに有用なナヴィゲーション用具だ。ただし誤差は累積するので、現在地の分かる点では常にリセットすることを心がけたい。

●GPS

　利用が許されているレースでは、GPSの利用価値は高い。GPS受信機の基本的機能は現在地の表示であり、カーナヴィのようなルート誘導機能をアウトドアで期待してはいけない。確かに次のウェイポイントに向けて直進で誘導してくれる機能はついているが、多くの環境下でその指示の通りにまっすぐ進めるわけではない。むしろGPSを使うことで、心理的にまっすぐ進みたくなり、結果として最短時間での移動が難しくなると話すレーサーもいる。

　プランやルート維持は圧倒的に地図や自分の目の方が頼りになる。GPSは現在地の確認用と割り切って使うことが賢明だろう。

　GPSの利用方法や留意点については、以下の書籍が参考になる。
◇杉本智彦「カシミール3D入門」（実業之日本社）
◇村越真「アウトドアGPS活用術」（山と渓谷社）

4 特殊なナヴィゲーション

1 マリン・自転車

　ナヴィゲーションの基本原理に海も陸も違いはない。しかし、環境やスピードが違えば、具体的なナヴィゲーションの仕方は異なってくる。

　特徴の少ない海上では、その場にある目印を使って現在地を把握したり、ルートを維持することはできない。また、陸上の細かい特徴は見えない場合が多いので、海岸沿いにある目立った地形把握が重要になる。陸上でのナヴィゲーション以上に、地形把握が重要になる訳だ。おまけに、見える地形は海上からだと立体感のない重なり合いとして目に入ることになる。地形図からのプロフィールの把握や、その重なりを使って自分の位置を把握する、クロスベアリングの技術（p.105）が必要になる。

　方向維持も、基本的には進むべき方向にある地形上の特徴を地図で読み取り、それを目視する方法によることになる。視界が良好でない場合、コンパスによる直進の出番となる。

　MTBの場合、スピードがナヴィゲーション上の問題を生み出す。加えてハンドル操作に両手を必要とする場合が多いので、地図を見るタイミングも難しい。徒歩以上に、重要な特徴を選んでプランし、その特徴に注目することが必要になる。道の分岐など、自転車のスピードではあっという間に見逃してしまうものだ。地形が利用できるなら、地形との関係で曲がるべき分岐を把握するなど、遠くからでも確認できる特徴に注目するようにしたい。

　ナヴィゲーター役は、若干先行して時間を稼ぎ、問題となる分岐等ではスピードを落として確実な地図読みをするというのも、チームならではのナヴィゲーションテクニックといえるだろう。

2 ナイトステージ

　夜間のナヴィゲーションの難しさは、視界が著しく制限されることにある。どんなに強力なヘッドランプを点けていても、周囲の地形は限られた範囲しか分からない。限られた情報をどう活用するか、あるいは補うかがナイトステージでのナヴィゲーションのポイントとなる。

　闇の中とはいえ、全く何も見えないわけではない。たとえば谷筋では、星や月明かりでかすかに白く見

▲図5-19　カヌーでのナヴィゲーション

▲図5-20　ナイトナヴィゲーション。限られた視覚情報の中でのナイトナヴィゲーションは、競技者にとっての究極の挑戦である。

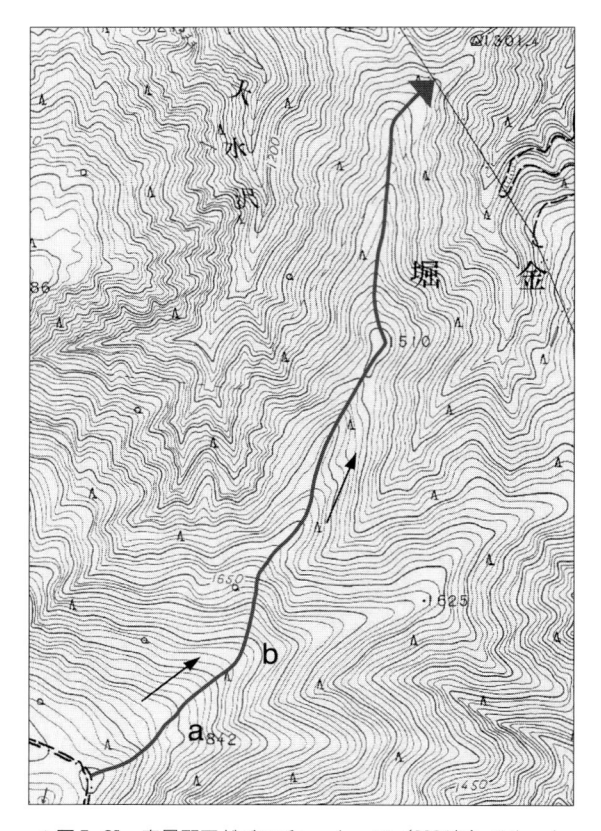

▲図5-21　安曇野アドベンチャーレース（2004年）のルート地図。この大会では、夜のステージで、この尾根の下降が課題として用意されていた。暗闇の中でこのようなあいまいな尾根（しかも実際には笹に覆われている）を下るのは非常に難しい。特にa点やb点での進路維持は、高度計、プランニングなどハードからソフトにいたる、あらゆるナヴィゲーション技術と用具を駆使する必要がある。

える空と黒々とした尾根ははっきり区別できる。これによって大きな谷の合流はたいてい分かる。また、谷の方向の変化も自分の進行方向や空によって谷が開けた方向がわかるので、比較的同定しやすい。空に目を向けることで、こうした情報を活用することができる。

同じように、斜面の方向の変化も比較的分かりやすい。図5-21は安曇野アドベンチャーレース（2004年）で下降することになっていたルートである。特徴は少ないが、下るべき場所は東向斜面と北向斜面の間にある尾根であることが、地図をよく読むと分かる。尾根という地形は十分に視認することはできなくても、自分がいる斜面が東を向いていれば、左に針路を修正して、北斜面が現れるまで尾根線を目指して進むべきだし、斜面が北を向いていれば、東斜面が現れるまで尾根線を目指して右に針路を修正すべきだ。

慣れないうちは、プレートコンパスで斜面の方向をできるだけ正確に測ることで、また慣れてきたら地図を整置しながら、実際の斜面の方向と一致する地図上の斜面の場所を探すことで、斜面の方向をルート維持に活用することができる。より慎重を期す場合には、プレートコンパスを使った1-2-3を使おう。暗闇の中では、方向感覚も鈍りがちなので、それを補うためにも、正確なコンパス操作が必要となる。

このように、ナイトステージでは、「何が頼りになるか」を経験的に把握した上で、それをプランニングの段階から積極的に生かすことがポイントだ。図5-21のケースでは、ピークからの下降後、しばらく尾根線がはっきりしない区間があるが、基本的には北向きの尾根は1本しかなく、間違えるとすれば東向きの尾根への下降だ。そしてそれが問題になる分岐ポイントも、およそ2箇所に限られる。とすれば、分岐のある高度で東に下ることを避け、常に北斜面を目にするように針路を調節すればよいわけだ。視界が限られていることを、論理的な考えで補うのだ。

もちろん、ナイトステージでは用具も重要な役割を果たす。安曇野のレースでは、チームメイトが用意した強力なハンドライトが効果的だった。ハンドライトによって、頭の動きに関係なく、周囲の地形を照らすことができる。またハンドライトの強力なものは、一般のヘッドランプよりはるかに明るいので、遠くまで照らすことができる。それによって周囲が尾根かそうでないのかを把握しやすくなったからだ。

第5章 アドベンチャーレース

レース実例

　アドベンチャーレースにおけるナヴィゲーションの実例として、僕が最初に参加した大会である、94年にボルネオで開かれたレイドゴロワーズを取り上げよう。このレースはタレントの間寛平さんが結成したチーム「C'sCase」の一員として参加した。日本人チームはすでに堀内さんのチームがレイドゴロワーズには参加していたが、それまで完走できずにいた。このレースは全般に完走率が高かったこともあり、日本人初完走となった。

　レースはボルネオ島の北部、ムルド山の北西からスタートする。レース前々日に地図やレイドブックと呼ばれるコースに関する情報が集約された冊子が渡され、ブリーフィングが行われた。

　冊子の情報は英語なので、それを解読しているうちに、突然「今晩夜中12時に飛行機でスタートに向かうので、それまでに準備するように」といわれた。飛行機で2時間ほど飛んだ後、川を5時間ほど遡上し、さらに数時間歩いて、ジャングルの中にあるスタート地点の村に、夕方到着した。

　スタートは時間差によって行われた。しかし、スタートしたチームは、早くも村の中で右往左往していた。村からの出口が分からないのだ。レースブックにも、地図にも、村からムルド山方面に出る道が記されている。しかし、地図にも「だいたいの方向を示す」と書いてある。正確な道の位置が記されているわけではないので、その道の入口がつかめなかったのだ。

　この混乱を、村人に聞いて切り抜けるチームもいた。また、チームメンバーのけがで急遽村人をチームに入れたインタースポーツや、インタースポーツが無駄なくこの状況を乗り越えることを察したチームは、少ないロスでこの状況を切り抜けた。

　僕達のチームは初めての参加だったし、あらゆる情報を使ってナヴィゲーションをするレイドの伝統には慣れていなかった。気づいたときには、現地の事情に詳しいチームにおいてきぼりを食っていた。半日近くを、村からの脱出に費やし、その後もルートファインディングに手間どり、結局チェックポイント1の集落の付近で一日目の夜を過ごすことになった。熱帯地方特有の夕方のスコールに見舞われたが、地元の状況に詳しいチームは、早目に停滞を決めて、スコールをやり過ごしていた。

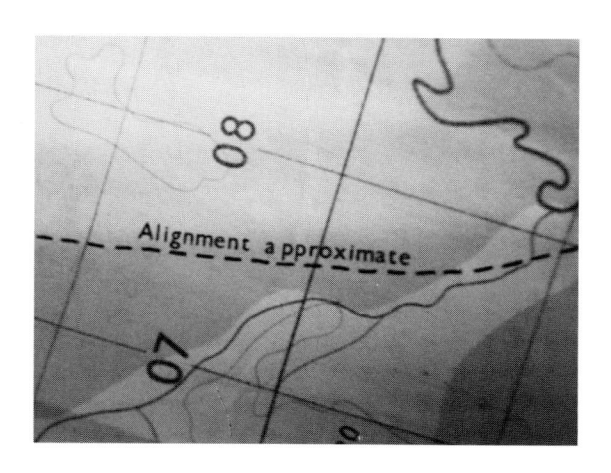

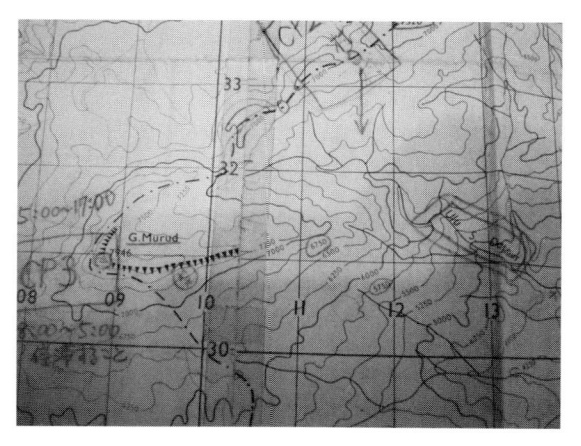

▲図5-22　使われた地図。「alignment approximate」（配置はほぼだいたい）という「開き直ったような」記述が見られる。道の位置と方向も正確ではないのだ。

▲図5-23　トレッキングの中盤、ムルド山からの下降部分の地図

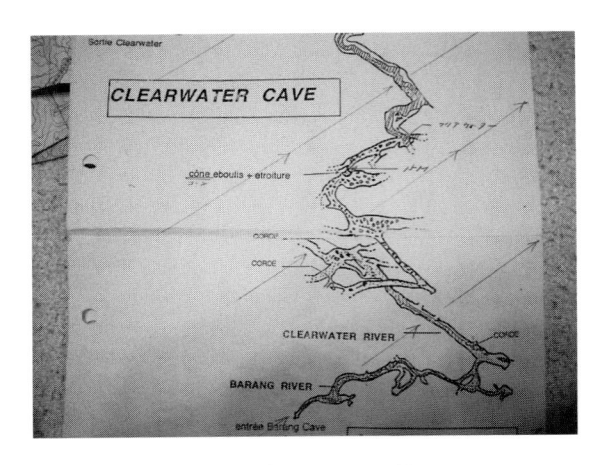

▲図5-24　ケイビングを含むトレッキング

　ナヴィゲーション上の試練はその後も待ち受けていた。コースは近辺の最高峰ムルド山から東向きの尾根を下り、なたでつけられた目印を頼りに南の沢に下り、その沢に沿ってチェックポイント4まで下ることになっていた。ここでも僕たちのチームは、下降点を見失い、どうやら間違った沢を下ってしまい、それがタイムロスにつながった。

　トレッキングが終わりに近づくチェックポイントでも、僕たちは大きなミスを犯した。このチェックポイントは道から湿地を越えた川沿いにある。しかし湿地には高い葦が生えていたし、他のチームもこのチェックポイントを探し回ったらしく、湿地の中に縦横無尽に足跡がついていた。この中で僕や他のナヴィゲーションの得意なメンバーが、偵察のつもりでチームから離れたが、高い葦のために視界が失われ、探しているうちに、互いがどこにいるか分らなくなってしまった。再びチームが一緒になるまでに数時間を要した。

　次のカヌー・ラフティングのセクションとそれに続くMTBのセクションには、ほとんどナヴィゲーションの要素はなかった。ただMTBのセクションは、地図上はたいした距離ではないのに、厳しいアップと伐採道のために直射日光に晒された。距離を甘く見て水を十分に用意しなかった多くのチームが、厳しいレースを余儀なくされた。

　最後のセクションは、ケイビング（洞窟での移動）を含むトレッキングだった（図5-24）。数キロにも及ぶ3つの洞窟を含むセクションで、僕らのナヴィゲーション技術が大いに役立った。洞窟には至るところに分岐があり、その多くは行き止まりになる。間違った枝洞をどう避けるか、また間違った枝洞から戻ってきた時、確実に正しい洞窟に戻るためには、慎重なナヴィゲーションが要求される。随所で自信のもてない分岐があった。そういう場所では、常に間違えているかもしれない可能性を頭に入れ、戻ってきた時にその分岐が確実に把握できるようにして進んだ。結局、僕たちのチームはこの洞窟で数チームを抜き、15位で日本人として初完走のチームとなった。

　長丁場のアドベンチャーレースでは、完走チームですら数々の間違いを犯す。特に初出場の僕たちは数々の初歩的なミスを犯したが、同時にナヴィゲーション技術を生かすこともできた。この経験談がなんらかの参考になれば嬉しい。

（田中正人・村越真）

第6章 オリエンテーリングのバリエーション

CHAPTER 6

　国際オリエンテーリング連盟では、すでに紹介した通常のオリエンテーリングとともに、クロスカントリースキー、マウンテンバイクを使ったオリエンテーリングと、読図能力を競うトレイルオリエンテーリングをオリエンテーリングの競技種目として認定している。
　本章では、これら3種目のオリエンテーリングと、山岳をダイナミックに駆け回る、オリエンテーリングから派生したスポーツであるロゲインを紹介しよう。

種目	特徴
スキーオリエンテーリング	クロスカントリースキーを使う。コントロールポイントは、雪上にスノーモビルや圧雪車で着けられたトラック上にある。コースは易しいが、高速になるための難しさがある。ルートチョイスとコントロールポイント周りのトラックの選択がポイント。
マウンテンバイクオリエンテーリング	マウンテンバイクを使う。コントロールポイントは道の上にある。コースは易しいが、道によりスピードの違いが著しく、ルートチョイスが重要なポイントとなる。
トレイルオリエンテーリング	車椅子でも移動可能なトレイル上にコースが設定されている。コース上にあるDP（決定ポイント）から見て、正しい位置に設置されたフラッグを判断する。

1 スキーオリエンテーリング

1 競技の概要・特徴・魅力

「スキーオリエンテーリング（スキーO）」とは、「クロスカントリースキー（XC-SKI）」で「オリエンテーリング」を行うスポーツである。オリエンテーリングはメジャーなスポーツではないが、クロスカントリーも同様である。その両者を組み合わせたスポーツであるという性質上、スキーOの日本国内での地名度は低く、愛好者は100名程度である。選手層が薄いこともあり、中には、競技を始めて3年くらいで世界選手権の日本代表になるものもいる。「とにかく日本代表になりたい！」、そういう人にはうってつけの競技である。

もともとは、ロシアの軍隊が冬の訓練で始めたとも伝えられているが、ヨーロッパではかなりメジャーなスポーツで、世界選手権やワールドカップ、マスターズ世界選手権、ジュニア世界選手権などさまざまな大会が開催されている。また、1949年には冬季オリンピックの競技種目として認定され、近年では競技種目候補としても毎回名前があがっているが、残念ながらまだ五輪で実施されたことはない。

フットオリエンテーリングとの一番の違いは、「クロスカントリースキー」を用いるという点だが、ナヴィゲーションの点でもフットとの大きな違いが

▲図6-1　スキーOの競技風景。北欧を中心に雪に覆われた冬に行われる。クロスカントリースキーの技量と体力、ナヴィゲーション能力の両方が要求される。

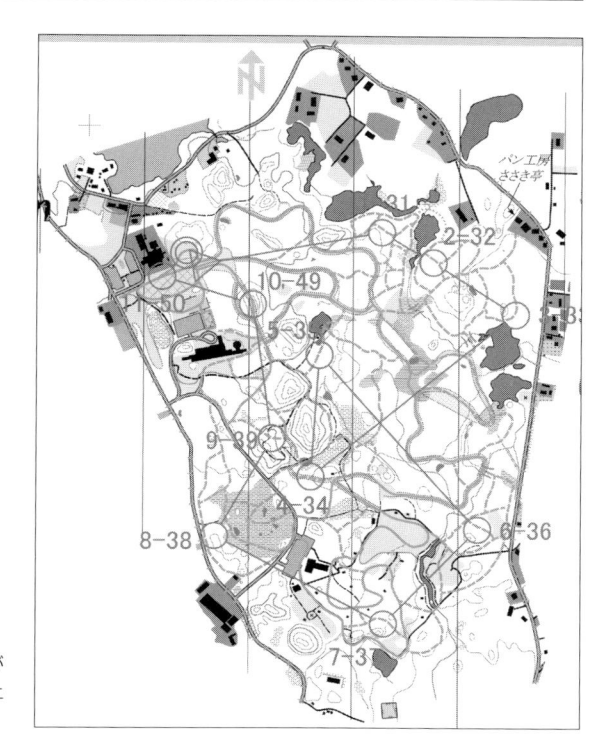

▶**図6-2** スキーOに使われる地図。圧雪されたトラックが緑の線で表示されている。ルートのほどんどはそのトラック上を通る。

～	幅3m以上	スケーティング容易	圧雪車によるコース整備
～	幅1.5m～3m以上	スケーティング可能	スノーモービルによる整備
⌒⌒	幅1.5m～3m以上	スケーティング困難	スノーモービルによる整備
‥‥	幅0.8m～1m以上	スケーティング不可能	細く曲がりくねって未整備

▲**図6-3** スキーOの地図では、幅によってトラックが4種類に分類されている。トラックの幅はルートチョイスに大きな影響を与える。

ある。一番の違いは、競技のスピード感である。これは、スキーという道具を使う点と、フットOでは、道以外の不整地を多く走るのに対して、スキーOでは、あらかじめ大会主催者が整備した分岐の多いトラックを利用して滑るという競技上の性質の差から生じている。フットOでは、世界レベルの大会であっても、1キロ進むのに5-6分程度かかるが、スキーOではわずか2分半程度である。自動車に例えれば、フットOが郊外の山道を時速40kmで走行しているのに対して、スキーOは曲がり角のたくさんある街中を時速90kmで走るようなものだ。こ

のようなスピード感を楽しめるのが、スキーOの醍醐味である。

このようなスピードの為に、ナヴィゲーションが上手くいかなかったり、目的とする方向とかなり違う方向に向かってしまったりすることもある。また、スキーでは一度立ち止まってしまうと、フルスピードに戻るのに10秒程度かかる。このため、どこで曲がるか、どのルートを選ぶかを、あらかじめ決める必要がある。上級者になると、スキーで滑ったままの状態で、これを確認している。

ナヴィゲーションを難しくしている第二の要素は、

▲図6-4　スキーOのコントロールポイントは、フットOとは違いエリートクラスといえどもトラック上にある。

ルートチョイスである。スキーOではトラックは通常4種類あり、図6-3のように分けられている。スケーティングはスキーをより速く滑らせる技術であるから、スケーティング技術を用いるのが困難なルートを多く選択してしまうと、巡航スピードが遅くなるだけでなく、体力も消耗する。ルートチョイスにおいては、こうした点も考慮する必要が出てくる。

フットOと異なり、上級者コースにおいてもコントロールポイントは全て道（トラック）上にある（図6-4）。さらにコントロールでは多くの場合、2本の棒の間に紐が張られ、フラッグ・パンチ・及びコントロール番号を示すカードがぶらさがっている。さらに雪の上で行われるため、他の競技者の通った跡をたどれる。こうした点から、ナヴィゲーション技術的には、簡単な競技だと思われがちであるが、前述のようなスキーO独自の難しさがあり、そこに魅力もある。

② 必要な用具

スキーOに必要な道具は、クロスカントリースキー一式、マップホルダー、コンパスの3つである。スキー用具一式は、スキー、ポール（ストック）、ブーツの3点で、すべてクロスカントリー専用のものを用いる。アルペンスキー用具とは異なり、スキー板は幅5cmほどで細くて軽い。ブーツはつま先のみで固定されており、かかとが上がるようになっている。競技用の地図はスタート時に主催者から手渡される。

マップホルダーはスキーO独特の用具で、スキーをしながらでも地図を見ることができるようにするため必須用具である。日本国内では販売していないため、スキーO研究会が直接ヨーロッパの製造業者から輸入し、販売をしている。これらの道具の一般的な値段の目安は表6-1のとおりである。

▼表6-1　用具の主な価格

スキー板	20,000円
ポール	7,000円
靴	15,000円
マップホルダー	9,000円
レーシングスーツ	20,000円
クロカンスキー用手袋	3,000円
帽子	2,000円
サングラス	2,000円

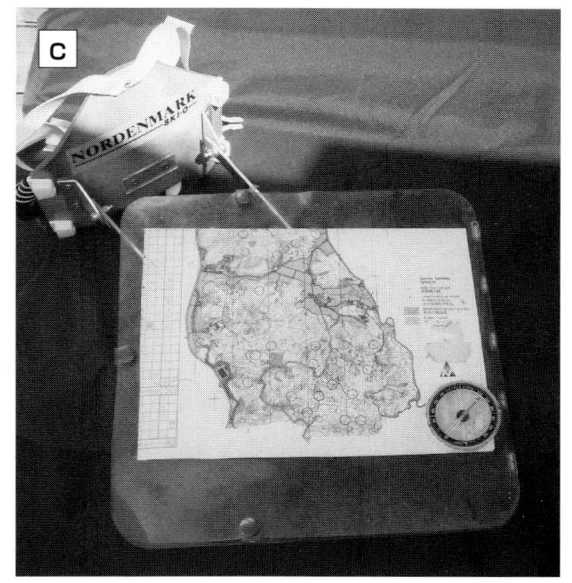

▲図6-5　スキーOに使われる用具。
a：スキー板とストック。アルペンと異なり非常に軽い。
b：スキーブーツ。これもアルペンとは異なり軽量である。スノトレシューズに似た感じだ。
c：マップフォルダー。両手がふさがるスキーでは、地図をこのようなフォルダーに入れて携行する。自由に回転させることができるので整置をすることもできる。

　レーシングスーツは、ウィンドブレーカー等で代用できるが、雪の中とは言え競技中は汗をかくほどなので、アルペン用のスキーウェアなどは適していない。なお、スキー用品などの購入の際にも、スキーO研究会において、アドバイスや販売店の紹介をおこなっている。

3　ルートチョイス　スキーO勝敗の決め手

　スキーOでは、私有地などの立ち入り禁止区域を除けば、どこを滑ろうが競技者の自由である。さらにいうと、スタートとゴールの際にスキーの板を持っていれば、スキーを脱いで競技をしても構わない。要は、主催者によって決められた複数のチェックポイントを、いかに早く回って帰ってくることができるかである。

　すでに触れたように、スキーOにおいてルートを選択する際には、さまざまなことを考慮することが必要である。あるコントロールから次のコントロールまでのルートを考える際、以下のことに思いをめぐらす必要がある。

・トラックの幅、距離
・傾斜（登り、下り）
・トラックの交差点の数

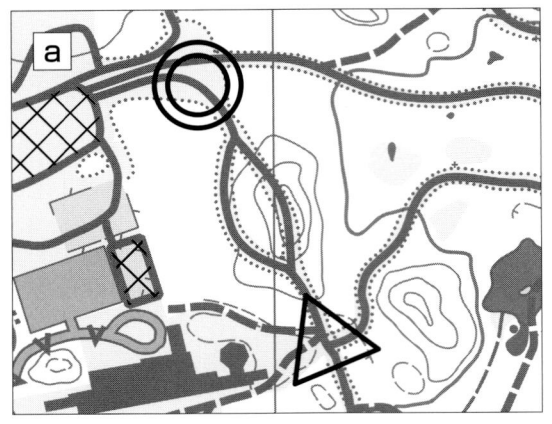

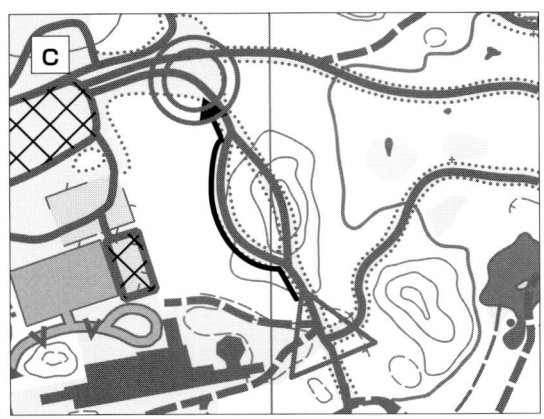

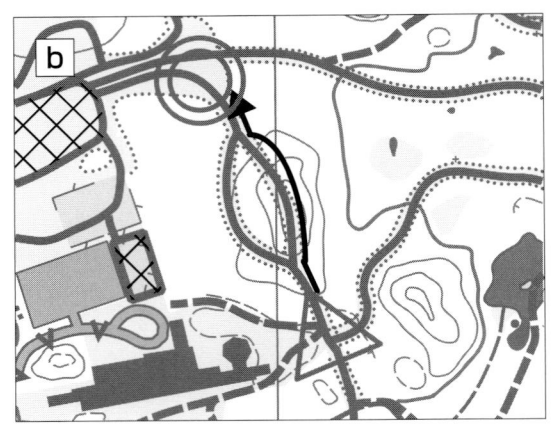

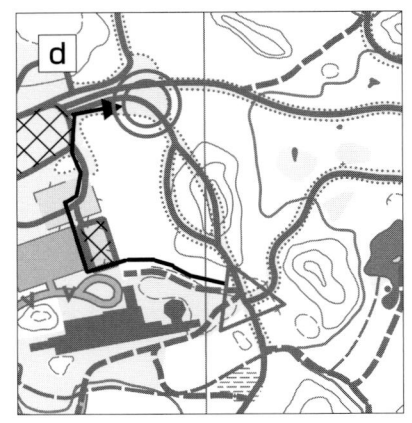

▲図 6-6　ルートチョイスの例。仮に、図 a でスタート（△）からゴール（◎）までいくとすると、どのようなルートチョイスが考えられるだろうか。
図 b：簡単に思いつくまっすぐ行く方法。地図をよくみると、このルートは等高線をたくさんまたぎ、丘の頂上まで上っている。登りを考慮すると、たとえ距離が一番短くても、このルートが一番早いとはいえない。
図 c：ピークまで上るのを避けて、途中の迂回道を通るルート。若干の登りはあるものの、一部迂回しているので、先ほどよりは楽そうなルートである。
図 d：登りを完全に迂回できるルート。図 bc では幅の広いトラック（地図上で実線）を選んでいたが、図 d では、細いトラック（地図上で破線）を通る必要がある。広いトラックを滑るときのようなスピードは出ず、交差点も多い。ただ滑るだけではなく分岐の確認が必要になる。
どのルートがベストかは、体力や技術によっても違ってくる。

・当日の雪質

　トラックの幅については、大きく分けて 3 種類あることは既に述べた。当然、広いトラックでは、滑りやすく、スピードも出るが、スノーモービルなどでつけた細いトラックでは、技術的にも体力的にも高度になる。大きく回ってでも広いトラックを進むべきか、多少つらいのは我慢しても距離が短くなることを選ぶのかを選択する。

　傾斜については、細かく意識する必要がある。登りは下りと比較して極端にスピードが落ちるし、より体力を必要とする。なるべく避けた方が得策である。下りを選択することによって滑る距離が 2 倍程度になっても、結果的にタイムが早かったということがよくある。反面、下りを滑ると、あっという間にスピードが出てしまうため、曲がるポイントを見逃してしまう危険性が高い。

　トラックの交差点の数については、少なければ少ないほど良い。通常のレースでは、交差点を 300〜

第6章　オリエンテーリングのバリエーション　117

▲図6-7　海外の大会風景

500箇所以上通過する。交差点の度に止まっていたのでは、かなりの時間の無駄になる。いかに交差点でのロスタイムを少なくするか、ここに勝負の分かれ目がある。ルート選択の例を図6-6に紹介する。

以上のように3つのルート選択を紹介したが、どれがベストなのかは、唯一の答えがあるわけではない。本人のスキーテクニック、雪の状態、トラックの状態、そして考えられるルートの直線距離、登距離などが影響する。そのため、これらを総合的に考えて、その場で判断する必要がある。

スキーの遅い人でも、ルート選択の良さで速い人を追い抜くことができる。ルート選択はスキーOの楽しいところでもあり、恐いところでもある。

4 主な大会等

北海道、山形県、岩手県、福島県、長野県等で50名規模の大会が毎年開催されている。大会のほか、競技技術を習得するための合宿も、年に数回開催されている。競技人口が少ないことから、これらの大会や合宿は、初心者から上級者まで幅広いメンバーが参加している。

一方海外では、北欧で最も多く競技大会が開催されている。世界最高峰のレースとしては、各国の代表選手が出場する「世界選手権（WOC）」を始めとし、「世界マスターズ選手権（WMOC）」「世界ジュニア選手権（JWOC）」が開催されている。これらの他に、隔年でワールドカップが世界各地で3～5戦ほど開催されるほか、北欧を始めとする各国で、冬季には毎週のように大会が開催されている。

5 連絡先、情報源

日本オリエンテーリング協会に、スキーOに関する委員会があるほか、任意団体である日本スキーO研究会が、スキーOの普及・発展を目指し、初心者講習会や大会等の開催、国際大会への選手派遣等の活動を行なっている。同会は、国際大会等を目指す競技者だけではなく、広くスポーツを愛する市民も参加してもらえるよう、様々な大会等を開催している（設立　1995年）。詳しくは、同研究会のホームページ（http：//www.skio.jp/）を参照のこと。

（高島和宏）

2 トレイルオリエンテーリング

1 競技の特徴

　パークO、スプリントOなどの会場で、汗みどろになって体力の限界に挑戦して走り回っているランナーの傍らで、林の中に突っ込んで行くでもなく、走るでもなく、所々の道端で立ち止まっては地図とフラッグ群を眺めては考え込んでいる人たちを良く見かけるようになった。なかには車椅子の人たちも混じっている。これがオリエンテーリングで最も新しい種目「トレイルオリエンテーリング(Trail Orienteering)」の情景である。

　1980年にスウェーデンに誕生したトレイルOは、フットOのランナーのように森の中を走れない、主として移動面での障害を持つ人たちのために考案されたものだが、現在では障害の有無に関係なく新しいオリエンテーリングとして広がりつつある。次の点がフットOと大きく異なっている。

①車椅子や松葉杖を使用する競技者の安全が確保された道や小道だけを使って競技する。道を外れて森の中には入ってゆくことはない。(これらの道や小道を「トレイル(Trail)」と呼ぶ。トレイルOの名前はこれに由来する。)

▲図6-8　トレイルOの競技風景。トレイルOでは、コントロールフラッグに到達することが目的ではなく、地図に記載された位置に正しく設置してあるフラッグを同定することが課題である。

②タイムレースではなく、所要時間の早い遅いは勝敗には関係しない。コースごとに決められた制限時間内にゴールすればよい。
③フットOではコントロールにあるフラッグは1つだが、トレイルOではコントロールには2〜5個のフラッグ群が設置されている。
④トレイルOでは、地図に示されたコントロールポイントの地点そのものに行くのではなく、コースに沿ったトレイルを歩く。その途上に、DPという立て札が立っている。これがDP（デシジョンポイント）である。ここから見える複数のフラッグ群の中から、地図に示されたコントロール位置に適合したフラッグを選び出す。そのため、体力よりも「地図読みの技術」が要求される。
⑤フットOのような、年齢別、性別などによるクラス分けは無い。経験・熟練度によるクラスがあるだけである。
⑥移動その他を介助するエスコート（介助者＝後述）を競技に同伴しても良い。

正しいフラッグを選ぶためには、地図を熟読し現地と照合し、地形や地物、特徴物（部）などを確認し、位置関係を判断し、あるいは距離を目測する必要がある。トレイルOが「頭脳のスポーツ」といわれる所以はここにある。

2 トレイルオリエンテーリングの魅力

当初トレイルOは、障害を有する者のために考案された。しかし、今やトレイルOは障害者だけの競技から障害を持たない健常者を含めたものへと大きく変身した。障害の種類や程度によるクラス分けもない。経験度合いによるクラス分けがあるだけである。また男女の性別にも年令にも関係なく、参加者全員が全く平等・公平な条件のもとでオリエンテーリングの基本である読図技術を競い合うという、魅力あるスポーツとなった。障害者であっても健常者と対等に競技でき、健常者を打ち負かすこともしばしばである。こんな競技が今までにあっただろうか。このことが、障害者にとって特に大きなトレイ

▲図6-9　トレイルOでは健常者も障害者も一緒に競技に参加する。2003年オーリンゲン大会（スウェーデン）にて。

ルOの魅力となっている。

1999年からはワールドカップが、2004年からは世界選手権大会が開催されるようになり、ワールド・スポーツとしても大きく広がった。

3 トレイルOの用具

トレイルOを楽しむためには特別な用具は必要としないが、次のようなものがある。

●地図

1/5000の縮尺が国際標準であるが、初心者向けには1/3000、1/4000などの大縮尺のものが使われることも多い。フットOの地図よりもさらに詳しく、細かい、そして正しい地図表現が求められるのがトレイルOのもうひとつの特徴である。

面白いのは、フットOでの走行可能度に代わり、フラッグや地形を見る際の透視可能度（見通しの良し悪し）の表現が使われることである。また、階段など車椅子の通行が出来ない場所を表す地図記号も

▲図6-10　地図と現地。WTOC2004 No.9コントロール「こぶ」フラッグは4個。

▲図6-12　DPとコントロールのフラッグ群。DPから見て左からA、B、C、D、…と名付ける。コントロール位置説明は「柵（フェンス）の南の角」。したがってこの場合、Cが正解となる。

使用される。

●パンチ

　各コントロールでの解答は、フットOのそれによく似たコントロールカード（二枚重ねになっている）にピン・パンチで記録する。ただし各コントロールの欄は1つではなく、A～Eの記号がつけられた複数である点が異なる。各コントロールに置かれた複数のフラッグには、実際には識別記号がつけられていないが、DPから見て左からABCと考える。そして正解のフラッグに対応した欄にパンチを押してくる。重複パンチやパンチの訂正、パンチの押し忘れは正解とはされない。

▲図6-11　コントロールカード。フットOのコントロールカードと違い、一つのコントロールにAからEまでの欄がある。正解だと思うフラッグの記号にパンチを押す。正解がないと思ったときにはZに押す。

● コンパス

確実な解答をするために、また次のコントロール場所へ移動するナヴィゲーションのために、トレイルOでもコンパスを携行する。ただし、手の不自由な競技者もいるため、コンパスは主として地図の整置程度に利用し、フットOのようなコンパス・ベアリングで角度を詳しく測定するようなテクニックは、上級クラスを除きあまり用いない。

● 競技ウェア

フットOのようないわゆるOLウェアやスパイク・シューズは必要ない。動きやすいふだんの服装で十分である。

● 移動のための補助具

障害者には移動に際しての補助器具が必要である。車椅子（手漕ぎ、電動）、三輪車（トライ・サイクル）、自転車、松葉杖、ステッキなどがある。最近では電動車椅子の使用が盛んになりつつある。

自力では移動できない車椅子競技者や歩行が不安定な競技者、あるいは移動には差支えがないが、手が不自由で自分でパンチできない競技者などには、主催者側が用意した介助者（エスコートと呼ぶ）がコースを通じてアシストする。またコース上、部分的に路表に凸凹があったり木の根が出ていたりしているところ、ぬかるみや傾斜の急な場所には、その場所だけの特別な移動介助者を配置する。

これらのエスコートは、競技者の判断には一切タッチしてはならず、たとえ間違った依頼であると

▲図6-13　エスコートが必要な競技者もいる

判っていても、競技者の指示に従わなければならない。

●マップボード

移動時に両手を使用する車椅子競技者のためには、スキーO用のマップホルダーのようなボードを、両膝部分や胸に固定して用いることが多い。

●正解表（Solution Map）（図6-14）

これは競技者が使う用具ではないが、トレイルOにおいて重要な役割を果たすので紹介しよう。各コントロールごとに、どのようにフラッグが設置されていて、正解のフラッグはどれかを説明した地図である。正しい位置にあるフラッグを判断するトレイルOでは、レース後の振り返りに、正解表は不可欠である。

④ トレイルOのテクニック

タイムレースではないが、トレイルOも競技である。勝敗は課題に合った正しいフラッグを何個選択できたか（ポイント）を競う。

基本的な読図能力はもちろん必要であるが、トレイルOにはフラッグから離れた位置から観察しなければならないという制約がある。また、同点者に順位をつけるため、コース上のある場所で、いきなり示された地図をすばやく読んで何秒で解答を出せるか、その判断時間を競うタイムコントロールという特殊なコントロールを設けるコースもある（図6-17）。こうした特徴から、他のオリエンテーリング以上に、注意深い読図と総合的な判断が求められる。特に位置説明は他のオリエンテーリング以上に重要な手がかりになることがあり、注意深く参照する必要がある。

●位置を動きながら判断する

離れた場所では遠近感がなくなり、そのために間違ったフラッグを排除できないことがある。こんな時はDPから離れて別の視点で見ることで、解答のヒントが得られることがある（図6-15）。

●特徴物による見通し

これも上の方法の応用であるが、正解位置と同一線上に並ぶ複数の特徴が地図で読み取れるときには、その線上に移動してみることで正解が容易に判断できることがある。

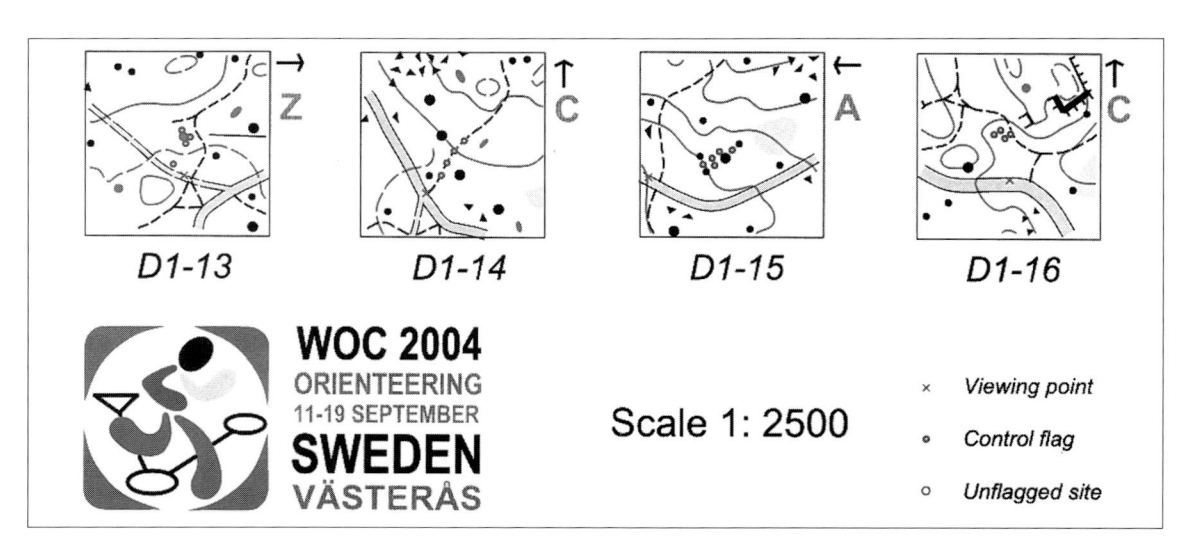

▲図6-14　正解表。小さな○でフラッグが置いてある位置が、×でDPの位置が示されている。Zとあるのは正解のなかったコントロール。この場合は正解位置が大きな○で示されている。

▲図6-15 DPから見るといずれも石積みの中においてあるように見える（a）。DP以外の角度から見ると、明らかにいくつかのフラッグは石積みの外にあり、間違ったフラッグだと分かる（b）。

▲図6-16 このようなコントロールでは、周囲にあるものとの相対的な距離の比率を使っての判断が求められる。

▲図6-17 2003年オーリンゲン大会でのタイムコントロール。その場で地図を見て、瞬時の判断が要求される。

● 相対的な距離の利用

人間は絶対的な距離判断は苦手でも、相対的な距離判断は目測でもかなり正確だ。正解位置の両側それぞれに地図に読み取れる特徴があるときには、正解位置とそれぞれの距離の比を読み取ることで正解位置の判断ができることがある（図6-16）。

● 正解なしのコントロールポイントでの判断

エリートコースでは、コントロールポイントに設置された複数のフラッグのすべてが不適切な位置にセットされていることがある。これを正解なしコントロールと呼ぶ。これがあると、判断が非常に難しくなる。解答にアナログ的な手がかりしか利用できない場所では、「正解なし」はないと考えてよい。

● タイムコントロール（Timed Control）

経験者向けのコースでは、同点者の中でさらに順位をつけるため判断時間を競う特殊なコントロールがある。これがタイムコントロール（TC）である。同点の場合、TCでの回答所要時間の少ない競技者が上位となる。回答制限時間は60秒。解答を間違えるとペナルティがつく。特に視線が南向きの時は要注意で、あらかじめ風景の中で東西南北を把握しておくことが短時間で確実な解答を出す鍵となる。

⑤ トレイル O の大会

① 全日本トレイル O 選手権大会（JTOC）
　各年度の日本チャンピオンを決める、日本でもっとも権威ある大会。チャンピオン・クラスのほかに一般参加クラスもある。
② 指定大会
　JTOC のチャンピオン・クラス出場権を得るための大会で、あらかじめ指定される。一般参加クラスもある。
③ 一般ローカル大会
　全国の都道府県オリエンテーリング協会や、各地のオリエンテーリングクラブが開催する比較的小規模のトレイル O 大会で、フット O の大会と同時開催することが多い。

●海外の大会

①世界トレイル O 選手権大会（WTOC）
　毎年行われる。フット O の世界選手権大会（WOC）と同時開催される場合が多い。トレイル O の世界チャンピオンが決まるが、一般参加クラスもあり、チャンピオン・コースも経験できる。

②O-Ringen 5-Days（オーリンゲン5日間大会）
　毎夏スウェーデンで開かれる世界最大のオリエンテーリング国際5日間大会にはトレイル O 部門があり、北欧の美しい森とトレイル O に5日間どっぷりとひたれる。
③ヨーロッパ・トレイル O 選手権大会（ETOC）
　毎年開催される。ヨーロッパ・チャンピオンが決まるが、ヨーロッパ以外の国からも自由に参加できる。

　そのほかにも、全米選手権大会、JK-O フェスティバル（英国）などがある。

⑥ 連絡先・情報源

　日本オリエンテーリング協会にトレイル O のための委員会がある他、任意団体である日本トレイル O 研究会がその普及発展のための活動を行っている。同会のホームページは以下の通りである。
http：//www.orienteering.com/~trail-o/

（小山太朗）

3 マウンテンバイクオリエンテーリング

1 競技の概要・特徴

マウンテンバイクオリエンテーリング（以下MTBO）はその名の通り、移動手段としてマウンテンバイクを使ったオリエンテーリングである。MTBOに加えてフット、スキー、トレイルとあるオリエンテーリングの4種目のうちで、もっとも高速なオリエンテーリングである。

MTBOの歴史はまだ浅い。90年代にヨーロッパで始まり、オリエンテーリングを実施している多くの国で導入されていった。2002年には初めての世界選手権がフランスで開催され、2回目となる2004年オーストラリア大会には24カ国から154人の選手が集まるほどになっている。ヨーロッパ中央部のフランス、イタリア、チェコ、フィンランドが盛んである。もともと自転車文化の栄えている国が多い。

MTBOの参加者の競技経歴には、この競技の特性が現れている。オリエンティアばかりでなく、MTB愛好者、アドベンチャーレーサーが挑戦している。たとえば日本のMTBOのナショナルチームメンバーを見ても、その出身はアドベンチャーレーサーとオリエンティア、トライアスリートなどである。アウトドア系アスリートがオリエンテーリング界を覗く窓口の役割を果たしているといえる。この傾向は日本ばかりでなく世界的なものである。またスキーOのナヴィゲーション技術とも似ているため、スキーOの選手がオフシーズンに取り組む例も多く見られる。

コントロールポイント間をナヴィゲーションして進むという点ではフットOと何ら変わりはないが、MTBOでは、ポイントOばかりでなく、自由な順番でコントロールをまわるスコアOやフリーポイ

▲図6-18 2002年にフランスで開催された初めての世界選手権（開会式）

ントOもより多くおこなわれている。これは、基本的に道だけを走るMTBOではルート選択の余地が限られてしまうが、その余地を広げるための工夫である。競技場所によっては例外もあるのだが、自然保護の観点からMTBOではトレイルだけを走ることがルールで義務づけられている。

MTBの操作には、基本的に両手が必要なので、地図はハンドル上に取り付けたマップホルダーに入れる。マップホルダーには回転機構がついているので、自在に整置ができるようになっている。フットOのように直進をすることはないので、コンパスはリングだけをマップホルダーに取り付けたり、手の甲につけるハンディコンパスが利用される（p.95参照）。

2 魅力

MTBOは道しか走らないので、ナヴィゲーション自体はフットOよりも簡単である。しかしながら、人力による最も速い移動手段である自転車を使うため、フットOに比べてはるかに高速である。また、振動があり、地図を手に持てないために、時間をかけて地図を精読できない。フットOで走っていれば容易に確認できるチェックポイントでも高速ゆえに瞬時に走り去ってしまうので、チェックポイントに対してより一層の集中力が要求される。このため、コースは易しくてもナヴィゲーションは難しい。これがMTBOの競技的な面白さといえよう。トレイルによってスピードに大きな違いがあるので、フットO以上に大胆な迂回ルートが最速ということもある。このようなルートチョイスも、MTBOならではの面白さだ。

MTBOで走るのは道ばかりとはいっても、未舗装路の山道ばかりである。ときには道上に倒木が横たわっていることもある。そんな悪条件のなかでもスピードを落とさずに走り抜ける技術も欠かせない。ナヴィゲーションの達人が日常生活で自転車に乗り馴れていたとしても、山道を走る技術なくしてはMTBOで好成績は望めまい。それを身に着け、悪路を自由自在に走ることもMTBOの大きな魅力である。

◀図6-19　ラフなトレイルを高速で疾走するスピード感はMTBオリエンテーリングの大きな魅力だ。

③ 用具

●バイク

MTBのレースには、数キロのコースを周回するクロスカントリーと斜面に作られたコースを駆け下りてくるダウンヒルがある。それぞれでMTBに要求される機能が異なり、形状もずいぶんと違う。MTBOには、クロスカントリー用のMTBが適している。街乗りでよく見かける形状に近いが、サスペンションが前もしくは前後についていたり、軽量化をはかるためにフレーム、パーツの素材や形状など細部にこだわった作りがなされている。ただし通常のクロスカントリーレースでは、せいぜい数キロの周回コースなので、それほど大きな路面変化はないが、MTBOでは広い競技区域の中で様々に路面変化がある。そのためにサスペンションの調整、タイヤの選択など、MTBの調整では、最大の効果を得るために細心の注意が必要となる。

●マップホルダー

マップホルダーは高速でかつ不整地から受ける振動がある中で地図をみるために必要である。マップホルダーは、地図を載せるボードとそれをハンドルへとりつけるアタッチメントからなる。オリエンテーリングで要求される整置の必要性はMTBOでも例外でなく、そのためにマップホルダーのボードには回転機構を持たせてある。自由に回転させられることで、アタッチメントが自転車に固定されていても地図を常に整置しておくことができる。

●コンパス

整置のためにはコンパスが必要である。フットOのように手に持っているわけにはいかないので、マップホルダーに取り付けたり、手の甲や手首につけるタイプのものを利用する。おすすめは手の甲に取り付けるリストコンパスである。マップホルダーを回転させる手の甲につけておけば、ボードを回転させると同時に手の甲のコンパスをみて、正しい方

▲図6-20a MTBOでは、高速で疾走しながらも、地図読みを欠かすことはできない。フット以上に、視点を絞った地図読みが要求される。

▲図6-20b 周囲への目配りは、他のオリエンテーリング種目同様、ナヴィゲーションのポイントである。

▲図6-21a　マウンテンバイクOに使われる地図とコース。フットOと違い、位置説明はなく、またコントロール記号は、コントロールの番号の後にハイフンを使って示される。

第6章 オリエンテーリングのバリエーション

	乗車容易	速度低下	乗車困難
トラック（幅1.5m以上で、車やトラクタが通れるもの）	━━━━━	━ ━ ━ ━ ━	・・・・・・・・・
パス（幅1.5m未満の徒歩道）	━━━━━	- - - - - - -	・・・・・・・・・

▲図6-21b　マウンテンバイクOでは、道の走りやすさが重要な役割を果たしているため、フットのように幅だけでなく、自転車の乗りやすさに応じて3種類の記号が用意されている。

角に地図をまわすことができる。また高速かつ振動のある競技の状態では、安定性や回転速度に優れたコンパスを利用することが望まれる。

●地図

MTBOで用いる地図と通常のO-MAPとの大きな違いは、道の走りやすさを三段階で表示してあることである。これがルート選択の重要な要素となる。いくら最短距離であっても走りにくい道であればスピードが落ちてしまうので、遠回りでもスピードの出せるルートを選ぶこともある。

④ 必要な技術

ナヴィゲーションの上では、ルートを瞬時に判断する能力とシンプルなナヴィゲーションが欠かせない。ルートチョイスの重要性は他のオリエンテーリング種目と異ならない。しかし、MTBOではフットとは違うルートチョイスのポイントがある。

まず第一に、フット以上に地図を読むためのスピードの低下が大きいことである。そのため、瞬時な判断と同時に、ルートの特徴をできるだけ記憶することが必要だ。また速そうに見えるルートでもチェックポイントが多ければ、それだけスピード低下が著しいので、チェックポイントを減らして単純に走れるルートを選択することが求められる。シンプルさが重要である。

第二に、前述したように、同じ幅の道でも、通行の容易さが地図上に三段階で表示される。従って、ルート距離・登距離の他にルートの通行容易さを考慮する必要がある。MTBOでは路面の状況に起因してスピードの差が激しい。歩くスピードと変わらない道もあれば、コンディションが良ければ時速30km超の道もある。このとき距離にして7倍違っていてもタイムが同じなのである。すなわちそれだけ遠回りをしてもMTBOでは優位なルートになり得るのである。このような理由から、MTBOにおいてはかなり遠回りでも高速で走り続けられるルートが速い場合も多々ある。そこで地図上でルートを考えるときには、フットOよりも地図上の広い範囲でルートを探すことになる。図6-21の1番（31）から2番（32）までは上回りと下回りの2ルートがある。いずれも直線の倍以上の距離で、フットではあまりない迂回ルート。

電子パンチを用いるときには、足を地面につけずにたったままパンチをするスタンディングパンチがタイム短縮の手助けとなる。一度ビンディングからシューズを外してしまうと、パンチ後はめ直すのにタイムをロスしてしまう。

▲図6-22　すばやいパンチングは、フットO以上に重要なテクニックである。

森の中をMTBで走る以上は、パンクなどのメカトラブルは避けられない。レース中のパンクなど自転車の応急処置は必要不可欠な技術である。

⑤ 情報

残念ながら国内ではまだあまり多くの大会が実施されていない。それでもMTBO専用地図が作成され始め、年に数度のイベントが行われている。大会情報はMTBO-Japanのサイトに適宜掲載される。
http：//ha8.seikyou.ne.jp/home/Sou.Aikawa/

またメーリングリストもある．参加希望者は下記アドレスへ空メールをお送りください．
E-mail：mtbo-pal-subscribe@yahoogroups.jp

（落合公也）

4 ロゲイン

　ロゲイン（ROGAINE）とは、ロゲイニング（ROGAINING）とも呼ばれる、オーストラリア発祥の大規模スコアオリエンテーリングを大規模にしたような競技だ。主にオーストラリア、アメリカ、カナダなどで行われており、チェコで世界選手権が開催されるなど、近年アドベンチャーレースとして盛んになってきている。しかしながら、競技が行われている国は非常に少なく、ここ日本では2001年に長野県菅平高原で開催されたのが初である。当然、日本人のロゲイン競技者（ロゲイナー）は、現在のところ非常に少なく、200人ほどである。

　競技は、先にも書いたように、大規模なスコアオリエンテーリングと考えればおおよそのイメージはつかめるだろう。しかしながら、その大規模さが並ではなく、いわゆるフルロゲイン（マラソンでいえば42.195km）は、制限時間が24時間だ。この24時間に地図上に示されたチェックポイントをいかに多く集めるかが勝敗の鍵となる。地図の範囲も当然広大で、フルロゲインとなると新聞紙1面ぐらいある大きな地形図（2万～5万分の1スケール）に万遍なくチェックポイントが散らばっている。各チェックポイントには異なる得点が付いており、取ったチェックポイントの合計得点の多い順に順位がつく。到達するのが難しいチェックポイントほど、高得点の配点となっているため、高得点にチャレンジする一攫千金派でいくか、少ない点数を数多く集める確

▲図6-23　ロゲインの競技風景。a：ハッシュハウス（エイドステーション），b：大自然を走る競技者、このような雄大な眺めの中を走れるのも、ロゲインの魅力の1つだ。c：大自然の中に設置されたコントロールポイント。

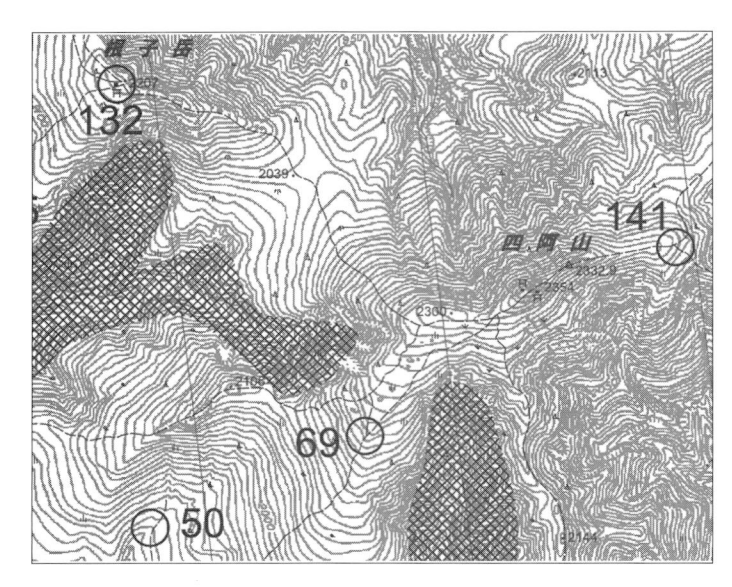

◀図6-24　ロゲイン地図

実派でいくかなど、ルートを決める作戦が重要となる。なお、優勝チームでも時間内に全てのチェックポイントを取ることは難しいコースとなっている。

1レースで30個から60個ほどのチェックポイントが設置されるが、そのチェックポイントの中から、例えばたった10個を通過したとしても、単純計算で何と100兆通り以上もの回る順番がある。この中から競技者は与えられた地図を元にもっとも効率良く回る作戦を考えるわけだ。体力だけではなく、知力も重要な点が理解できるだろう。

ロゲインは屈強の身体と頭脳を持った者のみが参加できる競技に思われがちだが、実際はそうでもない。ハーフロゲイン（12時間）、クォーターロゲイン（6時間）なども開催されており、3時間というお手軽なミニ版もある。また、クラスが「ジュニア」(20歳以下)、「一般」(制限なし)、「ベテラン」(40歳以上)、「スーパーベテラン」(55歳以上)と年齢により分かれており、子供からお年寄りまで楽しめるスポーツである。1分、1秒を争って走りまくるエリートロゲイナーから、お弁当持参の宝探しハイキングレベルまで幅広く参加者がいることも、この競技の特徴である。幅広い参加者が、全く同じコースで競技する珍しいスポーツだ。

使用できるナヴィゲーション機器は、コンパス（方位磁石）のみである。高度計やGPS受信機といったナヴィゲーション機器は使用することが出来ない。ただし、24時間の競技ということは、夜間もあり、食事もとる必要がある。これら競技中に必要な装備は選手自身が携行する。ヘッドライトや食事、雨具や防寒服など、競技時間が長いほど重装備が必要だ。

基本は、2名以上のグループ競技である。グループ内での役割分担や意志疎通が勝敗の鍵になることはいうまでもない。競技中、山の中で迷ったときにお互いに助け合うことが重要である。相手を責めたり、「おまえのせいで、迷ったじゃないか！」などと喧嘩しているようでは、競技に勝つことはできない。

日本国内においても長野県菅平高原を中心に徐々に普及し始めており、2004年には、日本ロゲイニング協会が設立され、競技普及や大会開催支援、海外大会への派遣支援などを行っている。選手自らが自分の実力に合わせてコースを考えるという新しい発想のロゲイン。これからの時代にマッチした競技といえるかもしれない。

情報源としては、日本ロゲイニング協会（http://orienteering.hp.infoseek.co.jp/rogaine/）や国際ロゲイニング連盟（http://www.rogaining.com/）などがある。
　　　　　　　　　　　　　　　（高島和宏）

第7章 初心者のためのオリエンテーリング

CHAPTER 7

　オリエンテーリングは、アウトドアや日常生活に必要な地図読みのスキルを高めるだけでなく、自立して行動する力や決断力を養う格好のスポーツである。また現代の子どもたちの日常に欠けている冒険的な活動でもある。このようなオリエンテーリングの特性から、1970年代には、学校の遠足や林間学校などでオリエンテーリングが盛んに行われ、全国600にものぼる公共の野外活動施設にオリエンテーリングの常設コースが設置されている。
　この章は、まずオリエンテーリングの効用を指摘した上で、初級者にオリエンテーリングを実施する場合の留意点を整理し、その実施方法について紹介しよう。

オリエンテーリングは、冒険好きな子どもたちにとっても格好のアウトドア活動だ。

1 オリエンテーリングの魅力と効用

オリエンテーリングで必要とされるナヴィゲーションスキルでは、現在地を把握し、目標地点を確実にし、そこに至る道筋とそのための手段を明らかにすることが肝要だ。また失敗に備えた危機管理や、それによるロスを最小限に抑える冷静な対応が必要だ。こうした考え方はビジネスや勉強、人生に通じるものがある。ナヴィゲーションはアウトドアでの移動に役立つだけでなく、現代社会を乗り切る方法論でもある。オリエンテーリングは、健康を維持し、自然に親しむだけでなく、心身に対する多様な効用を持っているのだ。

①地図を使うスキルを磨く

地図を読んで自分の行動を決定できることは、カーナヴィゲーションのある現代社会でも、不可欠の生活スキルだ。森と湖に囲まれたスウェーデンやノルウェーでは、オリエンテーリングは水泳と並んでライフ・スキルとして体育の必修科目となっている。オリエンテーリングは、体験を通して地図に親しみ、その使い方を覚える格好の教材である。

②情報処理能力を養う

地図には様々な情報が盛り込まれている。正確な

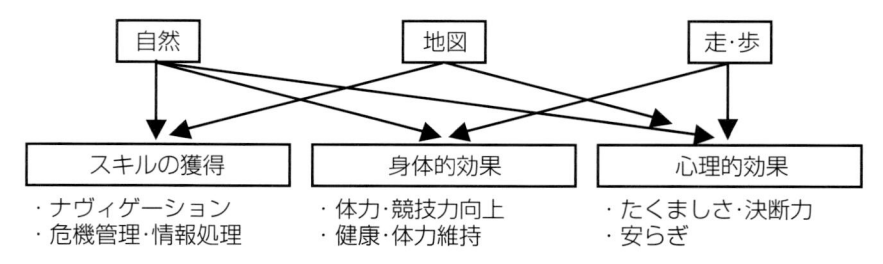

▲図7-1 オリエンテーリングの特徴。地図を使ってナヴィゲーションするオリエンテーリングには、他のスポーツにはないさまざまな特徴と、それによって心理面、身体面さまざまな効用がある。

◀図7-2 スタート前の作戦タイムでコントロールポイントの回り方を相談する子どもたち。地図を使うオリエンテーリングは、楽しみながら情報処理能力を養ってくれる。

地図でも自分のイメージと違ったり、役立たない情報も載っている。ナヴィゲーションでは、その中から自分が進路を決めるのに有用な情報を選び取る必要がある。これは、あふれる情報から自分に役立つ情報を選ぶ必要のある、現代社会に生きるすべての人に求められる情報処理能力を養うことにつながる。

③決断力を鍛える

オリエンテーリングほど決断力と自主性を養うのにふさわしいスポーツはない。山の中で居場所が分からず不安になったり、道に迷うこともある。その中で、正しい進路を選ぶことを要求されるオリエンテーリングは、決断という人生でもっとも重要なスキルを育てるだろう。

④危機管理能力を高める

世界チャンピオンでも、ミスをゼロにすることはできない。重要なことは、ミスの発生を予期し、そ れに備えることだ。また、ミスの予兆に敏感になることで、ミスを最小限に食い止めることだ。本質的にこのような発想を要求するナヴィゲーションは、現代社会に求められる危機管理の資質を高めるにもうってつけだ。

⑤マイペースで運動を楽しむ

一人で山の中を走るオリエンテーリングでは、ロードレースのように競争相手を意識することは少ない。特に初級者のうちは地図を読むことで、オーバーペースも防げる。オリエンテーリングは中高年がマイペースで実施するスポーツとして適している。

小学校でオリエンテーリングの実践を行うと、普段は走り回るのが不得意な子も、コントロールポイントを探して一生懸命走りまわる。実施した学校の先生方も、この点が一番印象的だといわれる。運動が不得意な子どもも、マイペースで楽しめるスポーツ、それがオリエンテーリングである。

▶**図7-3** オリエンテーリングは、若者から高齢者まであらゆる年齢層が楽しめるユニバーサルスポーツだ。

2 初心者指導の留意点

1 対象の把握

　一口に初心者といっても、年齢的にも体力的にも多様であり、オリエンテーリングを行う目的も様々である。指導対象によってコース設定の仕方も変わる。たとえば、登山者やアドベンチャーレーサーは、読図やナヴィゲーション技術を高めたくてオリエンテーリングに参加する。トレイルランナーは、トレーニングの一環として参加するかもしれない。また学校教育では、様々な教育的価値や児童・生徒のためにオリエンテーリングを実施するだろう。表7-1に、対象となる初心者と対応する留意点をまとめた。

2 適切な場所とコース

　初心者ほど、指導対象にふさわしい場所を選び、コースを組むことが必要になる。たとえば、読図スキルを求めるアウトドア活動者には、本格的な自然の中で基礎的な地図読みが試されるコースが適しているだろう。また導入の説明や振り返りも必須である。一方小学生の子どもなら、安心して走りまわれる環境の中で、説明は最小限にして、まずは体験してもらうことが望ましい。同じ学校教育の一環でも、林間学校のように教育的狙いがある場合には、チーム形式などの設定も必要となる。

　多くの場合、都市近郊の自然公園は安全面でも初心者に適した実施場所である。子どもの場合は、都市内の公園、よく知っている校庭や学校周辺でも、十分オリエンテーリングを楽しめるだろう。

　コースは難しすぎるよりは簡単なくらいがよい。オリエンテーリングでは、一度スタートしてしまうと、ゴールするまで参加者の動向が分からないことが多い。安全管理という面からも、失敗体験を回避するという点からも、慎重なコース設定が望まれる。

3 正確で分かりやすい地図の提供

　初心者こそ、正確で分かりやすい地図が必要だ。不正確な地図によるたった一回の失敗でも、オリエンテーリングに対する興味を失なってしまうかもしれない。

　オリエンテーリングの地図は大縮尺で多色刷のものが主体である。こうした地図なら、小学校中学年でも地図が使える。大縮尺の地図は、学校での地図導入の教材として不可欠だと考えられており、この点も学校にスクールOを導入する際のアピールポイントとなる。

　一方、登山者を対象とする場合には、1：25,000地形図を使う方がよいだろう。彼らが普通に使う地

▼表7-1　参加者層ごとのオリエンテーリング実施目的。多様な特徴を持つオリエンテーリングには、様々な初心者が、様々な目的を持って参加してくる。

対象となる初心者	適した実施場所	留意のポイント
オリエンテーリング自体に興味を持つ場合	里山、自然公園	適度な難しさ。
ナヴィゲーション技術の習得に興味を持つ場合	里山、丘陵地	説明や、実施後の振り返りは必要。逐次フィードバックを与える。
レクリエーション・健康増進を目的とする場合	公園、自然公園	体力差への配慮。成功感を体験できるコース設定。
教育目的の場合	公園、自然公園	明確な目標(たとえば、問題解決能力、チームワーク、等)とそれに対応した形式によるコースの設定。

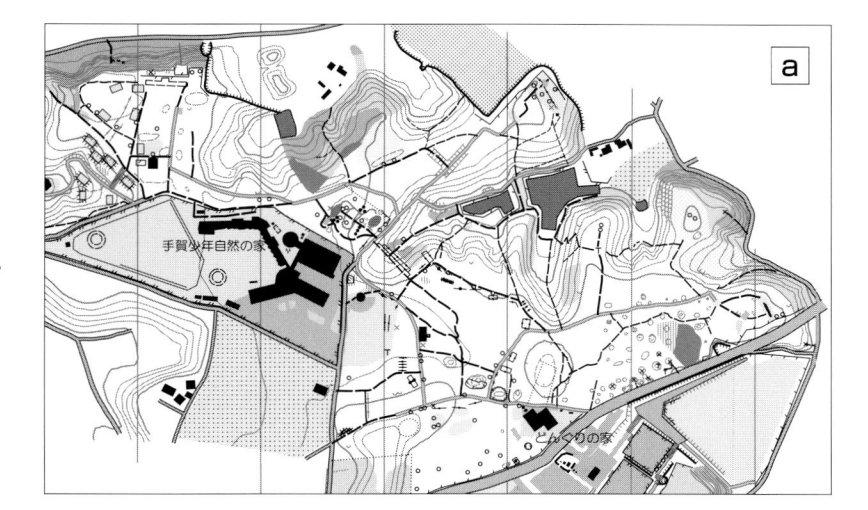

第7章　初心者のためのオリエンテーリング　137

▶図7-4　適切なテレインと地図の選択は初心者指導のキーポイント。年代や目的によって適切なテレインもコースも違ってくる。

a：子どもや一般成人の軽いレクリエーションとしてのオリエンテーリングに適した自然公園。ある程度地形もあるので、読図・ナヴィゲーションのための講習場所としても適している。縮尺は1：5,000。

b：尾根・谷などの地形がはっきりしており、読図・ナヴィゲーション技術を磨きたい登山者・ハイカーの講習会に適したテレイン。やや傾斜が急だが、ハイキング的なオリエンテーリングにも適している。

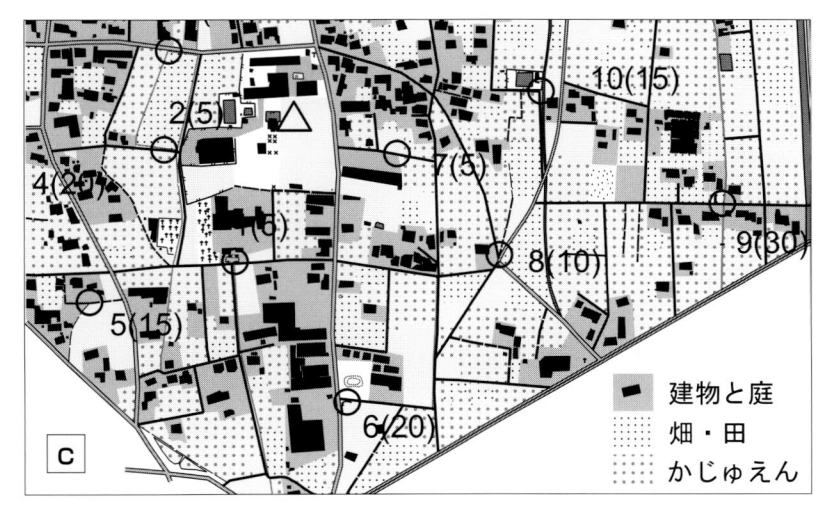

c：子どもたち（小学校高学年から中学生）なら、道や住宅・田畑が入り混じった農村地帯でも、十分オリエンテーリングができる。見知った場所でも、地図を使いながらのコントロールポイント探しは意外と難しく、楽しめる。

図は地形図である。道等が不正確であるとはいえ、それにどう対処すべきかも、彼らが学ぶべきナヴィゲーションスキルだからだ。

4 本質とゲーム性のバランス

ナヴィゲーション技術の習得を主目的としない初心者の場合、ゲーム性を持たせることは、興味を高める上で重要な工夫である。ビンゴ（コントロールポイントにはそこにいくと分かる番号が付されており、あらかじめ手元に書いたビンゴ表で列が揃うとゴールできる）オリエンテーリングなどは、このような目的に適している。またコースがある地域やナヴィゲーションに関するクイズなどをコントロールポイントごとに用意することも、参加者の楽しみを広げる。

かつては、「ゲーム性を高める」ためにフラッグを隠したり、円の中心以外におくことが行われたが、これはオリエンテーリングの本質を損なうので避けるべきである。

5 説明よりもまずは体験

初級者の場合は簡単な説明で始めるべきだ。特に小中学生の場合、説明は5分程度に抑える。それ以上の説明が必要だとしたら、それはコースや環境が不適切なのだ。

説明も一方的なものでなく、体験的なものが望ましい（詳細はp.139参照）。この原則は、子ども以外の初級者にも当てはまる。簡単な説明後、実際に初心者に試してもらい、それに対するフィードバックを与えるような指導場面を設定したい。

コンパスの導入にも慎重になるべきである。単純な機能にも関わらず、コンパスをナヴィゲーションに使うのは、不慣れな人には難しい。とりわけプレートタイプのコンパスではコンパス操作に気をとられて、地図読みがおろそかになることもある。コンパスの使い方としてはまずは整置からだが、それも、地図上の特徴物による整置から体験的かつ段階的に導入する。

▲図7-5　大縮尺の地図を使うスクールOでは、地図記号を1つ1つ説明しなくても、子どもは直感的に記号の意味を理解できる。また、一方的な説明よりも、質問し、その答えを得ながら説明を進める体験的な方法が、子どもの場合、有効だ。

初心者のための実践例

① 校庭／身近な環境でのオリエンテーリング

● 準備

　イメージ的に記号を理解でき、子どもの興味を引き出すよう、できるだけ多色刷り地図を利用する。既存の地図（建物の配置図等）をO-cadと呼ばれる地図専用のソフトでトレースするだけでもよい（このソフトについての詳細はp.152）。あるいは、既存の地図に色鉛筆等で着色し、スキャナーで取り込みカラープリントする方法もある。

　初心者のオリエンテーリングは通常悪天候では行わないので、ビニール袋等はいらない。図7-6のように、チェックカードが一体となっているものが便利だ。

● コース

　校内で行う場合は、フリーポイント形式（次頁参照）がよい。一度に全員がスタートでき、運営上も好都合である。校内で行う場合は、コントロールポイントはどこにおいてもよい。ただし隠したりせず、確実に円の中心に置く。

　コントロールの個数は5-10個程度が適当である。時間にしてトップの子が8分程度で回れるものがよい。一番遅い子はその倍程度の15分かかることになる。子どもにとっての15分は意外と長い。大人対象の場合でも、導入という位置づけならトップが10分程度でも十分だろう。

　大きめの公園を使う場合は、時間を決めたスコア形式が運営上も適している。小学生の場合、制限時

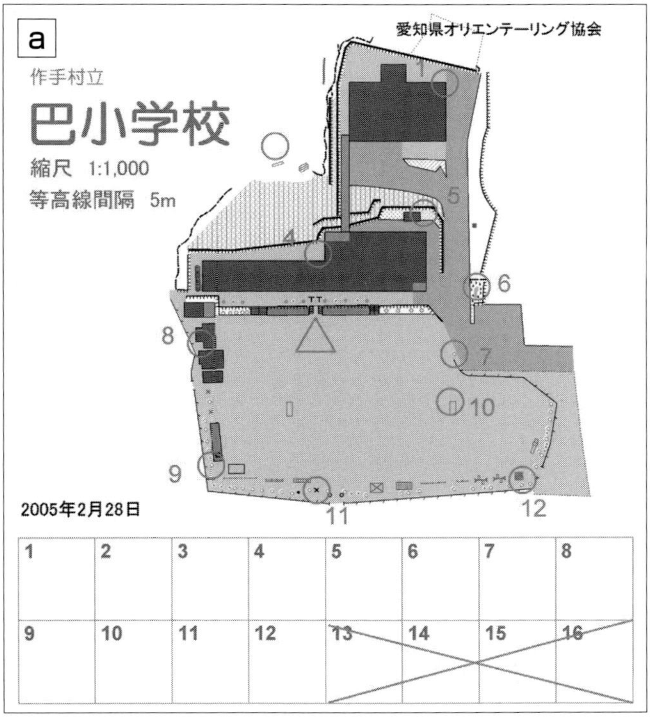

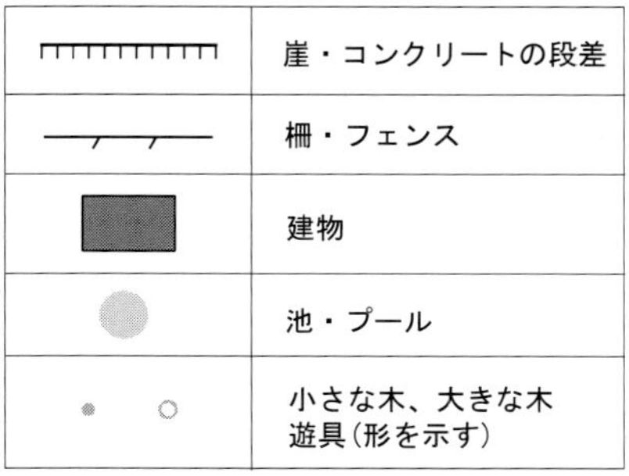

▲図7-6b　上記のような記号で作成する。

◀図7-6a　スクールマップ。校庭でのオリエンテーリングでは、図のような大縮尺で詳細な地図が適している。実際は5色で作成されており、記号も見分けやすくなっている。

▲図7-7 小学生以下の子どもを対象にする場合、パンチチェックの代わりにシールを使うことで、子どものやる気が高まることもある。

▲図7-8 スクールO実施風景。校内でやる場合、チェックポイントは難しいところに置く必要はない。

間は30分程度がよい。ただし小学生は時計を持っていない可能性があるので、制限時間のある種目の実施の際には配慮が必要だ。

なお、地図の使い方を説明する都合上、見えるところに一つコントロールをつけておくとよい。

安全が確保されている場所では、一人での実施が望ましい。ナヴィゲーションには常に不確実性が付きまとう。不確実性に伴う不安や判断を経験させることが教育的な意義を持つし、ナヴィゲーションの導入としても適している。グループの人数が多いと、人のいうなりについていくだけの子が生まれやすい。

グループを編成する場合も、3人までとしたい。

また必ず一人に1枚づつ地図を与える。スタート前に事前に作戦タイムを取ることで、地図読みの不得意な子も、時間を使って考えたり作戦に参加できるようにする。

● ルール確認のポイント

ルールは、実際に使う地図を配布して行う。
①丸の中心にフラッグがあるので、それを見つける。
②フラッグにはパンチないしシールがあるので、それを同じ数字の枠に張ってくる（押す）ことがそこにいった証拠になる。

【オリエンテーリングの競技形式】

多くの大会で行われるのは、コントロールポイントの順番が示されており、すべてのコントロールポイントをその順番に通過し、ゴールしなければならない"ポイントオリエンテーリング"である。その他に、コントロールポイントを回る順番は指定されていないが、すべてを回ってゴールしなければならない"フリーポイント形式"、示されたコントロールポイントのうち、制限時間の中でできるだけ多くのポイント（ないしは得点）を回ることで勝敗を決める"スコア形式"がある。スコア形式では多くの場合、距離や難易度に応じてポイントに得点がついている。また制限時間を越えると、1分10点程度の減点となる。

ポイントオリエンテーリングとフリーポイント形式の場合には所要時間を競うことになる。学校行事のように、時間が限られている場合には、全参加者の所要時間がほぼ同一になるスコア形式が適している。

③回る順番は自由。スコア形式の場合には点数や減点にも言及する。時間内に帰ってくることを原則とするので、減点は1分10点程度の厳しいものでよいだろう。

説明すべきルールはこの3つである。低学年の場合、図7-7のようなシールを使うこともやる気を高めることにつながる。ポケモンのシールを使って行った時には、ゲーム後にとっていないコントロールポイントをわざわざ取りに行きたいといってきた子どももいた。高学年では、パンチでも大きな違いはないようだ。

● 地図記号と使い方の確認

一方的に教えるよりも、クイズ形式で確認するとよい。「この黒い四角は何？」「この緑の丸は何？」と聞いてみる。間違っていた場合には訂正する。校庭の地図の場合、建物、水（プールなど）、道、植え込み、などを確認すれば十分であろう。

最後に地図の使い方のポイントを教える。まず、見えるフラッグを指さして、「あれは、何番のコントロールかな」と聞いてみる。たいていの場合正解が得られるので、「そうだね。＊＊番だね。周りに××があるので分るね」と、見方のポイントを示す。

次にその逆に、見えないコントロールを地図上で示し、「○○番のチェックポイントはどっちかな？」と聞いて指で示させてみる。この時、整置をするとわかりやすいことを教えるが、あまりしつこく指導する必要はない。「じゃあ、○○にいくには実際にはどちらにいけばいいの？」と聞いてみる。校舎のちょうど反対にあるようなコントロールの場合、意見が二つに分かれるはずである。そこで、どちらも可能性があること。「どちらが速いか自分自身でよく考えてね」と、ルートチョイスの重要性を示唆する。

▶図7-9　フラワーウォークの実施風景。来園者が多く、季節の花の楽しめる公園を中心に行なわれている。公園の来園者には、手軽に体を動かせて楽しいと評判だ。

2 フラワーウォーク

フラワーウォークは、愛知県オリエンテーリング協会が毎年春から秋にかけて県内の公園等で行っている、初心者のためのオリエンテーリングである。オリエンテーリングという名称をあえて使っていないのは、一般にはオリエンテーリングはきつくて大変だというイメージがあるからだという。

事前広報は行うが、参加者の多くは公園での「呼び込み」によっている。コースは長くても2km程度、公園の園路を歩いてコントロールポイントを探し、その場に用意されたクイズを解いてゴールする。着替えずに1時間以内に終えるように設定されている。

各コントロールポイントには、その地域の自然や歴史に関するもの、ナヴィゲーションに関するもの（次のポイントにいくのに最短ルートはどれ等）、子どものためのクイズ（ポケモンの名前等）の3種類

▲図7-10 フラワーウォークの地図例。地図や表記法はオリエンテーリングだが、屋外での活動になじみのない人でも楽しめる工夫がなされている。

第7章　初心者のためのオリエンテーリング

自然クイズ　Q5

森林は、川の水が大雨で急に増えて洪水になったり、日照りで水がかれたりしないようにしてくれる働きを持っています。この川の水の量を調節してくれるので、森林は何と呼ばれているでしょうか？

A　緑のダム

B　天然のダム

C　雨水のダム

地図クイズ　Q5

次の6番の様子で正しくないのはどれ？

A　湿地の横にある

B　分かれ道にある

C　がけの下にある

キッズクイズ　Q5　木からできているのはどれ？

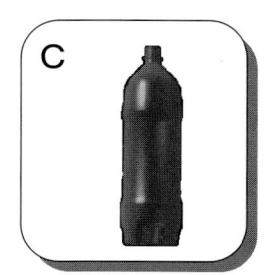

A　（BEER缶）　B　（MILK）　C　（ペットボトル）

▲図7-11　フラワーウォークのクイズ例。親子連れでも楽しめるように、子ども向けのクイズも用意されている。また、各ポイントとも自然に親しむためのクイズとナヴィゲーションについてのクイズの両方が含まれ、楽しみながら地図に親しめるようになっている。

③ フォトオリエンテーリング

　フォトオリエンテーリングは、地図がまだ読めない小学生から大人に至るまで、幅広い層が楽しめるオリエンテーリングのバリエーションである。地図の代わりにフラッグが写った写真を手がかりに、コントロールポイントを探す。

　校庭のように使い慣れた場所なら、小学校低学年や地図を使うことが困難な知的障害児でも、障害の程度によっては実施可能である。

　写真のとり方を工夫すると、大人でも推理する楽しさを味わえる。また初めての公園等では、地図と写真の両方を使う方法でよいだろう。写真には地図以上の現実感が感じられるのか、通常のオリエンテーリング以上に熱中できる種目である。

　中学生以上の場合、ただ写真に写ったコントロールポイントを探してくるだけでなく、コントロールポイントがどこにあるかを地図上でチェックしてくるのも、読図のよい練習となる。

　基本的には個人で行うが、時間や範囲によっては

▲図7-12a　年少の実施者にはわかりやすい特徴の写真

▲図7-12b　年長・大人の時はやや難しい写真を入れる

「この場所はどこだ！？」写真の場所を見つけて、フラッグの位置を地図に正確にマークしてこよう。

▲図7-13　フォトOLの問題用紙

グループで行うことも可能である。グループに写真を一組だけ用意し、作戦を立てて分担するところに面白さがある。

● **準備**

エリア内10箇所くらいの写真を、フラッグを設置して撮影する。解像度はデジタルカメラのjpgで100kくらいとする。年少の場合にはやさしくて分りやすい写真（図7-12a）、学年が上の場合は遠景との位置関係がヒントとなるような目印が映っている難しい写真（図7-12b）を使う。これをワープロ等で一枚のシートに配列し、パンチチェック欄をその脇につける。これを人数分用意する。

● **説明**

フォトOの場合、多くの説明は要らない。以下のようなルールを説明する。

▲図7-14 写真を使うフォトOは、知的障害者でも実施可能。彼らに自発的に運動を楽しませるゲームである。

①写真の場所にいくと、フラッグがある。
②それを探して、パンチで欄にチェックしてくる（場合によっては、その場所を地図に記してくる）。

(村越真)

【初心者を対象としたオリエンテーリングの反応】

ここ数年、小学校のスクールOから、登山者やアウトドアアスリート対象の講習会まで、幅広い行事を何度も行ってきた。概ね参加者の反応はよい。オリエンテーリングのどんな点が評価されているか分かるので、参考に紹介しよう。

◇スクールO
・普段運動しない子も一生懸命走っていたので、驚いた（教員）。
・難しいところがあって、本当にあっていたかわかりませんでした。でも勇気を出し向かったらあって良かったです。今度は妹やいとこを誘ってやりたいです。
・今日はじめてオリエンテーリングをやったけど、私が一番思ったのは、このスポーツはみんなと仲良くなれるスポーツだと思いました。地図は苦手だけどみんなと協力できてよかったです。
・頭と体力を使うので楽しかった。

◇読図講習会
・等高線、尾根、沢の読み方、地図との実地の違いが分かった。
・地形を見ながら、マップにポイントを落とすなど、地形の見方が理解できた。
・リスクをどのように減らすかを知ることができた。また実践できた。
・まずは地図とコンパス。2つ揃って意味をなす事。
・OLのコースに出る前に、事前にポイントを紙に書き落とす事はミスを減らすのに役立つと思った。

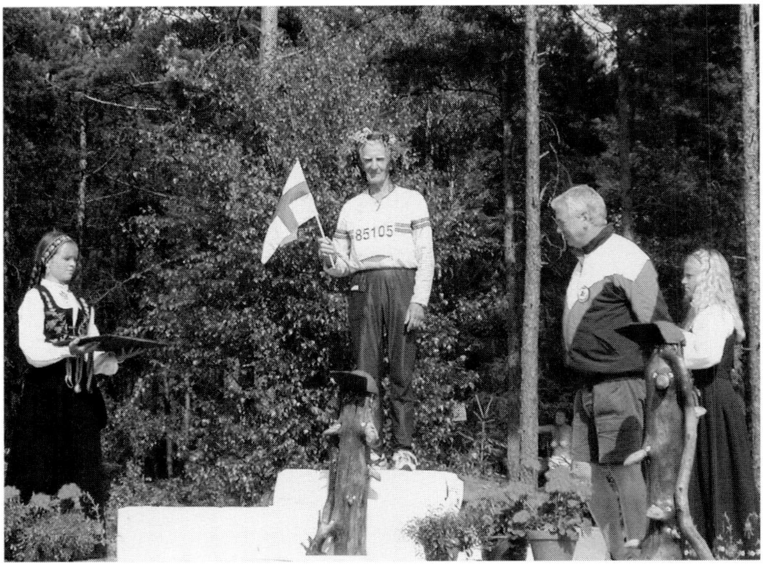
85105

第8章 オリエンテーリングの情報

オリエンテーリング、アドベンチャーレース、共に競技人口が少ないこともあり一般的に流通している出版物は少ない。インターネットを通じた情報収集のウェイトが必然的に高くなる。幸いウェブではイベント情報などが容易に入手できる。また、オリエンテーリングに関するメーリングリストが発達しており、それらに登録することで、必要とするあらゆる情報を入手することができる。同様に競技に専門的な用具を店舗で扱っているところはほとんどなく、これらの購入も、ウェブやメールを活用することになる。

世界のオリエンテーリング事情

　北欧が発祥地のオリエンテーリングは、今でも北欧諸国が国際大会のトップに君臨している。スウェーデン、ノルウェー、フィンランドはいずれも競技人口が多く、地域クラブによる活動も活発だ。またノルウェーやスウェーデンでは、学校体育の正式種目となっている。

　北欧に続いて盛んなのが、イギリスやスイス、チェコやハンガリーなどの旧東欧諸国である。特にスイスでは二度の世界選手権が開かれ、世界チャンピオンも輩出している。2003年と2005年の世界選手権では、女子のルーダ選手はリレーも含む4種目全てを制覇するという偉業を遂げている。

　国際オリエンテーリング連盟の加盟国は66か国であり、現在も増え続けている。オリエンテーリングはIOCにより公認されているが、オリンピックでは実施されていない。冬季の種目であるスキーOは、近い将来オリンピック種目になるかもしれない。

● 競技者の身体能力

　もともと中長距離の盛んな北欧では、身体能力の面でも、卓越した競技者が数多くいる。中でもデンマークのカルシュテン・ヨルゲンセン選手は、10000mで27分台の記録を持つ選手であり、欧州クロスカントリー等での優勝経験も持つ。また、元世界チャンピオンであるスウェーデンのヨルゲン・モルテンソン選手は、マラソンの最高記録が2時間15分である。

　トップの長距離選手としては、彼らのトレーニングは卓越して多いものではないが、森の中でのランニングや湿地でのランニング等、負荷の高いトレーニングが特徴的である。森の中でのランニングは、高い持久力をつけるための格好のトレーニングである。

● OLとO

　日本に導入当時、オリエンテーリングはOLと略されることが多かった。しかし、オリエンテーリングの英語つづりはorienteeringである。このつづりの中にはLの字はないので、不思議に思う人もいるのではないだろうか。実は、OLとはドイツ語のOrientierungs-laufの略である。この言葉は、直訳すれば「方向を定める」+「走る」という意味であり、オリエンテーリングの本質を非常によく表現した言葉である。国際オリエンテーリング連盟の初期の公用語はドイツ語であった。オリエンテーリングがOLと略されるのは、このような時代の名残である。

　英語圏では、当初からorienteeringという英語が使われていたので、略語としてのOLはなじみがない。頭文字をとってO（オー）と呼ばれることが多い。ただOでは、何の略かぴんと来ないので、現在でも日本では略称としてOLが使われることが多い。

　ちなみに英語のつづりを英語風に発音すると「オリエンティアリング」であるが、発祥地ノルウェーのorienteringが「オリエンテーリング」と発音されるので、英語圏でもオリエンテーリングで通用している。

● O-MAP

　O-MAPとは、オリエンテーリング用地図の略称である。詳細な現地調査によって競技的なオリエンテーリングに必要な情報を網羅し、国際的に定められた規定によってオリエンテーリング専用に作られた地図、それがO-MAPである。

　通常O-MAPは、1:5000地図などをベースにして、経験を積んだオリエンテーリング地図作成者がエリアを限なく現地調査をして作成される。世界選手権などに使われる精密な地図の場合、1平方キロを調査するのに5-60時間が費やされることさえある。現在では、GPSを使うことで精度と時間の短縮が図られているが、調査者が実際に山の中を歩き回ら

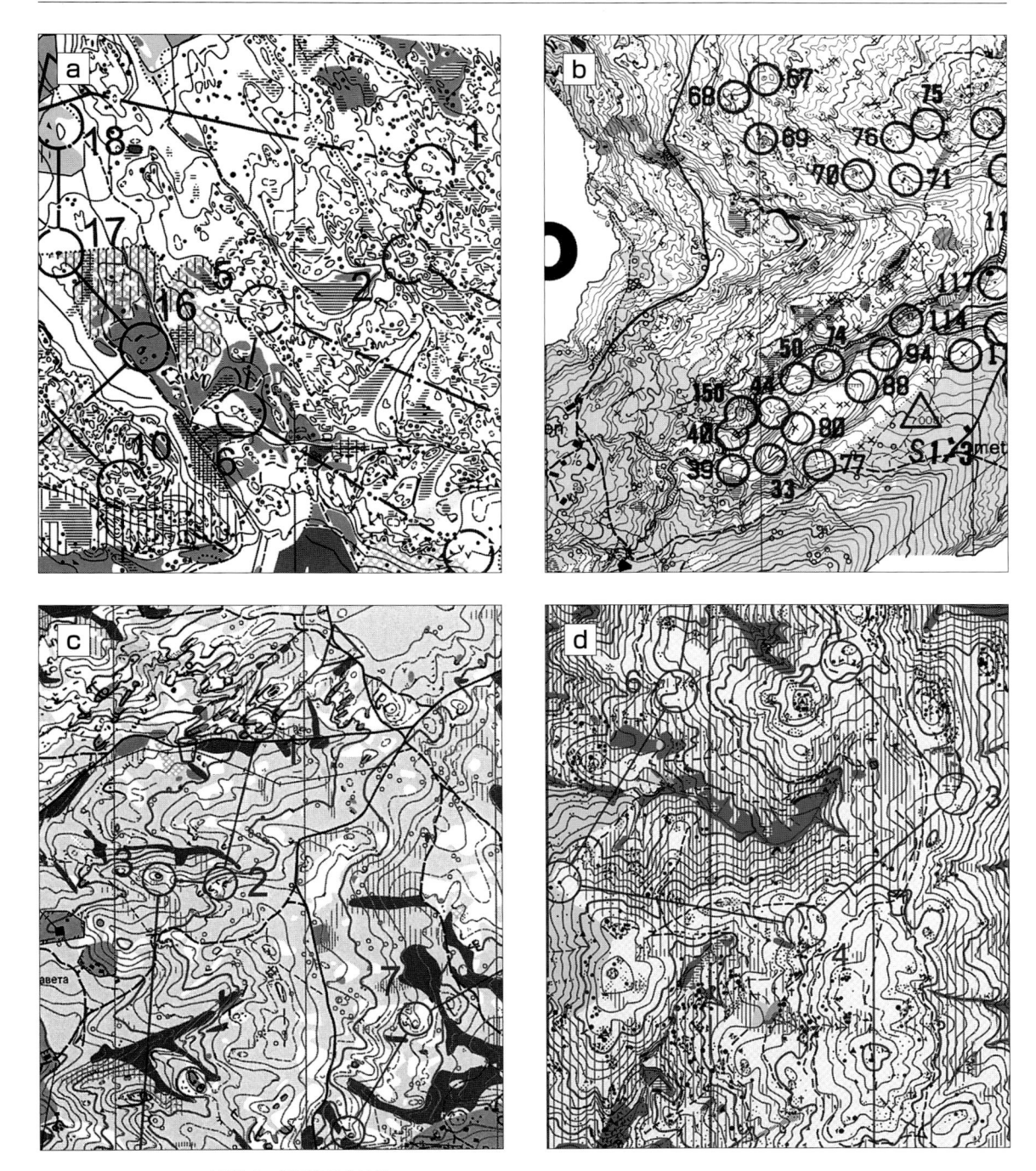

▲図8-1　各国のO-MAP
　a：スウェーデン（2004年作成、ラップスレッテン、縮尺1：10,000、等高線間隔2.5m）
　b：スイス（1980年作成、グリンデルワルト、縮尺1：15,000、等高線間隔5m）
　c：カザフスタン（2004年作成、アズールベイ、縮尺1：10,000、等高線間隔5m）
　d：香港（2004年作成、狐狸叫、縮尺1：10,000、等高線間隔5m）

なければならない点は変わりない。

　調査された地図は、現在ではコンピュータで作図される。記号は世界共通の記号が定められており、国際競技会では外国から来た選手でも、記号の意味を容易に把握することができる。記号は共通でも、国によって地形や植生が違うので地図の見栄えには、その国の自然環境が反映される。さまざまな外国の地図を見たり、集めたりすることもオリエンテーリングの楽しみの一つといえる。

● 世界のオリエンテーリングテレインと地図

　共通の規程で作られていても、地図にはお国柄とその国の風土が現れる。世界の様々な場所でオリエンテーリングをするのは、熱心な愛好者の目標の1つとなっている。また各国の美しい地図を集めることを楽しんでいる人もいる。

①スウェーデン（図8-1a）

　2004年の世界選手権ミドル種目で使われた地図。2.5m間隔の等高線で描かれた点在する細かい丘とその間にある湿地（横線）がナヴィゲーションを難しくしている。名実ともに世界最高峰のオリエンテーリングマップといってよい。

②スイス（図8-1b）

　地形図の繊細さでは定評のあるスイスは、O-MAPでも繊細で美しい地図を作成している。この地図は20年以上前の地図であるが、いまだにその繊細さには目を見張る。薄く色のついた部分（原図では黄色）はアルプスの牧場。牛が草を食む中、アルプスの氷壁を眺めながらのオリエンテーリングとなる。

③カザフスタン（図8-1c）

　カザフスタンは、中央アジアでは数少ない世界選手権常連参加国である。2004年にはアジア環太平洋選手権が開催された。この地図はその時に使われたもの。岩地と草地が入り混じった印象的な地図である。

④香港（図8-1d）

　一般には高層ビルとショッピングのイメージの強い香港は、郊外に広大な自然公園が広がり、そこでのオリエンテーリングが盛んだ。ただし亜熱帯に位置する香港では、森の多くは「ジャングル」である。しかし、丘陵地の一部は山火事のため草地化しており、そこでは興味深いオリエンテーリングを楽しむことができる。

● 世界の大会

　世界選手権は、オリエンテーリングを代表する大会だ。1966年にフィンランドのフィスカルで開催されたのを第一回として2005年に日本で開催された大会が第22回となっている。当初は2年おきに開催されていたが、03年より毎年開催となった。現在の参加国数は約35〜40である。06年はデンマーク、07年はウクライナ、08年はチェコ、09年はハンガリーと続く。

　1989年までは、個人1種目（ロング：優勝時間90分）とリレーであったが、91年にショート種目（現

▲図8-2　クリングシュタ選手（a）、ニグリ選手（b）、ジョルジョ選手（c）

▶図8-3 2003年にノルウェーで開催された世界マスターズ選手権の様子。3500名以上の35歳以上のマスターズたちが世界から集まり、世界一を競った。トップ選手顔負けの選手から、楽しみでオリエンテーリングを続けている選手まで、様々な愛好者が集まった。

在のミドル種目に相当）、2001年にスプリント種目が加わって、現在では、個人3種目とリレーが行われている。スイスのルーダ（05年には結婚してニグリ姓）選手は03年と05年にリレーも含むすべての種目に金メダルを取るという快挙を成し遂げている。その他、1981-85年にかけて、スウェーデンのアニカン・クリングシュタ選手がロング種目で3連覇、2003-05年にはルーダ選手がスプリント3連覇、フランスのチェリー・ジョルジョ選手がミドルで3連覇している（図8-2a・b・c）。

そのほかにトップ選手が覇を競う大会としては、ワールドカップと北欧選手権がある。前者は世界選手権が隔年で開催されていたころ、世界選手権のない年のビッグイベントとして始まったもので、現在では、世界選手権を含む年間チャンピオンを決める大会となっている。後者は、発祥地北欧のチャンピオンを決める大会であったが、現在ではオープン化され、どの国からも出場できる。各国の出場枠の関係で、世界選手権よりも北欧のトップ選手が多いので、世界選手権以上に勝つことが難しいともいわれている。

リレー大会では、スウェーデンのティオ・ミラ、フィンランドのユッコラが有名である。北欧のクラブは、この2大会のために合宿をしたり、他の国から有力な選手に加盟してもらい、覇を競う。ティオ・ミラは10マイル（スウェーデンマイルであり、約100km）を10人で走るリレーであり、ユッコラは7人のリレーである。いずれも夜通しレースが行われる。

マスターズという考えが普及していない1960年代から、オリエンテーリングでは若年層から高齢者にいたる様々な年齢の人が参加できる大会が数多く開催されていた。特に北欧の大会では、海外を含めて多くの愛好者を集める大会が数多く行われていた。

代表的な大会が、発祥地の一つスウェーデンで行われている O-Ringen 大会である。この大会は、5日間続けて大会が行われ、その合計タイムで勝敗が決められる。参加者は、会場に設けられたキャンプ場や学校や兵舎を借り上げた宿泊施設に滞在し、5日間の競技に参加する。最盛期には参加者は2万5千人を超え、家族なども含めると4万人くらいの人が、世界各国から集まる。他のスポーツにも例を見ない国際大会となっている。同じような大会は、フィンランドやノルウェーでも開催されている。

年配の愛好者のためには、世界マスターズ選手権が開催されている。2002年にはメルボルンで開催さ

れたワールド・マスターズゲームの一種目としてオリエンテーリングが開催された。また、2003年にはノルウェーで開催されたが、この時も日本人30名以上を含む3500人の参加があった。この時の最高齢者はエストニア人女性で、90歳であった。

これらの国際大会への参加は、熱心な愛好者の大きな目標となっている。

● 資料　O-cad

O-cadは、オリエンテーリングの地図作成用に作られた、描画用ソフトウェアである。本格的なオリエンテーリング地図を作成することはもちろんのほか、指導者が学校や公園、近隣の地図を使って初級者指導をするときの地図を作成するときにも重宝する。コンピュータとプリンタ、そしてこのソフトウェアがあれば、簡単で安価に多色刷りの地図を作成することができる。

なお、O-cadは以下のURLにホームページを持っている。トップページの「download」からダウンロードできる（http://www.ocad.com/en/index.html/）。

下絵にする図面はスキャナーで取り込むのがベストだが、デジタルカメラで撮影したものでも、レクリエーション用途なら十分だろう。現地調査を行わなくても、原図を色分けしてトレースするだけでも、子どもや初級者にとっては読みやすい地図となる。

詳しい使用法については、本書の範囲を超えるので割愛する。

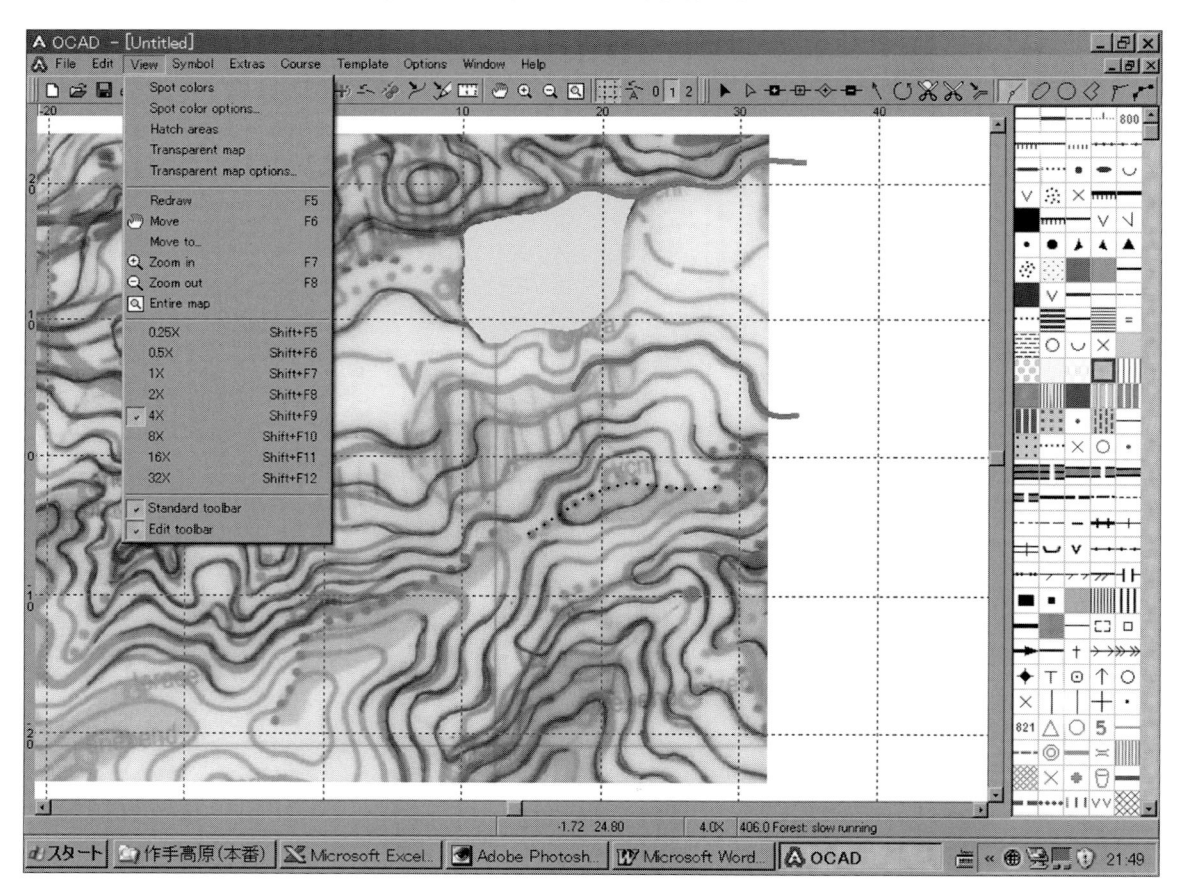

▲図8-4　オリエンテーリングをはじめ、様々な地図を描くのに威力を発揮するソフトウェアO-cad。前述のサイトでデモ版を無料でダウンロードできる（描画できる要素数に制限がある他は、デモ版でも日常利用には十分な機能を持つ）。

ウェブサイト案内

●オリエンテーリング

◇日本オリエンテーリング協会
http：//www.orienteering.or.jp/
　日本オリエンテーリング協会のウェブサイト。事業計画、主催大会など協会に関する基本的な情報を得ることが出来る。

◇Orienteering.com
http：//www.orienteering.com/
　オリエンテーリングの大会を始め、各種団体、個人のウェブページへの総合リンク。国内のオリエンテーリング情報はまずここから探すと良い。国内唯一のオリエンテーリング雑誌、オリエンテーリングマガジンのサイトもここからアクセスできる。

◇森を走ろう
http：//www.asobox.com/o/
　全国のオリエンテーリング大会の情報を網羅。気軽に参加できる各地域クラブの練習会などの情報も多い。検索も時期、場所、種目などで選べる。

◇Orienteering News in Japan
http：//o-news.net/
　オリエンテーリング界の様々なトピックをカバーしている。主要なオリエンテーリングサイトへのリンクなどもあり、充実した内容。

◇日本スキーオリエンテーリング研究会
http：//www5b.biglobe.ne.jp/~tut/
　スキーオリエンテーリングに関する情報が大会情報も含めて掲載されている。

◇International Orienteering Federation
http：//www.orienteering.org/　（英文）
　国際オリエンテーリング連盟のサイト。オリエンテーリングの紹介、連盟に関する一般的情報から主催のイベントなど情報は多い。

●アドベンチャーレース

◇ADVENTURE-J
http：//www.adventure-j.com/
　アドベンチャーレースの総合ウェブサイト。大会カレンダー、大会報告などからトップ選手紹介やインタビューと情報満載。

◇日本アドベンチャーレース協会
http：//www.adventure-race.net/
　立ち上がりつつある日本アドベンチャーレース協会のウェブサイト。

◇イーストウィンド・プロダクション
http：//www.east-wind.jp/
　国内アドベンチャーレース界を代表するチーム「イーストウィンド」のサイト。アドベンチャーレースの説明や、その魅力について紹介されている。

●その他の関連情報源

◇NPO法人
Map, Navigation,and Orienteering Promotion
http：//homepage2.nifty.com/MNOP/
　アウトドア活動に欠かせない地図、ナヴィゲーション技術の普及、アウトドアの安全のために設立されたNPO法人のウェブサイト。ナヴィゲーション技術に関するイベント情報等がある。

◇日本ロゲイニング協会
http：//orienteering.hp.infoseek.co.jp/rogaine/

◇オーエスジェイ　フリースタイル通信
http://www.outdoorsports.jp/
　アドベンチャーレースを中心とするアウトドアスポーツのフリーペーパー、OSJフリースタイル通信のウェブサイト。大会情報からレースレポート、フリーペーパー配布店舗リスト情報等がある。

◇アドベンチャースポーツマガジンWEB
http://www.adventure-sports-web.com/
　アドベンチャースポーツ全般をカバーするアドベンチャースポーツマガジンのウェブページ。誌面には載らない情報がブログ形式で紹介されている。

3 参考書

　オリエンテーリング、アドベンチャーレース共に一般に販売されている参考書は少ない。入手可能なものの多くは野外活動の一環として紹介するに留まり、競技として紹介した図書はさらに少なくなる。従って参考書というと日本オリエンテーリング協会や地域のクラブなどがごく小規模で出版しているものを探すことになる。前述のインターネットのサイトに掲載されているものを探していくのも1つの方法だが、規模の大きい大会で会場販売されているものを買うのがてっとり早い。

　また、オリエンテーリングをするにあたって必須なのは競技場であるテレインと地図であるが、関東学生オリエンテーリング連盟の発行している『テレインガイド2003』は全国にある189のオリエンテーリング地図を網羅している。地図の入手方法をはじめ、練習会や大会などを開催するのに必要な情報が記載されている。

　アドベンチャーレースでは、最近発行された『アドベンチャースポーツマガジン2005』（山と渓谷社）がアドベンチャースポーツ全般をカバーしているものとしては唯一である。国内のレース情報を中心にアドベンチャーレースの際のアドバイス等がまとめられている。個々のマウンテンバイクやクライミングなどの種目に関してはそれぞれ専門の参考書を利用すると良い。

　洋書になるとだいぶ数はあるので、英語が苦でない人はこちらがお勧めである。インターネット書店などを利用すると洋書の入手もだいぶ楽になっている。オリエンテーリング教書として定評あるのは、イギリス代表として世界選手権でも活躍したCarol McNeillによる『Teaching Orienteering』である。またアドベンチャーレースに関しては、『The Complete Guide to Adventure Racing』が良い。アドベンチャーレース巨匠のジョン・ハワードも推奨しているハウツー本である。

―◇―◇―◇―参考書一覧―◇―◇―◇―

◇『テレインガイド2003』
　関東学生オリエンテーリング連盟

◇『道迷い遭難を防ぐ最新読図術』
　村越真著（山と渓谷社）

◇『アドベンチャースポーツマガジン2004』
　大竹昭仁編（山と渓谷社）

◇『Teaching Orienteering』
　Carol McNeill 著（Human Kinetics Publishers）

◇『The Complete Guide to Adventure Racing』
　Don Mann, Kara Schaad 著（Hatherleigh Press）

◇『Adventure Racing：The Ultimate Guide』
　Barry Siff, Liz Caldwell 著（VeloPress）

4 ショップ情報

　オリエンテーリングに必要な用具はコンパス、オリエンテーリングシューズ、オリエンテーリングウェアであるが、これらオリエンテーリング専門の用具は一般のアウトドア店やスポーツ店では入手しにくい。オリエンテーリング大会会場で出店しているオリエンテーリング専門店での購入が、現物も見ることができ、もっとも確実である（図8-5）。インターネットでも購入は可能である。

　アドベンチャーレースに必要な用具は多岐に渡る。各種スポーツを組み合わせている結果、アドベンチャーレース専門店があるわけではない。ただ、アウトドアショップでアドベンチャーレースに力を入れているところもあり、それらではレース向けのアドバイスなどを受けることもできる。

———◇—◇—◇—ショップ案内—◇—◇—◇———

◇「NAC ニセコアドベンチャーセンター」
　　住　　所：北海道虻田郡倶知安町字山田179-53
　　Ｔ Ｅ Ｌ：0136-23-2093
　　Ｕ Ｒ Ｌ：http：//www.nac-web.com
　　E-mail：mail@nac-web.com
　　品揃え：ラフティング、アクティビティ各種

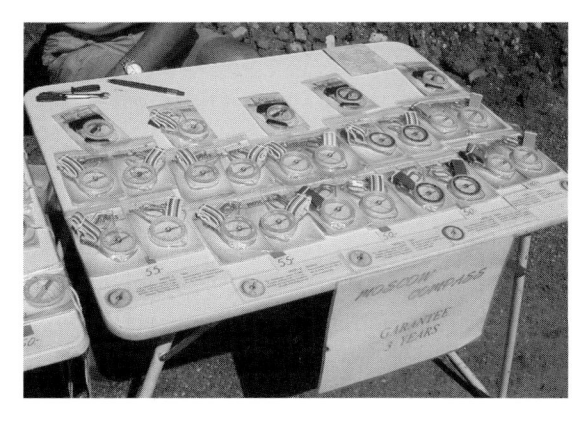

▲図8-5　海外でも、専門的なオリエンテーリング用品は大会会場で購入されることが多い。会場に出店されたロシア製の高性能コンパス。

◇「Sea-son（シーズン）」
　　住　　所：岩手県宮古市神林9-1リアスハーバー宮古内
　　Ｔ Ｅ Ｌ：0193-89-5037
　　Ｕ Ｒ Ｌ：http：//www1.odn.ne.jp/sea-son
　　E-mail：sea-son@par.odn.ne.jp
　　品揃え：シーカヤック

◇「ナムチェバザール土浦店」
　　住　　所：茨城県土浦市中村南4-11-4
　　Ｔ Ｅ Ｌ：029-231-8848
　　Ｕ Ｒ Ｌ：http：//www.namchebazar.co.jp
　　E-mail：info@namchebazar.co.jp
　　品揃え：登山、キャンプ、カヌー

◇「ナムチェバザール水戸店」
　　住　　所：茨城県水戸市末広町2-2-7
　　Ｔ Ｅ Ｌ：029-231-8848
　　Ｕ Ｒ Ｌ：http：//www.namchebazar.co.jp
　　E-mail：info@namchebazar.co.jp
　　品揃え：登山、キャンプ、カヌー

◇「アウトドアショップＰ２」
　　住　　所：千葉県習志野市谷津1-15-3
　　Ｔ Ｅ Ｌ：047-470-8090
　　Ｕ Ｒ Ｌ：http：//www.yoshiki-p2.com
　　E-mail：p2@yoshiki-p2.com
　　品揃え：登山、スキー

◇「フィールドエクイップメント　ジラフ」
　　住　　所：東京都板橋区弥生町31-6
　　Ｔ Ｅ Ｌ：03-3554-9039
　　Ｕ Ｒ Ｌ：http：//www5c.biglobe.ne.jp/~gira_zt/
　　E-mail：giraffe_zt@mvd.biglobe.ne.jp
　　品揃え：スポーツ自転車

◇「アートスポーツ本店」
　住　所：東京都台東区上野5-26-1
　ＴＥＬ：03-3833-8636
　ＵＲＬ：http://www.art-sports.co.jp
　品揃え：スポーツ、アウトドア全般

◇「スウェン三島店」
　住　所：静岡県駿東郡清水町伏見広町52-7
　ＴＥＬ：0559-81-8520
　ＵＲＬ：http://www.swen.co.jp
　E-mail：odinfo@swen.co.jp
　品揃え：アウトドア全般

◇「アウトドアショップ　サージェンツ」
　住　所：広島県三次市南畑敷町864-2
　ＴＥＬ：0824-63-2236
　ＵＲＬ：http://ww4.tiki.ne.jp/~serjean/index0.html
　E-mail：serjean@mx4.tiki.ne.jp
　品揃え：カヌー、アウトドア全般

◇「スエットショップジャパン」
　＊オンラインまたは大会会場のみ
　ＵＲＬ：http://www.sweatshop.jp/
　E-mail：m-oonuma@mth.biglobe.ne.jp
　品揃え：オリエンテーリング用品

◇「コンパスストア」
　＊オンラインまたは大会会場のみ
　ＵＲＬ：http://www.orienteering.com/pass/
　E-mail：shihoko@orienteering.com
　品揃え：オリエンテーリング用品

用語解説

◇アタックポイント
　コントロールポイント手前で現在地を確認し、最終ナヴィゲーション動作に入る地点。アタックポイントをプラン上設けることで、より丁寧な方向維持が可能となり、正確にコントロールポイントに到達できる。

◇E（イー）カード
　電子カードないしはEmit（エミット）カードの略称。コントロールポイントの通過を電子的に記録するカードで、旧来のパンチによるコントロールカードの代わりに使われる。

◇エイミングオフ
　ルート維持に誤差が生じることをあらかじめ見込んで、その影響が現在地の把握に影響しないようにルートをプランする方法。

◇エコチャレンジ
　レイドゴロワーズに触発されアメリカで誕生した耐久レース。レイドと共にアドベンチャーレースの双璧をなす。

◇スポーツアイデント（または「SI」（エスアイ））
　電子的にコントロールの通過を記録するシステム。記録媒体としてSIチップを使う。

◇エミット
　電子的にコントロールの通過を記録するシステム。記録媒体としてEカードを使う。

◇オー・リンゲン（O-Ringen）
　毎年開催される世界最大のオリエンテーリング大会。約2万人の参加者を集める一週間の複数日大会。

◇O-MAP
　競技的なオリエンテーリングに必要な情報を網羅して、専用に作られた地図。

◇関門
　アドベンチャーレースの安全な運営のために一定区間毎に設けられる。この場所に設定タイムにたどり着けない場合は、次のステージに進めない。

◇キャッチングフィーチャー
　直進をする場合に目標物として使う、大きく分かりやすい特徴物。直進に多少のズレがあっても特徴物にたどり着くことができるので、キャッチングフィーチャーへ向かう場合、安心してスピードを上げることができる。

◇クロスベアリング
　離れた場所に見える特徴物の方向から現在地を割り出す技術。コンパスのベアリングを使う。

◇傾斜変換点
　等高線の間隔が不連続に変わるところ。肩や根元といった特徴的な地形が形成される。

◇高度計
　気圧により標高を把握する機器。アドベンチャーレースではコンパス、地図と共に現在地を把握するのに活用される。腕時計に内蔵されているものが携帯が楽で便利。

◇公認大会
　日本オリエンテーリング協会が公認する大会。全日本選手権の選手権クラスに出場するためには公認大会での一定成績が必要となる。

◇国際オリエンテーリング連盟
　International Orienteering Federation。国際

的にオリエンテーリングを統括する組織。各国のオリエンテーリング協会が会員で現会員数は66ヶ国。

◇コンタリング
　斜面を同じ高さを維持しながら進むこと。等高線（コンター）に沿って進むことから。

◇コントロールカード
　コントロールを通過したことを証明するために、コントロールポイントに設置されたパンチを打つためのカード。近年ではEカードなどの電子カードに代替されつつある。

◇コントロールポイント
　地図上に丸で示されたオリエンテーリング用のチェックポイント。赤と白の目印（コントロールフラッグ）と通過証明を記録する機器（パンチ）が置かれる。単にコントロールとも呼ばれる。

◇サイクルコンピュータ
　自転車での走行時に移動距離等を知るための機器。

◇磁北線
　磁北を示すために地図上に記された線。コンパスは真北でなく磁北を示すので、地図を効果的に利用するためには、事前に記しておいた方が使いやすい。O-MAPではあらかじめ引かれていることが多い。

◇GPS受信機
　人工衛星の電波を受信し、自分の位置を緯度経度によって表示するシステム。アドベンチャーレースで利用が許可される場合とされない場合がある。オリエンテーリングの地図を作製する際にも利用されている。

◇スコアO（オー）
　通過したコントロールポイントに定められた点数の合計を競う時間制限のあるフリーポイントのオリエンテーリング競技種目。

◇スタートフラッグ
　地図上に三角で示されたスタート地点に置かれたフラッグ。実際にスタートした場所から離れている場合がある。

◇スプリント
　優勝タイムが15分の短距離オリエンテーリング。

◇整置
　地図上で進む方向と実際に進む方向が一致するように、現地と対応させるように地図を持つこと（正置とも書く）。

◇世界オリエンテーリング選手権大会
　毎年開催されるオリエンテーリングの世界選手権。スプリント、ミドル、ロング、リレーの四種目。2005年には愛知で開催された。

◇ダークゾーン
　アドベンチャーレースのコース上、夜間行動が危険なエリア。ダークゾーンにおいて夜を迎えたチームはその場で朝まで停止しないといけない。

◇チェックポイント
　アドベンチャーレースでは通過が義務づけられている地点をいう。オリエンテーリング用語としてはルートをたどっていることを確認するための特徴物を意味する。

◇直進
　コンパスなどを使い真っ直ぐ進む技術。

◇通行可能度
　オリエンテーリング地図上に示された当該エリアの通行の容易さに関する情報。80%、60%、20%のスピードで走れる等表現される。

◇偵察
　複数の進路の可能性がある場合に、チームメンバーが分かれてそれぞれの可能性を探り可能性を検討

すること。本来アドベンチャーレースでは、チームが常に行動を共にすることが義務づけられ、厳密にいえば違反。しかし、チーム本体がとどまっていること、離れているのが短時間であることから実際には多くのチームがルールを拡大解釈して行っている。

◇ディスクリプション（位置説明）
　オリエンテーリング用にコントロールの付けられた特徴物の位置を説明したもの。その特徴物に対しどのように設置されているかも明記される。

◇テレイン
　オリエンテーリング競技の舞台。主に山野だが、最近では公園や市街地をテレインとすることも多い。

◇等高線
　同じ標高の点を結んだ線で、その形によって地形の形を表している。

◇等高線間隔
　隣り合う等高線間の標高差。地形図（1：25,000）では10m、通常のO-MAPでは5mである。

◇トリム
　オリエンテーリング用競技ウェアの通称。国内ではトリムテックス社が最大手であることからトリムと呼ばれるが、海外ではオリエンテーリングスーツと呼ばれる。

◇トレイルO（オー）
　道（トレイル）を辿り、定められたポイント（ディシジョンポイント）で複数のコントロールから地図に示された正しいものを選ぶことを競うオリエンテーリングの一種。

◇トレトレバイク
　トレイルトレーシングバイクの略。自転車に乗って地図上に描かれた線を辿るオリエンテーリングの一種。

◇日本オリエンテーリング協会
　各県のオリエンテーリング協会の上部組織。社団法人である。Japan Orienteering Association（JOA）。

◇パークO
　主に公園や街中で行うオリエンテーリング。

◇パーマネントコース
　オリエンテーリングの常設コース。全国各地に約600コースほどあり、遠足、野外活動等に利用されている。

◇パンチ
　コントロールポイント通過証明用の器具。チェックカードを挟むと針によりパターンが記録され、そのパターンにより通過を証明する。

◇ハンドレール
　線状に連なった特徴物。適切なハンドレールをプランニング時に選択することでルート維持が容易になる。

◇プランニング
　最も速いルート、迷わず確実に次のコントロールポイントに着けるルートを判断すること。

◇フリーポイントO（オー）
　コントロールを回る順番が定められていないタイプのオリエンテーリング。

◇ベアリング
　コンパスの針を囲む方位角を示すリング。度数リングともいう。回すことにより目標物の方位角を測ることができる。

◇偏角
　真北と磁北のずれ。日本では西におよそ5度から10度ずれている。

◇歩測
　歩数を数えることにより距離を測る技術。

◇マップ台（自転車用）
　自転車に走行中でも読図を可能とする台。ハンドル部に取り付けられる。

◇ミドル
　優勝タイムが35分で、技術的に難易度の高いオリエンテーリング。

◇UTM 座標
　ユニバーサル横メルカトルの略。地球を経度６度毎に60分に等分したゾーンに分けて投影し、ゾーン毎に東西南北の座標軸を表す。アドベンチャーレースにおいてチェックポイントの位置を示す方法の一つ。

◇リストコンパス
　バンドによって手首に固定するコンパス。手をふさぐことなくコンパスが使える。

◇ルートファインディング
　意図したルートを、地図上から得られない情報を加味しつつ、実際の地形の中で進んでいくこと。オリエンテーリングと違い地図の精度が高くないアドベンチャーレースでは重要である。

◇レイドゴロワーズ
　フランス人ジェラール・フュージーによって始められた世界初のアドベンチャーレース。女性を一人以上含む4人チームで千キロにも及ぶコースを駆け抜けるノンストップ耐久レース。2004年からは「ザ・レイド・ワールドチャンピオンシップス」となった。

◇レースブック
　アドベンチャーレース用に記述形式により回るべきコースとチェックポイントが示される。チェックポイント到達の仕方、関門制限、危険な個所、迷いやすい場所など競技に必要な情報がまとめられている。

◇ロゲイン（ロゲイニング）
　スコアＯの大規模版。フルになると制限時間24時間で行われる二人以上のチーム競技。

◇ロング
　優勝タイムが男子90分、女子75分。持久力とルート選択能力を問うオリエンテーリング。

6 レース情報

●オリエンテーリング

　大会は主に地域のクラブや大学クラブによって運営される。これらは毎年行われるものもあるが、不定期に行われるものがより多い。また地域クラブは拠点とする地域での開催が多いが、基本的には毎年異なる地図及びテレインでの開催が一般的である。従って、大会の開催情報に関しては前述の Orienteering.com など情報サイトで調べるのが一番である。

　毎年開催の大会としては、日本オリエンテーリング協会主催の全日本選手権や、ジェネシスマッピング社主催のクラブカップ7人リレー、多摩オリエンテーリングクラブ主催のジュニアチャンピオン大会、関西の地域クラブ持ちまわり運営のウェスタンカップ等がある。

●アドベンチャーレース

　オリエンテーリングとは異なり、地元密着で毎年同じ地域で開催される大会がほとんどである。主催団体も運営に特化している団体による場合が多い。各レースにより種目や参加条件が異なるので、目的に応じて選ぶ必要がある。国内最高峰といわれる「伊豆アドベンチャーレース」は技術チェックがあるなど参加にスキルと経験が必要とされている。一方、木曽御岳山麓で開催される「セルフディスカバリーアドベンチャーレース」は種目がいくつかあるが、高度なスキルよりも持久力が要求される。またビギナー向けの大会が同時に開催されるなど初心者に優しい。主な大会の情報は Adventure-J ホームページやアドベンチャースポーツマガジンで入手できる。

（山本英勝）

▲図8-6　a：全日本リレー（2002年、長野県菅平高原）。最終走者として激しくトップを争う東京の鹿島田選手と千葉の山口選手。この後、鹿島田選手がキャリアにものをいわせて、スピードに勝る山口選手を抑え東京に優勝をもたらした。
b：2005年に愛知で開かれた世界選手権の女子ミドル種目の表彰風景。左から2位のイェニー・ヨハンセン（スウェーデン）、シモーネ・ニグリ（スイス）、ミンナ・カウピ（フィンランド）。2003年より毎年開催となり、日本からも毎回15名近い選手が参加している。
c：2002年に栃木県矢板市で開催された学生選手権（通称インカレ）。インカレは学生にとって最大の舞台であり、学生生活最大の思い出ともなっている。走っているのは東京農工大学の皆川美紀子選手。

[編 者]

村越　真：日本オリエンテーリング協会専務理事・普及教育委員長
　　　　　国際オリエンテーリング連盟理事、静岡大学教授
　　　　　オリエンテーリング日本選手権者（2002年、通算22勝）
　　　　　アジア環太平洋チャンピオン（1986年、1996年）

[著 者]

村越　真：同　上
松澤俊行：オリエンテーリング日本選手権者（2000年、2004年）
田中正人：アドベンチャーレースの最高峰レイドゴロワーズを日本人と
　　　　　して初完走。日本初アドベンチャーレースプロチーム「イー
　　　　　スト・ウィンド」主宰。アドベンチャーレース国内第一人者
山本英勝：オリエンテーリング競技者。オリエンテーリング・マガジン
　　　　　編集者

オリエンテーリング　―地図を片手に大地を駆ける―
©Japan Orienteering Association 2006　　　　NDC786　viii, 162p 24cm

初版第1刷────2006年4月20日

編　者────社団法人　日本オリエンテーリング協会
発行者────鈴木一行
発行所────株式会社　大修館書店
　　　　　　〒101-8466　東京都千代田区神田錦町3-24
　　　　　　電話03-3295-6231（販売部）　03-3294-2358（編集部）
　　　　　　振替00190-7-40504
　　　　　　[出版情報] http://www.taishukan.co.jp
　　　　　　　　　　　 http://www.taishukan-sport.jp（体育・スポーツ）

装　幀────中村友和
印刷所────三松堂印刷
製本所────司製本

ISBN4-469-26604-3　　Printed in Japan

Ⓡ本書の全部または一部を無断で複写複製（コピー）することは、
著作権法上での例外を除き禁じられています。

中・高校生の中長距離走トレーニング

ラリー・グリーン、ルス・パティ [著]　山西哲郎・有吉正博・豊岡示朗 [訳]

ジュニアランナーのためのトレーニングバイブル

中学生、高校生のロードレース、長距離走が盛んな今日、過激なトレーニングはケガやバーンアウトの危険性をはらんでいる。親、コーチ、選手自身に知ってほしい発育期の体と心、そして正しいトレーニング法を満載。

第1部　トレーニングの科学
ランナーの発達／ランナーのための栄養／ランニングの生理学／ランニングの心理学／ランニングのバイオメカニクス

第2部　トレーニング方法の基本
トレーニングの基礎／基礎体力づくり：筋持久力と一般的有酸素トレーニング／レースへの専門的トレーニングの進め方

第3部　トレーニング計画
トレーニングの評価／トレーニングのサイクル／トレーニングの進め方／トレーニングの評価、修正

●B5変型判・224頁　**本体2,200円**

大修館書店　　書店にない場合やお急ぎの方は、直接ご注文ください。☎03-3934-5131

ベストプレイへのメンタルトレーニング　改訂版
MENTAL TOUGHNESS TRAINNING

心理的競技能力の診断と強化

徳永幹雄 [著]

技術・体力と共にベストプレイの発揮に必要な選手の心理面（心理的競技能力）を調べ、その診断結果から必要なメンタル強化の方法や手順を示す。

いつでも実力発揮できますか？

【主な目次】1. あなたの「心理的競技能力」を診断します／ 2. スポーツ選手に必要な「心理的競技能力」とは何か／3.「心理的競技能力」は、実力発揮度や競技成績にどう関係するか／4.「心理的競技能力」は、どのように強化するか／ 5.「向上心」を持ち、ベストプレイを高める

●四六判・224頁　**定価1,575円**（本体1,500円）

大修館書店　　書店にない場合やお急ぎの方は、直接ご注文ください。☎03-3934-5131

定価＝本体＋税5％（2006年4月現在）